研修開発入門
会社で「教える」、競争優位を「つくる」

中原 淳 著
Jun Nakahara

ダイヤモンド社

研修開発入門

はじめに
Introduction

『研修開発入門』は、企業内部で研修を企画・立案し、自社に最もフィットした研修を企画・実施・評価していく方のために執筆された入門書です。2006年に出版した『企業内人材育成入門』（ダイヤモンド社）の実践編として、これから初めて研修開発をなさる方をメインターゲットとして執筆したつもりです。

2008年のリーマンショック以降、いわゆる「研修の内製化（自社開発）」が人材育成のトレンドになってきています。自社のニーズに基づき、研修を企画し、社内人材に講師依頼を行い、研修を実施し、評価する。研修開発担当者には、これら一連のプロセスを高いクオリティを担保した状態で、回していくことが求められています。

しかし、これまで、研修開発のノウハウは、「属人的」に保持されており、「組織的な形式知」としてまとめられることは、あまり多くはありませんでした。

日本企業の人事制度の特徴のひとつにジョブローテーションがありますが、せっかく、ある人事担当者が、人事部門でノウハウを蓄積したとしても、数年後、他の職場に異動してしまい、それが継承されていかない、という問題もありました。これに危機感を持ち、ファカルティマニュアル（教えるためのマニュアル）などを整備する企業もありますが、それを整備する余裕すらない組織の方が圧倒的に多いように思います。

筆者は人材開発の研究を企業との共同研究で進めていますが、そのような状況を垣間見るにつけ、何か、そのお役に立つことはできないか、と思い至るようになりました。また、さまざまな企業から研究のためデータを取得させていただいておりますので、その恩返しができないものか、とも感じるようになったのです。

▼

　思うに、これまで出版されてきた、研修開発に関する類書は、主に２つのカテゴリーに大別されます。ひとつは、教授設計理論（ID）に関する専門書です。もうひとつは研修講師の方々が己のノウハウに従って執筆した実務書です。

　前者は、教授学や学習研究の観点から書かれており、ともすれば経営的観点、組織的観点を見逃してしまう傾向があります。もちろん、これらの書籍の知見が効果の高い教材設定などにとって重要であることは今さら言うまでもないことですが、それだけでは不足があります。研修内製化という観点からは、従来の学習の観点に加え、組織・経営といった観点を含み、かつ、企業内部に働く政治学に目配りを行った研修開発の入門書が必要であると、筆者は思います。よって本書では組織経営の観点から人材育成を位置付け、研修開発を行っていく際に駆動する政治にも配慮した記述を試みることにしました。

　後者は、中には非常に有益なものも多数ありますが、ノウハウがひとりの研修講師の経験から抽出されているという意味で、やや偏りがある傾向があります。また企業外のプロの研修講師が執筆なさるケースが多いので、企業内で研修を行っていくために必要になるノウハウに十分目配りができているわけではありません。

　企業内部で研修を企画・実施・評価していくためには、その企業の置かれている状況、従業員の状況を正確に把握し、上層部を動かし、人を集めるなどの、個別具体的な工夫が必要です。

　このような状況を鑑み、本書では、研修開発の実務にたずさわる企業内部の方々にヒアリングをさせていただき、その中から多種多様な手続き・手法・方法を抽出することに努めました。

▼

　本書では、社内研修の企画立案・実施・評価に至る、いわゆる「研修開発プロセス」を、余すところなく紹介することを目的とします。そして「研修開発プロセス」を明らかにするに当たって筆者が根拠とするのは、❶筆者の研究知見と、❷企業教育関係者の実践知です。

❶に関して、筆者は「経営学習論（Management Learning）」を自らの専門とし、これまで企業組織内の学習研究・実践を続けてきました。経営学習研究、ないしは、学習研究の中には、企業研修の開発や評価に関する先行研究があまた存在します。本書を執筆するに当たり、第一に理論的根拠とするのは、これらの研究知見です。

しかし、一方で、先にも述べました通り、理論があるだけで本当に現場で役立つ本を執筆することができるでしょうか。「否」であるという立場を筆者は取ります。理論は、確かに現場の実務の指針を提供しますが、それから演繹的に実務で何をなすべきかを把握できるわけではありません。そこに不足するのは、「現場で蠢く実践知」です。

よって本書では、理論と実践の間に潜む空隙を埋め、より実践的な記述を心がけるため、先に述べました通り、❷「企業教育関係者の実践知」を集めることにしました。理論の知では説明できない部分を実践の知で補い、一方、実践の知がカバーできない部分を理論の知で補完することをねらっています。

本書を執筆するに当たり、筆者は、研修実務を担当する実務家30名に定性的なヒアリングを行い、その実践知を収集することに努めました。筆者は東京大学 大学総合教育研究センター／東京大学大学院学際情報学府／東京大学教養学部学際科学科／慶應丸の内シティキャンパス／一般社団法人経営学習研究所で、さまざまな授業・コースを持ち、そこには、毎年多くの人材開発関係者が参加くださっています。このたびの実践知の収集に当たっては、これらの方々の中から、本書の趣旨に賛同し、かつ、実践知をシェアすることに協力してくださる方に限って、ヒアリングを行いました。

ヒアリングは、1時間から2時間にわたって行われました。その内容は分類・整理の上、適宜、本文の中で紹介されています。このたびのヒアリングに御協力いただき、掲載の許可をいただいた方には、巻末にお名前を記載させていただきました。

かくして本書を織り成す「縦糸」と「横糸」が決まりました。筆者は、「アカデミックなサイエンス」を言わば「縦糸」として、そして「現場のアート（技

術)」を「横糸」として、本書のテクストを編み上げていきたいと思います。サイエンスだけから企業研修を説明するのでもなく、アートだけから語るのでもない。両者が混じり合い、時に緊張関係を成しつつ、構築される言説空間に、読者の方々をご招待します。

　なお、本書を執筆する際、いくつか自らに課したことがあります。

　第1に、筆者は、記述をなるべく平易にするよう努めました。理論語や専門語についても、本文中においては、極力「用いない」ようにしたつもりです。より学習を進めたい方、また、研修開発にプロフェッショナリティをお持ちの方のため、脚注において関連する文献等の紹介はいたしますが、本文中には、なるべくそれを用いないようにしました。本書は『企業内人材育成入門』の実践編であり、実務担当者の方々、現場のマネジャーの方々が「最初に手に取る本」であるという位置付けを明確にしたいからです。もし、それで物足りなさを感じるのだとしたら、次のステップとして『企業内人材育成入門』、さらに専門的なものとして『職場学習論』『経営学習論』(共に筆者著、東京大学出版会刊行)などの人材開発の専門書(共に大学院レベルです)を読み進めていただければ幸いです。

　第2に、本書では、研修開発のイメージを持っていただくため、メタファを多用し、イラストや写真なども用いるよう努めました。ともすれば、この類の書籍は「無味乾燥なDo and Don't(やるべきこと／やってはいけないこと)の羅列」になってしまう傾向があります。本書では、メタファ、イラスト、写真などを用いてなるべく多様な表現で、研修開発のイメージを伝えることに努めました。

　第3に、本書では、非常に複雑な人材開発の仕事、そこに起こる出来事を、なるべくポイントを絞り、要約することに努めました。「言い切ること」「断言すること」は、研究者たる筆者にとって、非常に抵抗を感じることです。世の中はいつも複雑怪奇。そんな世の中の事象を前にして、私たちが「言い切ることができるもの」はそう多いわけではないからです。

　しかし、本書で筆者はその立場を取りません。むしろ、研修開発を志す方が

最初に手に取り、かつ、その仕事に魅力を持ってもらえるよう、表現をシンプルにしたつもりです。

▼

　以上、筆者が本書を書くに当たり留意した点を述べました。
　最後に、今度は、この本を手に取ってくださった、読者の「あなた」、あるいは、この本を今、書店で手に取っている「あなた」に、お願いしたいことがあります。
　この本を手にした読者の方々には、この本で紹介している手法を、まずは参照、参考にしていただく一方で、遠くない将来、いつかどこかで、自ら「新たな学びの手法の創り手」になっていただきたいということです。特にその際には、ぜひ、仲間を見つけて、新たな学びの手法の創造に取り組んでいただけたとしたら、望外の喜びです。例えば、この本を信頼のおける誰かと輪読・議論して、さらにクオリティの高い研修開発に従事していただけたとしたら、著者としてこれ以上うれしいことはありません。
　研修開発には、唯一万能で、どこにでも通用する方法は存在しません。結局は、研修担当者とそれに関係する人々が自社のコンテキストに応じて、智慧を絞り、方法を考え、現場に適用し、結果に内省を深め、さらに新たな物事をつくり出していく他はないのです。
　本書において、筆者は、読者の方々が「最初の一歩」を記すためのきっかけを記します。しかし、ここに書いてあることは「唯一絶対の解」ではありません。むしろ、読者の方が、それぞれの状況に応じて解釈し、場合によっては、手法ややり方を自由に改変し、言わばオープンソースとして世の中に多種多様に流通させていってくれることを切に願います。
　新たな物事を創る上で、「誰」に対して「何」をお届けするかを決めること。すなわち著作物の「宛先」と「内容」を明示することは、何よりも大切なことです。これですべての準備が整いました。

▼

　本書を執筆するプロセスで、筆者はひとつの素敵な言葉に出会いました。

先生、わたし思うんです。人材開発の仕事は「前向きな仕事」です。よい場を生み出せれば、会社にとっても、社員にとっても、自分にとっても、「損」を与えることがないんです。それは、「プラス」を生み出し、「損」を与えることがありません。

　これは、このたびヒアリングさせていただいた人材開発責任者の方のひとりが、筆者に漏らした印象的な一言です。
　「前向きな仕事」を通して、あなたも「プラス」を生み出しませんか？
　Here, we go!
　さぁ、旅の始まりです

2012年12月28日　故郷北海道・スーパーカムイ車内にて
中原　淳

目次
Contents

はじめに 3

第1章　研修開発とは何か？
1　はじめに　15
2　人材育成とは何か　17
3　人材育成・小史をたどる　21
4　研修か？ OJTか？　34
| column |「研修で学んだことなんか、現場で役に立つか！」　37
5　2000年代の研修開発——研修内製化　38
6　研修内製化の副次的効果　40
7　研修開発のプロセスとは何か？　43
8　本書の構成　45
　　第1章まとめ　47

第2章　研修企画：ニーズを知る、学習者を分析する、同じ船に乗ってもらう
1　はじめに　49
2　ニーズの探索　51
| column | 研修会社の営業マンのつぶやき　57
3　人材マネジメント施策の検討　58
4　学習者の分析　61
| column | 学習と移動　67
5　経営陣と現場トップのステークホルダー化　71
| column | 研修の転移（Transfer）を考える　75
　　第2章まとめ　78

第3章　研修のデザイン①：課題を分割し、行動目標を立て、評価手法を考える
1　はじめに　79
2　研修の目的を決める　80

3　評価の手法を考える　88
| column | 新人研修の評価事例　96
| column | 研修参加者向けアンケートの注意点　97
　　　　　第3章まとめ　101

第4章　研修のデザイン②：1日を組み立てる
　　　　1　はじめに　103
　　　　2　学びの原理・原則を知る（プリンシプル）　104
| column | 研修デザインと生理的条件への配慮　109
　　　　3　学習活動を組み立てる（モデリング）　110
　　　　4　学習活動の流れを明示化する（タイムスケジューリング）　126
| column | 研修デザインに関する、よくある誤解①　131
　　　　　「話し合いは簡単か？」
| column | 研修デザインに関する、よくある誤解②　132
　　　　　「アクションプランを書いて終わればOK？」
　　　　　第4章まとめ　133

第5章　研修講師選定：教える人をいかに確保するか？
　　　　1　はじめに　135
　　　　2　社内から講師を探す　136
| column | 教える経験がない人が陥りがちな3つの罠　142
　　　　3　社内講師育成の支援　144
　　　　4　外部の研修講師に依頼する　149
| column | 研修会社からも見られている!?　155
　　　　　第5章まとめ　156

第6章　研修のPRと事前コミュニケーション戦略
　　　　1　はじめに　157

2　「企画段階」と「実施段階」をつなぐもの　159
　　　3　研修のPR　161
　　　4　受講者との事前コミュニケーション　164
| column |　反転授業　168
| column |　良い研修だけど、人が集まらない事態　170
　　　第6章まとめ　172

第7章　**研修準備**：研修直前のデザイン
　　　1　はじめに　173
　　　2　受付のロジスティクス　174
　　　3　学習空間のデザイン　180
| column |　「共に食べ、共に飲む」のがコミュニティ!?　190
　　　4　研修ツールを準備する　196
　　　5　事務局の役割──「内職事務局」から「支援する事務局」へ　202
　　　第7章まとめ　211

第8章　**研修実施**：「教えること」の技法①　オープニング編
　　　1　はじめに　213
　　　2　プロービング　215
　　　3　自己紹介　217
　　　4　モチベーションの管理　221
　　　5　学びの契約をする　224
　　　6　サプライズをつくる　231
　　　第8章まとめ　234

第9章　**研修実施**：「教えること」の技法②　メインアクティビティ編
　　　1　はじめに　235
　　　2　教材（プレゼンテーション）づくりの技法　236

| column | 研修満足度を高める配布資料　244
| column | プレゼンテーションや配布資料における著作権　246
　　　3　教えることの身体技法　250
| column | 人前で話すPublic Speakingの技術　259
| column | 緊張しないようにするには　262
　　　4　板書のテクニック　263
　　　5　指名・質疑のテクニック　266
　　　6　話し合いのテクニック　270
| column | マネジャーはグループディスカッションができない？　280
| column | グループワークの効能　281
| column | アクティブラーニング手法　282
　　　7　時間管理のテクニック　283
　　　8　アウトプットのテクニック　284
| column | TKFモデル：創って(T)、語って(K)、振り返る(F)　288
| column | リアルタイムで実施される遠隔研修　292
　　　第9章まとめ　295

第10章 研修実施：「教えること」の技法③　クロージング編
　　　1　はじめに　297
　　　2　クロージングのテクニック　297
| column | 逆戻り予防のワクチンを打っておく　305
　　　3　こんなときどうする？研修のトラブルシューティング　306
| column | グループワークやディスカッションを破壊する9人の困った人々　313
| column | 異業種交流研修の流行　316
　　　第10章まとめ　318

第11章 研修フォローとレポーティング
　　　1　はじめに　319

2　研修後のアクションリスト　319
　　3　経営陣や現場トップへのレポーティング　324
　　4　研修開発のノウハウを継承する　325
| column |「刺激」「感銘」「メウロコ」「モヤモヤ」　328
　　第11章まとめ　330

第12章　人材開発のプロとして、いかに学ぶか
　　1　はじめに　331
　　2　本を読む　332
　　3　教育コースで学ぶ　336
　　4　Webメディア・リアルイベントで学ぶ　336
　　5　経営学習研究所のイベントに参加する　337

おわりに　339

索引　346

第 1 章
研修開発とは何か？

❖本章のねらい
「人材育成の目的」と「人材育成の歴史」を理解します

❖キーワード
手術と漢方｜研修かOJTか｜揺れる振り子｜研修の内製化

1 はじめに

　本章では、研修開発の実務に入る前に、そもそも「人材育成とは何か」「研修とは何か」ということを論じたいと思います。

　そもそも、企業経営における人材育成の意味とは、何でしょうか。これは最も基本的な問いですが、多くの関係者にとって必ずしも「自明」ではありません。人材育成は、いつも企業経営課題の2番目ないしは3番目くらいに掲げられているものであり、「とりあえずは、するべきことが是」とされる傾向があります。読者の中には、企業は何のために人材育成をするのかについて、改めて考えたことのない方もいらっしゃるのではないでしょうか。ともすれば私たちは「そもそも人材育成とは何か」を問わずして、「人材育成をどのように行うか」を考えがちです。

　経営学的には、人材育成とは「**組織が戦略を達成するため、あるいは、組織・事業を存続させるために持っていてほしい従業員のスキル、能力を獲得させる**

ことであり、そのための学習を促進すること」であるとされています[1]。ここの定義において、私たちは「学習を促進すること」が人材育成の手段であることを把握しますが、それ以前に、注目するべき部分があります。**「学習を促進すること」**はあくまで**「手段」**であって、**「目的」**ではないということです。

それでは、その「目的」とは何でしょうか。それは**「組織の戦略達成」「組織・事業の存続」**に他なりません。要するに、企業における人材育成で最も大切なことは、組織の戦略達成や事業存続などを通して**「企業の経営活動に資すること」**なのです[2]。

よって、人材育成を語るときには、さまざまな施策が、どのように「企業の戦略達成」「組織・事業の存続」——企業の経営活動に資するのか——につい

学習は手段であり、目的は戦略達成である

---

1 戦略的人的資源開発論における人材育成の詳細な定義に関して、最もよく引用されるのは下記の書籍からの定義です。
　Fombrun, C. J. Tichy, N. M. and Devanna, M. A.(1984) *Strategic Human Resource Management.* Wiley
2 戦略達成や経営に資する人事・人材育成のあり方については、下記の書籍をおすすめします。
　Christensen, R.（著）梅津祐良（訳）(2008)『戦略人事マネジャー』生産性出版
　Ulrich, D.（著）梅津祐良（訳）(1997)『MBAの人材戦略』日本能率協会マネジメントセンター
　Ulrich, D.（著）梅津祐良（訳）(2010)『人事大変革』生産性出版

ては、最大限目配りを行い、意味付けていくことが求められます。研修を開発するにしても、OJTの施策を整えるにしても、「それらが、どんな組織戦略と関係しているのか」「それらが、どのように組織・事業の存続」に寄与するのかを、ひとつひとつ意味付けていく必要があります。

これまで、多くの研修開発の専門書では、これらの位置付けを明確にしないか、ないしは自明のものとして扱い、いきなり研修やワークショップのデザインや、インストラクターの振る舞いの説明に入っていくことが多かったように思います。もちろん、そんなことは企業人にとって自明なので、各論から論が進められたのかもしれません。

この本は、初学者のために書かれている最も基礎的な書籍ですので、研修開発の実際・実務のノウハウを記述する前に、企業の中の人材育成や研修そのものの位置付けについて学んでおきたいと思います。

2 人材育成とは何か

「人材育成とは何か」……。既述したように、本書では人材育成の定義を「**組織が戦略を達成するため、あるいは、組織・事業を存続させるために持っていてほしい従業員のスキル、能力を獲得させることであり、そのための学習を促進すること**」として、以下の話を進めます。繰り返しになりますが、それは「**企業の経営活動に資する行為**」であり、「**組織の戦略達成**」「**組織・事業の存続**」**に寄与するためのものでなければなりません**。

では、いったいどのような場合、どのような機会を通して、「人材育成」が「企業の経営活動に資する行為」すなわち、「経営の役に立つ」ことになるのでしょうか。これはさまざまなケースが存在しますが、ここでは「**手術**」と「**漢方**」という2つのメタファを用いて考えてみましょう。

第1の「**手術メタファの人材育成**」とは、「**短期的、かつ緊急的に行われなければならない人材育成**」です。これは、市場の変化が早く、戦略が変化した場合に、短期間のうちに従業員に学習・再学習を迫り、戦略達成を実現するよ

うなケースがこれに該当します。

　例えば、今ここに、アジアの新興市場に新たなマーケットを求めている小売流通系企業があるとします。新興市場の開拓には、現地法人を買収するなど、さまざまな方法が存在しますが、日本式のサービスを輸出するという場合には、まずは現地で店舗の経営を行う店長人材が必要となります。

　その場合、人材育成としては、店長候補となる社員に、外国語の習得を促したり、海外の商取引の常識を教育する必要があります。アジアの新興市場は、生き馬の目を抜くような早さで成長しています。年単位の悠長さで事業成長を進めるわけにはいかないので、人材開発施策としてただちに従業員教育を施します。しかし、新興市場の発展に応じて、人材課題も常に変化します。現地で店舗経営を行う店長を調達できた暁には、今度は、現地で雇い入れた販売スタッフへの教育も必要となります。日本式のサービスを実行するためには、顧客と接するフロントラインのサービス水準をただちに高めることが期待されるからです。このように、戦略や外部環境・事業規模の変化に応じて、必要な人材に、必要な能力、スキルをただちに、かつ短期的に教育し、戦略達成の一助となることを目指すというものが「手術メタファの人材育成」です。

　もうひとつのメタファは「**漢方メタファの人材育成**」です。こちらは「**組織の中核能力や、優秀な人材を組織内に維持しておくために必要な人材育成**」であり、「手術メタファの人材育成」に比べて、中長期での対応が必要になります。

手術（短期）　　　　　　　漢方（長期）

「組織の中核能力を維持するということ」は、具体的には、どういう意味でしょうか。例えば、今、仮に、独自の研磨技術を持ち、高い付加価値のある製品をつくっている製造メーカーがあるとしましょう。

この企業の有する研磨技術は、世代を超えて従業員に受け継がれてきたものであり、それを用いたさまざまな研磨機械なども開発しています。この技術は、海外からも高く評価され、さまざまな商品開発に役立てられています。このように企業に競争優位をもたらす中核能力（コアコンピタンス）は、一朝一夕で身につけられるものではありません。その習熟には長い時間がかかり、先輩の職人・技術者に若手が指導されることを通して、長期間かけて世代継承されていきます。かくして行われる人材育成とは、短期的な売り上げ増に直接貢献するわけではありませんが、中長期の視点に立った場合、欠かすことはできないものです。漢方とは、体調を整え、中長期の視点にとって服用されることが多いと思われますが、中核能力の継承もそれに似たところがあります。漢方を服用するがごとく、日々の体調変化にかかわらず用い、中長期の視点に立って健康な身体、すなわち「組織の健全性」を維持していくことが求められます。

また、組織が組織として「健康な身体を維持していくため」には、**優秀な人材を組織内に維持しておくこと**も必要になります。これに関しては、どのように考えればいいでしょうか。これは、若年層を中心にして近年、自身の能力・キャリアの開発や、**エンプロイアビリティ（雇用可能性）**についての意識が高まっていることに起因します。

周知の通り、1990年ポストバブル以降、日本の雇用制度は曲がり角を経験しました。[3] 終身雇用を前提とした働き方は、次第に色褪せたものになり、長期的な視野に立ってひとつの企業で働くことが、本当に可能なのかどうか、という疑念が、主に若年層に広がっています。こうした将来の雇用に対する不安を背景に、現代の若い世代は、自分の能力を伸ばし、**組織内外でも通用するキャ**

---

[3] 正社員をめぐる人事の専門的議論としては、下記の書籍が参考になります。
　今野 浩一郎（2012）『正社員消滅時代の人事改革——制約社員を戦力化する仕組みづくり』日本経済新聞社
　小倉一哉（2013）『正社員の研究』日本経済新聞出版社

リアを築き[4]、エンプロイアビリティを高めることに強い興味を持っています[5]。

もし、企業側からそれが提供できなければ、彼らはモチベーションを失い、最悪の場合、離職してしまうこともないわけではありません。そして、組織行動論の知見が示すように、**企業が提供する能力開発・キャリア開発の機会に最も敏感なのは、将来、その組織を牽引していくことが期待される優秀な社員であることが少なくありません**。彼らは、常に組織内外をセンシングし、自らの雇用のあり方、将来のあり方を模索しています。

一般に、社員の離職は、経営上損失につながる可能性が高くなりがちです。特に優秀な社員の離職は、将来の管理職、経営層の層を薄くしてしまうことにもつながるゆゆしき事態です。

よって、企業は、外的環境の変化にかかわらず、従業員に能力開発・キャリ

---

4 組織にとらわれないキャリア構築については、「バウンダリーレスキャリア（組織内外の境界のキャリア）」、「プロティアンキャリア（変幻自在のキャリア）」と呼ばれる概念が注目されています。日本でも、荒木淳子先生（産業能率大学）、石山恒貴先生（法政大学）を中心に組織外の学習行動とキャリア形成の関係が探究されています。
Hall, D. (2001) *Careers In and Out of Organizations.* Sage
Hall, D. (1996) "Protean Careers of the 21st century" *Academy of Management Executive.* Vol.10 No.4 pp. 8-16
Authur, M. B. (1994) "The Boundaryless Career : A New Perspective for Organizational Inquiry" *Journal of Organizational Behavior.* Vol.15 pp.295-306
Authur, M. B. & Rousseau, D. M. (1996) "The Boundaryless Career as a New Employment Principle"
Authur, M. B. & Rousseau, D. M. (eds.) (1996) *The Boundaryless Career as a New Employment Principle for a New Organization Era.* Oxford University Press
Biscoe, J. P., Hall, D. T. and DeMuth, R. L. F. (2006) "Protean and Bourndaryless Carrers : An Empirical Exploration" *Journal of Vocational Behavior.* Vol.69 pp.30-47
荒木淳子(2007)「企業で働く個人の『キャリアの確立』を促す学習環境に関する研究：実践共同体への参加に着目して」『日本教育工学会論文誌』Vol.31 No.1 pp.15-27
荒木淳子(2009)「企業で働く個人のキャリアの確立を促す実践共同体のあり方に関する質的研究」『日本教育工学会論文誌』Vol.33 No.2 pp.131-14
石山恒貴（2013）「組織内専門人材のキャリアと学習：組織を越境する新しい人材像」日本生産性本部 生産性労働情報センター

5 雇用制度の変化と、個人のキャリア自律の関係については、下記のような論文、書籍があります。
花田光世（2006）「個の自律と人材開発戦略の変化――ESとEAPを統合する支援・啓発パラダイム」『日本労働研究雑誌』Vol.557 pp.53-67
花田光世・宮地夕紀子（2003）「キャリア自律を考える：日本におけるキャリア自律の展開」『CRLレポート』1 (March)
高橋俊介（2006）『キャリアショック』ソフトバンクパブリッシング

ア開発の機会を提供し、エンプロイアビリティを高めることが求められるようになってきました。

かつては、従業員のエンプロイアビリティを高めることは、離職につながるものとして忌避される傾向がありました。しかし、現在、そうした人と組織をめぐる関係は次第に変化しています。従業員が企業に期待するものの変化に応じて、企業も、従業員に提供するものの内容を変化させることが求められています。そこで、市場や事業の変化にかかわらず、あたかも漢方を服用するかのように、従業員が求める価値を提供し、組織と社員の関係を円滑にしていくことが求められます。また、このように提供される能力開発・キャリア開発の機会を通じて、**実務担当者からミドルマネジャーへの移行（トランジション）を円滑に進めることも、人材育成の機能のひとつ**といえます。

3 人材育成・小史をたどる

とにもかくにも、かくのごとく、人材育成は「企業経営に資すること」を目指します。経営における人材育成の位置付けを把握できたところで、我が国における教育、人材育成の歴史的発展の経緯を把握しておくことも、また無駄なことではありません。それは一見「遠回り」のように見えますが、過去の歴史に学び、過去に犯した過ちを現在において再生産しないことも、また大切なことです。

人材育成には、いわゆる「**研修**」「**OJT**」などの施策・手段がありますが、その歴史は、この２つの間を「**揺れる振り子**」のように動き続けてきたもので

---

6 企業と組織の「見えざる関係」の変化については下記が詳しいです。
　服部泰宏（2013）『日本企業の心理的契約 増補改訂版：組織と従業員の見えざる契約』白桃書房
7 中原淳（2014）『駆け出しマネジャーの成長論』中公新書ラクレ
8 人材育成は、国家の政策などによって、そのあり方が変わるようなものではないため、その歴史は非常に追いにくい傾向があります。たとえば、我が国の教育を規定する教育基本法は、1947年3月31日に施行されますが、人材育成においては、そのような文書が残されていることはまれです。よって、「いつ」から何が始まった、「いつ」に何が終わった、という記述を行うことは非常に難しいのです。以下では、各種の専門書から、その歴史を読み解き、論じることにします。ただしその歴史や傾向には、ある程度の「幅」があることをご承知置きください。

あるということがわかります。

　具体的に言うと、我が国の人材育成の言説空間は、「教室における学習(研修)」か「現場での経験（OJT）」かという極に、常に翻弄されてきた、ということです。前時代のあり方を反省し、次の時代の構想を行う上でも、こうした2極に振れる「振り子」の議論に「振り回されないこと」が重要です。そのためには、人材開発担当者として、しっかりとした「歴史的認識」に関する軸を持っておくことが大切でしょう。

　そこで、ここではあえて、工業化が進んだ戦後以降の人材育成の歴史を振り返ってみることにしましょう。

　1940年代の人材育成の主なキーワードは、「**米国**」「**軍隊**」「**研修**」「**官製輸入**」です。それ以前は、組織が戦略的かつ定型的に人材育成を行うといった考え方は非常に希薄で、新人は「見習い」として職場に放り込まれ、先輩・親方・師匠と生活を共にしながら仕事を覚えていく、いわゆる「**伝統的徒弟制**」のような形で育成がされていました。生活と仕事の接近、そして、そこに学習が埋め込まれていることが、伝統的徒弟制の特徴ということになります。長期にわた

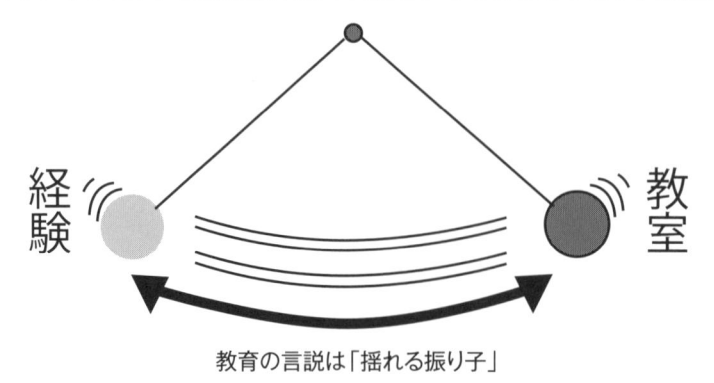

教育の言説は「揺れる振り子」

9　人材育成に限らず、教育の言説とは、とかく「揺れる振り子」のように、右、左、右、左……と揺れ続けていく傾向があります。例えば、学校教育においては、長く「知識注入」か「経験重視」かという2極の間を、揺れ続けながら、教育のあり方が変化してきました。教育の言説は、いつも「極」に振れます。教育に携わる人々にとって、必要なことは「極に振れがちな言説」に翻弄されず、自己の文脈において必要なことは何かを冷静に考えることです。

る拘束と、そこに埋め込まれた偶発的な学びこそが、徒弟制の教育機会として機能しました。

　1945年、日本は太平洋戦争に敗北します。この時期になりますと、米国からMTP：中下級管理者層向け研修、TWI：管理者層向け研修などの、さまざまな管理監督者訓練が、省庁などの力によって官製輸入され、日本のさまざまな企業・組織で用いられ始めます。敗戦からの復興と民主化を成し遂げるという目的のもと、各種のプログラムが米国から輸入されました。そして、これらの研修を提供する業界団体がつくられます。人事院では、JST（人事院監督者訓練プログラム）が開発され、管理職の指導体制が整備されていきました。1940年代の振り子は「研修・教室・知識」に振れていきます。

　1950年、朝鮮戦争が起こります。日本は、戦争の莫大な軍需品生産を背景にして、徐々に経済復興を成し遂げます。官製輸入された研修が全盛をきわめる時代です。体系化・定型化された研修は多くの日本企業に広がりました。どの会社も同じ研修を導入するというのは、競争優位につながらない、という意味では少し変な気もするのですが、当時、日本において意識されていたのは「国

写真1.1　1940年代の絹糸工場

（写真：共同通信社）

内でいかに闘うか？」ではなかったのかもしれません。1950年代は、日本企業がまさに「一丸」となって、なりふりかまわず、生産力を上げ、戦後から脱しようとしていた時代。1958年には職業訓練法が制定され、職業訓練の推進体制、環境が整備されていきます。振り子は、「研修・教室・知識」に最大の振れ幅を持ちます。

　1950～60年代、日本の高度経済成長の足音が聞こえ始めるようになると、日本の産業は、急速に工業化を遂げ、製造業・重工業が発展します。そして、この高度経済成長期に本格的に発展したのが、日本のお家芸とも呼ばれた経験重視型の「OJT（On the Job Training）」です。地方では、村落共同体がそのまま工場の労働力として引き継がれ、その強固な人間関係を基盤にしたマネジメントが徹底されました。
　前時代の研修を、半ば相対化するようにして急速に普及するOJT。長期雇用を背景にして、先達の技術を後輩が仕事経験を踏みながら覚えていく「OJT」が、主に、製造業・重工業を対象として、制度としても確立していったのです。この時代に、振り子は大きく「現場・経験」の方向に揺れ始めました。

写真1.2 | 1960年代の営業研修

（写真：朝日新聞社／時事通信フォト）

図1.1 揺れる振り子のように変化する教育のあり方

西暦	教育制度の変更点	教育方針
1910年～1930年	●大正新教育 ・子どもの自発性、活動性を重視する教育改造運動	経験重視 ↓
1938年～1941年	●戦時統制下の教育 ・国家総動員法の制定 ・国民学校令	知識重視 ↓
1947年	●教育基本法 ・国が目指すべき教育理念の制定 ・学習指導要領の策定　・主体的な教育の実現	経験重視 ↓
1958年	●学習指導要領改訂 ・系統立った知識を体系的に習得することを重視	知識重視 ↓
1968年	●学習指導要領改訂（1971年から実施） ・教育が最も高度化し、詰め込まれた時代 ・小学校の算数に集合や関数	
1977年	●学習指導要領改訂：ゆとりと充実 ・調和の取れた人間形成を目指すべき ・授業時間数の削減 ・教科指導を行わない「ゆとり時間」を開始	経験重視 ↓
1985年		
1989年	●学習指導要領改訂（1992年から実施） ・学習内容、授業時間数の削減 ・小学校1、2年の理科、社会科廃止→生活科 ・新学力観：学習過程の重視	
1992年	・9月から第2土曜日が休日に	
1998年	●学習指導要領改訂（2002年から実施） ・学習内容、授業時間数の3割削減 ・完全学校週5日制の実施 ・「総合的な学習の時間」の新設 ・「絶対評価」の導入	
2002年		
2004年	●PISAショック ・日本の地位低下を心配する声が経済界から上がる	知識重視 ↓
2006年	●教育再生会議 ・ゆとり教育の見直し ・授業時間数の増加 ・総合的な学習の時間を削減	行き先を見失う
2008年		

日本の学校教育は、知識重視型と経験重視型の教育方針の間で揺れ動いてきた。高度経済成長期に実施された詰め込み教育は、「受験戦争」「校内暴力」などを引き起こしたと見なされた。ゆとり教育導入の背景には、それらの社会問題への対応があった。

リクルートワークス研究所（2005）『Works』8月・9月号 p.41より引用。本図表は、中原のインタビューをもとに『Works』編集部が作成した。

よく知られているように、日本のOJTは年長者から若年者に対して「単純な作業手順のコピー」を行うものではありませんでした。「単一の仕事」を単純に覚えるだけでなく、長期雇用を前提として、多種多様な仕事に中長期間従事させ、さまざまな突発的出来事に対応できる幅の広い専門性を獲得させることが、その特徴でした。この「幅広い専門性」を有する優秀な従業員が、日本の高度経済成長を支えることになります。[10]

　やがて日本は1960～70年代、高度経済成長を謳歌しつつ、次第に安定成長を迎えます。この時期がOJTから研修に対して振り子が揺れた瞬間でした。経済が安定期に入る中、米国での心理学研究などを取り入れた「感受性訓練」（センシティビティトレーニング）などが、「組織開発」というラベルのもとで普及していきました。[11]今となっては「科学」と「実践」が不即不離な関係にあることは自明ですが、研修の中に行動科学や社会科学の知見を生かすといった考え方は、前時代に、それほど濃厚であったわけではありません。「行動科学に基づく」ということが喧伝されたのは、この時代の研修でした。

　ただし、いわゆる「組織開発」は、市場の急速な拡大に講師育成が追いつかなかったことなどから、さまざまな社会問題を起こし、その後、急速に廃れていきました。[12]学術専門誌・組織科学で、組織開発の特集が組まれたのは、1973年のことでしたが、その後は、動きが止まっています。[13]その他には、こ

---

10 OJT研究の端緒を築いたのは、労働経済学者の小池和男先生です。
　　小池和男（1991a）『仕事の経済学』東洋経済新報社
　　小池和男（1997）『日本企業の人材形成』中公新書
11 組織開発を包括的に解説した論文、書籍には、下記があります。
　　中村和彦（2007）「組織開発（OD）とは何か？」『人間関係研究』Vol.6 p.1-29
　　http://www.ic.nanzan-u.ac.jp/NINKAN/kanko/bulletin06.html
　　Burke, W. W. (2004). "Organization Development." In C. Spielberger (Editor in Chief), Encyclopedia of Applied Psychology (pp.755-772). Oxford, U.K.
12 幸田一男（1972）『組織開発の理論と実践』産業能率短大出版部
　　梅澤正（1977）『日本型組織開発―その展開と事例』ダイヤモンド社
13 2000年代後半になって、組織開発はリバイバルが訪れています。その背景には、グローバル化の進展によって、急速に組織・職場のダイバーシティが進行していることがあります。

の当時普及したもののひとつに創造性開発の手法であるKJ法などがあります。KJ法は、文化人類学者の川喜田二郎（東京工業大学名誉教授）によって考案されたものであり、概念の創造に役立つとして普及していきました。

　1973年にはオイルショックを経験します。さまざまな公害が社会問題となったのもこのころで、社会不安を背景に、管理職や管理職予備軍などによる勉強会、異業種交流会が流行しました。振り子は、「研修・教室・知識」ではなく、「組織外・交流」に例外的に振れ始めます。不況のときには、人は「組織外」に目を向ける傾向があるようです。

　時代は1980年代に入ります。このころになると、製造業の海外進出（工場の海外流出）が始まり、「国際人」「国際化」と呼ばれる概念が人材教育の世界に流入してきます。この時期、振り子は「研修・教室・知識」にあり、多種多様な「異文化適応プログラム」や「異文化教育」、「言語学習」などが製造業を中心にブームになりました。2010年代初頭、急速なグローバリゼーションの進展によって、いわゆる「グローバル人材育成ブーム」が起きていますが、1980〜90年代には、すでに第1次グローバル人材育成ブームと呼ばれるもの

写真1.3　1960年代、ナショナル学園の店員向け研修

（写真：朝日新聞社／時事通信フォト）

が起こっています。

　また、いわゆるMBA（Master of Business Administration：経営学修士）が注目され、バブル経済の好景気を背景に、数々の企業派遣生たちが、海外の大学、大学院で学ぶようになっていきました。ちょうど、このころ、民間の教育ベンダーの中にも、MBA教育を標榜するブームが起きています。ちなみに、MBA教育の隆盛の陰に、いわゆるOJTは「時代遅れなもの」として位置付けられる傾向があり、教室を中心とした研修、知識重視型の人材育成が主流となっていました。振り子は「教室・研修・知識」に振れていたのです。

　ただし、海外は少し様相が異なります。海外進出を果たした製造業は、現地の工場で、現地採用の社員をOJTで育て始めます。「現地採用の外国人」を技術指導し、ひいては、自社の現地マネジャーに育てていく。工場と共に、日本式の人材育成、OJTも海外に輸出されました。

　1990年は、冬の時代の始まりです。バブル経済が破綻し、企業は、それまで伝家の宝刀としてきた「終身雇用」「年功序列賃金」等の、いわゆる「日本型雇用施策」を、一部、転換せざるをえなくなりました[14]。

　この時期、中間管理職の削減を行い、意思決定の迅速化を図る「組織のフラット化」やそれに伴う「リストラクチャリング」、また年功序列賃金を一部修正する、いわゆる「成果主義賃金」が相次いで導入されていきました。これらの雇用制度の変化は、この時代の日本企業にとっては、不可欠のことであったかもしれませんが、同時に「職場の人材育成機能の弱体化」という副次的産物をもたらすことになりました[15]。組織のフラット化、リストラクチャリングによって、職場のメンバーが減り、マネジャーの業務が多忙化します。行きすぎ

---

[14] この時期の人事施策の転換、人材開発の変化に関しては、拙著『職場学習論』『経営学習論』に詳細な記述があります。
　中原淳（2010）『職場学習論』東京大学出版会
　中原淳（2012）『経営学習論』東京大学出版会

[15] 中原淳（2012）「学習環境としての『職場』：経営研究と学習研究の交差する場所」『日本労働研究雑誌』Vol.54 No.1 pp.35-45

た成果主義は、職場における組織市民行動（自発的な助け合い）を減少させ、成果につながらない若い労働者の育成を担おうとしない雰囲気が生まれた職場もありました[16]。

　企業によっては、この時期、新卒採用を抑制したことも、悪循環に拍車をかけることになります。職場の世代間に大きなギャップが生まれ、コミュニケーションがうまくいかなくなる職場も出てきました。また、年代間の断絶により、知識や技術の伝承が進まない上、当時、新卒採用された社員がマネジャー層になるころには「育てられた経験」も「育てた経験」もないために「育てられない」マネジャーが続出するようになってしまったのです。

　ちなみに、1990年代は、研修予算も大幅に削られた時代でした。前時代に増加した研修予算は、コストカットの圧力のもと、大幅に削減されていき、振り子は、再び「職場・現場・経験」に戻ってきました。

　1990年代後半から2000年代中盤にかけて隆盛を極めたのは、職場における

写真1.4　1997年11月、山一証券自主廃業を発表

（写真：朝日新聞社／時事通信フォト）

---

16 福山佑樹（2012）「業績と能力を伸ばす職場の探求——組織市民行動と職場学習風土に着目して」中原淳（編）『職場学習の探究』生産性出版　pp.169-192

第1章　研修開発とは何か？ | 29

人材育成を可能にする部下育成の技術です。企業は、目標の提示と支援を主眼とする「コーチング」を管理職研修の中に導入するようになりました。これは、どのようにして部下とかかわり、指導すべきか悩む管理職層に受け入れられる結果となりました。振り子の振り幅は「職場・現場」に大きく振れています。

　2000〜2010年は、企業の経営課題に「人材育成」が前景化してくる時代です。1990年代に冷え込んだ職場の人材育成機能を何とか立て直そうと、企業が人材育成・人材開発に注力しました。また、日本型雇用が徐々に崩れ行く中で、個人の自律的なキャリア開発に関する意識が高まりました。

　この時代は、「従業員は現場の経験で学ぶ[17]」という認識が広まり、「OJT」を再構築しようという動きが活発になりました。日本の経済発展を支えてき

写真1.5 2008年9月、米国の投資銀行リーマン・ブラザーズが経営破綻[18]

（写真：AFP／時事）

---

17 経験学習の最も基礎的な書籍といえば、松尾睦先生の一連の研究があります。
　松尾睦（2006）『経験からの学習』同文館出版
　松尾睦（2011）『職場が生きる人が育つ「経験学習」入門』ダイヤモンド社
　筆者も経験学習の理論的系譜について論文をまとめています。
　中原淳（2013）「経験学習の理論的系譜と研究動向」『日本労働研究雑誌』Oct.2013 No.639 pp.4-14

18 関根雅泰（2012）「新入社員の能力向上に資する先輩指導員のOJT行動〜OJT指導員がひとりでやらないOJTの提案〜」中原淳（編）『職場学習の探求』生産性出版　pp.143-167

た団塊世代の大量退職を前に、知識・技術の継承、若手の育成が大きな課題となり、経営人材を育成するため、選抜型でミドル社員を強化して育成する「リーダーシップ開発」も活発になりました。これらは、リーダーシップ開発を「リーダーの行動の改善」ととらえた1940年代とは異なり、選抜された社員にタフなプロジェクトや業務をアサインし、アクションを促しつつ、リフレクションさせる形のリーダーシップ開発です。この時代には[19]、1990年代と比べて、企業の人材開発の動きが、「従業員全員に均等に配分される」という動きが弱まり、成果を出し、将来活躍していきそうな社員に対して、「選抜型」で選択的に教育機会を配分する動きが生まれてきました。教育予算も2000年代中盤を除いては、減少傾向にあります。まだ振り子は「現場」にあります。

　2000年代、人材育成における「OJT」の重要性が再認識される中、盛んに行われていた「企業内研修」の質的転換が起こりました。階層別研修などの、儀式的要素の高い研修が見直され、より実務に生かされる研修のあり方が模索されるようになりました。教授設計理論や学習科学の知見が人材開発研究に本格的に流入したことも見逃せない変化でした。研修の手法も、研修室で行われる従来の講義型研修から、現場の課題解決を研修課題とするアクションラーニング型[20]の研修などが取り入れられるようになってきました。

---

19 こうした動きのきっかけになったのは、1980年代、米国Center for Creative Leadershipで行われたモーガンマッコールらの、Derailment（エグゼクティブの脱線）研究、リーダーシップ研究であると考えられます。また、筆者と金井壽宏は、これからのマネジャー像として「Reflective Manager」を提唱しました。
　McCall, M. W. and Lombardo, M. M.（1983）*Off the Track : Why and How Successful Executives Get Derailed.* Center for Creative Leadership
　McCall, M. W.（1988a）*The Lessons of Experience : How Successful Executives Develop on the Job.* Free Press
　McCall, M. W.（1988b）*High Flyers : Developing the Next Generation of Leaders.* Harvard Bussiness Press
　中原淳・金井壽宏（2009）『リフレクティブマネジャー』光文社新書
20 アクションラーニングとは、もともとRevansによって創始された学習手法で、その根本には「実務に役立てる研修のあり方」を模索する強いニーズと、「実務に役立たない研修」への強い批判が存在します。アクションラーニングとは、(1)実践と行動に基づく学習を試行すること、(2)実践の内省を重視すること、(3)探究的洞察を重視することなどを重視した学習形態を指すアンブレラワードです。
　Revans, R. W.（1982）*The Origin and Growth of Action Learning.* Chartwell-Bratt
　Revans, R. W.（1984）*The Sequence of Managerial Learning.* MCB University Press

2000年代は1980年代とは異なった形で、人材開発において学問が消費された時代でした。OJTを刷新したり、研修を開発したり、人材施策を見直すために消費された学問知見が注目されました。

　この時期、社会的ニーズを背景に、職場での人材育成のあり方、OJTのあり方や研修効果に対する実証研究が相次いで発表されました。それまで、職場の垂直的な発達支援関係を扱うことが多かった組織社会化研究に「職場の多種多様なメンバーネットワーク」を扱う研究が、少しずつ増えてきました。[21]

　また、2000年代から流入した教授設計理論や学習科学の知見は、「アクティブラーニング」「ワークショップ」などのブームを生み出します。それらはいわば「バズワード化」しつつ、2010年代に引き継がれました。

　2008年、世界は未曾有の不況に襲われます。いわゆる「リーマンショック」です。米国のサブプライムローンの焦げ付きに端を発し、世界最大の投資会社のひとつリーマンブラザーズ証券が、64兆円ともいわれる巨額の負債を抱えて倒産。その余波は、世界同時不況という形で表れました。

　長引く不況の中、雇用不安・キャリア不安が拡大し、4つの変化が表れました。

　1つ目は「研修の内製化」です。製造業においては当たり前ですが、製造業以外においても自社社員を用いて人材開発研修を担当させる動きが盛んになりました。この時期、多種多様な研修講師養成プログラムや、社内講師の養成プログラムが注目を浴びるようになりました。

　2つ目は、再び社外の勉強会や交流会が盛んになりました。バウンダリーレスキャリア、プロティアンキャリアなどという言葉がもてはやされ、組織の境界を越えて自らのキャリアを切り開かなければならないという認識が広まりました。

　それらに加えて、企業が保持する技術や知識を外部に公開し、他企業と連携、

---

21 中原淳（2010）『職場学習論』東京大学出版会
　中原淳（2012）『経営学習論』東京大学出版会

協力するコラボレーション（異業種間コラボ）によってイノベーションを起こそうというオープンイノベーション[22]の流れも、社外の多種多様な集まりが活況を呈するきっかけになったことも否めません。また企業研修も、異業種の企業が協力して運営する形の研修が広まってきました。

3つ目は、研修開発のグローバル化です。多国籍で事業展開する企業においては、現地と国内の研修を一律化し、ダイバーシティあふれる参加者によって研修が実施される流れが生まれてきました。それは1980年代に流行した「国際化」の流れとは明らかに一線を画するものです。

一部の大手事業会社では、人事部・人材開発部の社員として、日本人以外の外国人が登用されるようになってきていることも見逃せない変化のひとつです。いくつかの外部の教育ベンダーは、海外に出て行く日本企業を追って、海外の事業展開を進めました。

4つ目は、組織開発の再注目です。1980年代、一度は途絶えたかのように見えた「組織開発」が、再評価されています。ダイバーシティあふれる職場・雇用関係を背景に、それらをいかにまとめ、組織の卓越性を果たすか。こうした社会的ニーズのもと、組織開発の概念、および、実践が、再び注目を浴びています。

以上、本節では、人材育成の短い歴史について概略を述べてきました。私たちは過去の歴史に学び、同じような試行錯誤を繰り返さないようにすることが大切です。また、このように中長期のレンジで人材育成の流れを見ていくと、歴史的に普遍的かつ不変的な教育手法や人材育成手法も存在しないことにも留

---

22 オープンイノベーションについては、その有効性をめぐって多様な議論が起こっており、近年懐疑的な意見も多い。下記はオープンイノベーションの有効性を示す書籍。
Chesbrough, H.（著）、長尾高弘（訳）(2008)『オープンイノベーション　組織を越えたネットワークが成長を加速する』英治出版
Chesbrough, H.（著）、大前恵一朗（訳）(2004)『OPEN INNOVATION――ハーバード流イノベーション戦略のすべて』産能大出版部
Gawer, A.（著）、Cusumano, M. A.（著）小林敏男（訳）『プラットフォーム・リーダーシップ――イノベーションを導く新しい経営戦略』有斐閣

意しなくてはなりません。人材育成のあり方は、自社の戦略、外的環境の変化に応じて、常にベストなあり方が変化していくのです。

4 研修か？ OJTか？

さて、前節で私たちは、人材育成の歴史について、概略を見てきました。人材育成の手法は、歴史的に常に変化していますが、一般的に経営学の教科書などで語られる人材育成のカテゴリーは「研修」「OJT」「自己啓発」の3つに分かれています。

改めて述べる必要もないことかもしれませんが、一般に、**「研修」**とは、「**一定期間、職場・仕事から離れた場で行われる教育訓練のこと**」を指します。これは「Off-JT（Off the Job Training）」と呼称されることも少なくありません。

次に「OJT（On the Job Training）」とは、一般に、「**職場における上司と部下の間にある垂直的な発達支援関係の中で、上司が部下に対し、一定の仕事を任せ、アドバイスを行う中で行われる育成方法**」です。

最後に「**自己啓発**」というのは、組織から強制的に学ばされるのではなく、「**従**

研修（OFF-JT）

OJT

自己啓発

34

業員が自発的に読書、e-Learning、資格取得などを通して自己学習すること」を指しています。

　前節の「人材育成・小史」で述べたように、日本の人材育成は、「教室か現場か」「知識か経験か」という２極の間を常に振り子のように揺れながら、進行してきました。そして、既述したように2000年代以降は、OJTの重要性が再認識され、どちらかといえば、「経験重視（OJT）」の方に、振り子が振れている状況です。「やや極に振れすぎているのでは」と感じるほど、人材開発の専門書には、「現場」や「経験」といったキーワードが並びます。

　確かにOJT、仕事の経験というのはパワフルです。**成人が仕事をするに当たって必要な業務知識量を身につけるのは、仕事の経験が70％、上司の薫陶が20％、研修が10％、**などといわれています[23]。これだけを比較してしまいますと、圧倒的にOJTに軍配が上がり、研修はOJTに比べて、学習効果があまり高くないように感じるかもしれません。しかし、ここには罠（Trap）が存在します。先ほどの机上の計算に、「時間」と「外的コントロールの可能性」という２つの概念を加えると、少し状況が変わってきます。

　一般に22歳から60歳まで働く６万8400時間のうち、研修を受けている時間は何時間あるでしょうか？　これは会社によって異なりますが、若年労働者を除く一般社員の場合、一年のうち３日程度が研修などに充てられる日ではないでしょうか。それらをすべて積み重ねたところで、22歳から60歳まで、100日にも満たないことが予想されます。

　つまり、時間的にはわずかな機会で、成人の能力発達の10％分が保証できるのであれば、非常に効率がいい、という考え方もできるのです。

　また、OJTというのは「現場のマネジャー」を中心に行われるものである以上、下記のような脆弱性も持ち合わせています。

❶OJTの学習効果、教育のクオリティは現場のマネジャーに依存してしまう

---

23 Morrison, R. F. and Brantner, T. M.（1992）"What Enhances or Inhibits Learning a New Job : A Basic Career Issues." *Journal of Applied Psychology.* Vol.77 No.6 pp.926-940

❷一般に、OJTでは現場のマネジャーの能力範囲を超えることを学ぶことができない
❸学習が起こるタイミングが「偶然」に依存する。「教育的瞬間」がいつ訪れるかわからない
❹学び多きはずの仕事経験が「単なる労働」となってしまう可能性がある

　特に❹についてはOJTの最大の脆弱性といえます。職場が多忙であったり、業績へのプレッシャーが高い、あるいは、OJTに対する現場のマネジャーの理解、認識がほとんどない場合などにはしばしば、「OJTという名の単純労働」「OJTという名の下請け労働」が発生してしまいます。

　しかも、OJTにはこうした脆弱性があるにもかかわらず、人事や経営側から育成に直接介入することはできず、現場のマネジャーを通して間接介入することしかできないため、その質を担保することができません。一方、研修であれば、人材開発担当者が直接介入することができるため、品質管理（Quality Control）を行うこともでき、評価を行うことも可能です。

　このように考えていくと、**人事や経営側が直接介入できる研修と、間接的に介入する形となるOJTを単純比較することにはあまり意味がない**、ということがおわかりいただけるかと思います。

　人材育成の領域には、とかく「わかりやすい二分法（Dichotomy）」が散見します。「これまでの……はすべてダメ。これからは……の時代」だ、など、極に振った議論が行われます。しかし、これらの二分法を目にしたときは特に、それが何を意味しているかを疑ってみてください。場合によっては、人材開発商品や商材を売りたいセールストークとして、「人口に膾炙しやすい二分法」が構築され、用いられているだけのことも、ままあります。

　大切なことは、「知識重視（研修）」と「経験重視（OJT）」の間を揺れ続ける振り子に振り回されることなく、自社にとって何が必要かを見定めて、人材育成のあり方を考えることだといえるでしょう。

| column | 「研修で学んだことなんか、現場で役に立つか！」

　経営陣や現場のマネジャーの中には、そのような強固な信念を持っている人も少なくありません。実際、現場でのさまざまな試行錯誤や困難から、人は多くを学ぶことは確かなことです。しかし、短い時間に集中的に大切なことを学ぶことのできる研修は決して学習効果が低いわけではありません。

　多くの統計的分析のなされた研究を集めて、いろいろな角度から、それらを統合・比較したりする分研究法を「メタ分析」といいますが、その知見によりますと、研修の学習効果は「中程度の効果量」を持っていることがわかっています[24]。まだ統一した見解があるわけではないので一概には言えませんが、少なくとも「研修でなんか、学べるか！」として切り捨ててしまう態度は、科学的かつ合理的な態度とはいえないと思います。

　ただし「一定の注意」が必要なことも、また確かです。特に、近年のマネジャー向けの研修の学習効果のメタ分析では「マネジャー研修で学んだことは現場で役に立つものの、そのレンジが広い」という知見も出ているからです[25]。つまり、マネジャー研修には意味があるものの、「現場に生かされる学習効果が高いもの」から「学習効果がないもの」まで格差があるということです。賢明な研修開発担当者には、ぜひ、よいマネジャー研修を開発したいと考えていただきたいですし、また、外部から購入する場合でも、十分な目利きを行っていただきたいと思います。

---

24 Burke, M. J. and Day, R. R. (1986) "A Cumulative Study of the Effectiveness of Managerial Training." *Journal of Applied Psychology*. Vol.71 pp.232-245
25 Collins, D. B. and Holton, E. F. III (2004) "The Effectiveness of Managerial Leadership Development Programs: A Meta Analysis of Studies from 1982-2001." *Human Resource Development Quarterly*. Vol.15 pp.217-248

5 | 2000年代の研修開発──研修内製化

　このようにOJTと研修を主軸として展開してきた企業内人材育成ですが、2013年現在、どのような潮流の中にあるのでしょうか。最も大きな潮流としては「**研修の内製化**」という動向があり、それこそが本書の前景を成しています。

　研修の内製化とは「それまでアウトソーシングしていた企業内研修を自社社員を活用してつくること」です。もちろん、製造業や重厚長大産業など、長年にわたって組織の中核技術を継承することを行ってきた企業では、そもそも「内製化」という言葉は、意味を成しません。

　しかし、それまでさまざまな研修を外部にアウトソーシングしていた企業にとっては、特に2008年のリーマンショックを契機に、コスト削減という名目で、内製化の動きが広まりつつあります。

　ただし、不況がそのきっかけとなったことは確かですが、「**研修の内製化」は遅かれ早かれ起こるべくして起こってきた変化ではないか**と、筆者は考えています。そもそも「研修を内製化せず、当然のように外部にアウトソーシングしていたこと」の方が、経営学的には矛盾をはらんでいることだからです。理由は下記の通りです。

❶競争優位を生み出す意識の変化

　本章の第1節で、あらゆる人材育成施策は「経営に資すること」が求められていると、述べました。このことを別の言葉で表現すると、「**経営に資する＝競争優位をつくり出すこと**」でもあります。ある意味、企業は企業内研修を行うことで、人材に学習・変化を促し、「競争優位をつくり出す」ことを目指しているともいえるわけです。しかし、そう考えてみると、「パッケージ化された企業内研修を外部から購入すること」には、論理矛盾が生じてしまう可能性が格段に高まります。なぜなら、闇雲に「パッケージ化された企業内研修を外

部から購入すること」が行われる場合、ともすれば「競合他社と同じサービスを買う可能性」をはらんでしまうからです。これでは「競争優位」はなかなか生まれません[26]。このように仮に「企業の経営に資すること＝企業の競争優位の源泉」として位置付けるならば、当然、**「差別化された教育内容」を自社開発する必要があります**。

❷世代継承性とコアコンピタンスの維持

　次に、既述した通り、企業の人材育成には、**組織の保有する中核能力を、世代を超えて継承するための人材育成**というものがあります。**その企業が独自に持つ知識、技能、経験、強みといったコアコンピタンスは、外部の講師やファシリテーターに伝えることはできません**。企業が成長し、その強みを内部に抱えるようになればなるほど、このように、企業人材育成は内部で内製化せざるをえなくなります。

❸人材育成に関する情報氾濫

　第3の理由は、メディア環境の変化です。昨今では、書籍やインターネットなどを通して、人材育成、人材開発に関する理論や実践例、ノウハウなどが広く知られるようになってきました。また、ソーシャルメディアなどにより、人材育成、人材開発に携わる人々が知り合い、情報交換する機会も、以前よりは格段に増えてきています。

　このように、人材育成や研修開発に関して、多くの情報を得られるようになったことで、人材開発担当者が「自分自身で実践してみよう」と、さまざまな形で自社内の研修開発を試みることも増えてきています。今後さらに、担当者が企業内研修開発の経験を重ね、専門知識やスキルを身につけていけば、**担当者のプロフェッショナル化**が進み、研修の内製化はますます進展していくこと

---

[26] もちろん、後述するように、外部の研修会社から研修や教材を購入した方が圧倒的によいケースは多々存在します。ここでは、「闇雲」に何の考えもなく「競合他社も購入するパッケージ化されたサービス」を購入することは「人材育成の経営学的定義」と矛盾してしまう場合があることを述べています。

になります。

　ちなみに、「内製化」を英訳するとLocalizationまたはSelf-manufacturingといった言葉になります。しかしながら、おそらく、これらの用語を欧米の人材開発担当者向けに使ったとしても、いぶかしがられることの方が多いように感じます。というのも、欧米では自社組織内にプロの人材開発担当者を置き、企業内研修を内製化することが当然のこととされているからです。

　リーマンショックがあろうとなかろうと、このように企業研修は、市場の成熟、企業規模の拡大に伴い「内製化」の方向に向かわざるをえません。高度化したメディア環境は、さらにその勢いを強くします。

　内製化という言葉は今は用いられていますが、次第に「死語」になるのではないか、と筆者は考えています。

6　研修内製化の副次的効果

　先ほど述べたように、2000年以降、コスト削減を主たる目的として、研修の内製化が広がってきたわけですが、その過程で、コスト削減以外にも、さまざまな副次的効果が生み出されていることがわかってきました。[27] 以下、それを列挙していきましょう。

❶教えることで成長する（自己能力の確認）

　第一に「教える人が成長する」というメリットがあります。"Learning by teaching"という言葉があるように、他人に教えることは教える人自身の成長につながります。社員を社内講師として登壇させることは、**講師となった社員が自分の持つ経験や知識を意識し、再確認する**ことになりますし、自分自身がわかっていなかったことに気づくきっかけともなります。また、教え手、先輩、

---

27 この部分は下記の論考を要約しつつ、構成します。
　尾形真実哉（2009）「導入時研修が新人の組織社会化に与える影響の分析」『甲南経営研究』Vol.49 No.4. pp.19-61

という立場になることで、「教え子、後輩たちの見本になる模範的存在になろう」と、**意識が高まることが成長につながる**、という側面もあります。

❷社内ネットワークの形成

　自社内で研修講師となる際は、部署と名前が受講者に知られることになりますし、研修を通して多くの部署から集まる受講生とのネットワークが生み出されることになります。研修を通して、新たな社内ネットワークが構築されるというわけです。

　例えば、ある会社で社内研修講師を務めているAさんは、研修講師を始めるようになってから、社内で仕事がしやすくなったといいます。広い社内にAさんのコースを受講した若年者は数百名を超えており、彼らを通して、インフォーマルにさまざまな情報がもたらされるからです。

社内ネットワーク形成

愛社精神（コミットメント）の醸成

組織学習

他部門への理解

学ぶ風土の醸成

❸愛社精神(コミットメント)の醸成・組織文化の再確認

　社会心理学者カール・E・ワイクは「組織の境界は物語ることによって強化される」と述べています。社内講師が、研修の中で、自社の戦略や目標を語ったり、自社らしさを語ったりすると、受講生も講師も、自社に対する愛着、コミットメントが高まる可能性があります。

　また、自社でしか通用しない言い回し、フレーズを、研修を通して広めていく場合もあります。これらはいわば「共通言語」として、社内に広まり、社員のメンバーシップを高めます。

　このように、研修で、自社の講師が、自社ならではの経験や内容を、自社独自の言葉で伝えていくことで、組織文化を再確認する効果も期待できます。

❹組織学習＝暗黙知の形式知化

　社内講師が研修を行うことで、属人化されていた経験に基づく知識・技術などの暗黙知が形式知化（制度化、マニュアル化）され、組織学習のサイクルが回る可能性も期待できます。

　組織学習とは、組織内の個人が保有する知識やスキルが組織内部のメンバーに共有され、場合によってはマニュアル化、手続き化（形式知化）され、組織そのものが環境に対して適応できるようになることをいいます。

❺他部門への理解が深まる

　企業内で研修開発を行う際は、現場をヒアリングして、ニーズを探ったり、講師を探したりする必要があります。その過程では、人材育成担当者は、各部署がどのような状況にあり、人材育成上どのような課題があるのかなどを知ることになり、現場の理解を深めることにもつながります。

❻部下育成に熱心なマネジャーの育成・学ぶ風土の醸成

　長期的な視野に立って考えてみると、社員が「教える」ことに慣れていくことは、結局、部下育成に肯定的な感情を持つ次世代のマネジャー、次世代の経

営者を育成することにつながります。組織内に、そうした人が増えてくれば、組織内に学ぶ風土が醸成され、結果的に組織変革につながっていく可能性もあります。

7 研修開発のプロセスとは何か？

さて、以上、人材育成の意義、その歴史を振り返り、研修とOJTについて触れてきました。2000年代以降は、さまざまな理由から研修の内製化が進んでおり、それにはさまざまな効果や制約があることを述べてきました。

それでは、本章の最後に、実際の研修開発のプロセスを具体的に述べましょう。本書では、研修開発という用語を「研修を企画し、経営に効果を示すまでのプロセス」と考えます。

一般に研修開発といいますと、狭義には、授業をすること、ファシリテーションをすることなどの「教室の中のこと」と考えがちですが、本書では、その

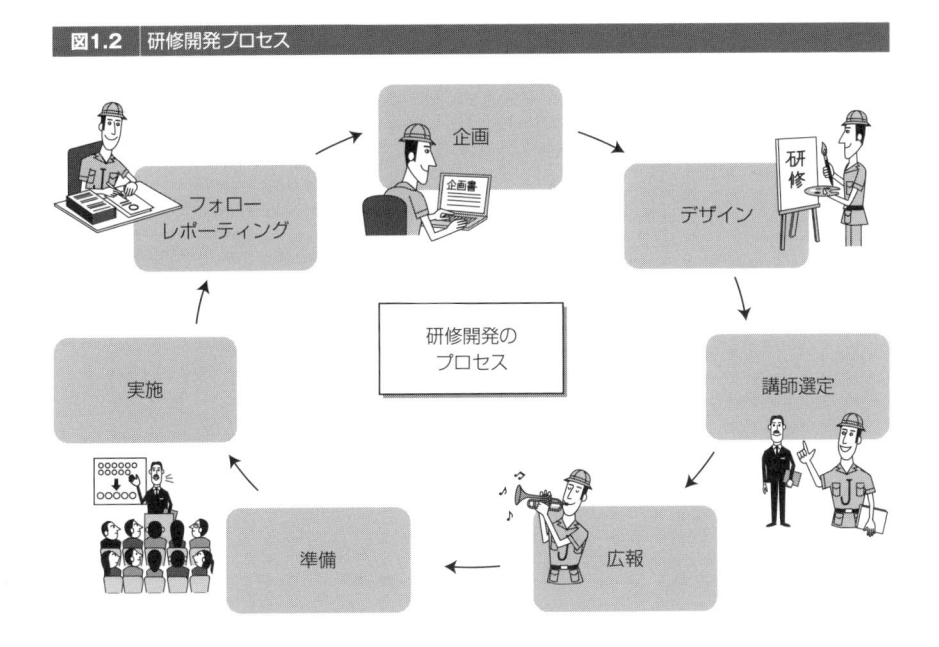

図1.2 研修開発プロセス

ような見方をしません。研修開発とは、あくまで「研修を考え、学習者に届け、効果を生み出すまでプロセス」と考えます。具体的には、研修開発プロセスとは「**研修企画（第2章）**」「**研修デザイン（第3章・第4章）**」「**研修講師選定（第5章）**」「**研修広報（第6章）**」「**研修準備（第7章）**」「**研修実施（第8章・第9章・第10章）**」「**研修フォローとレポーティング（第11章）**」の7つの下位プロセスと考えられます。[28]

まず「**研修企画**」とは、経営層や現場のニーズを把握し、戦略や現場の課題を見定め、さまざまな政治交渉のすえ、研修対象者を決定することです。

次に「**研修デザイン**」とは、学習目標を設定し、課題を分析することから始まり、実際に研修内容・研修を構成する学習活動を決定していくことです。

「研修デザイン」の後には、デザインされた内容を教授していく人、すなわち講師の選定や外部調達を行う必要があります。これが「**研修講師選定**」です。

---

[28] この7つの循環プロセスは、効率的な教法、教材のつくり方など、いわゆる「教えかた」のデザイン理論である教授設計理論（インストラクショナルデザイン理論）でよく知られている「ADDIEモデル」を拡張したものとなっています。ADDIEモデルとは、A：Analysis(分析)　D：Design(設計)　D：Development(開発)　I：Implementation(実施)　E：Evaluation(評価) のことです。A：Analysisでは学習者がどのような人かを分析し、D：Designで学習目標を設定し、テストを作成。次のD：Developmentでは、テストが解けるようになるための知識を効果的に獲得できるような方法で、学ぶべき内容を配列し、授業内容を設計。そして、I：Implementationで、設計した通りに実施し、E:Evaluationでテストを行い、それを評価して次の教授設計に生かす、というものです。ADDIEモデルは「効率的かつ魅力的に教えるためののPDCAサイクル」のようなものとお考えください。しかし、本書では、より拡張されたプロセスとして「研修開発」をとらえます。研修開発とは、経営や現場と対話しながら、戦略や現場の課題を見出し、経営に資するような形で研修を企画し、その存在をさまざまなコミュニケーションチャネルを通じて組織内に知らしめ、実際に研修を行い、さらにはその価値を組織的に説明するところまでを含むものとします。つまり、一般的な教授設計理論が「教授場面のPDCA」を対象にしているのとは対照的に、本書は、研修開発を組織論・経営論的なコンテクストに位置付けています。一般的な教授設計理論については、下記がおすすめです。

Gagné, R. M., Keller, J. M., Golas, K. C., Wager, W. W、鈴木克明（訳）、岩崎信（訳）（2007）『インストラクショナルデザインの原理』北大路書房
Reiser, R. and Dempsy, J. V.、鈴木克明（訳）・合田美子（訳）（2013）『インストラクショナルデザインとテクノロジー』北大路書房

「研修広報」とは、デザイン・設計した研修に関する広報活動全般を指します。従来の研修設計モデルでは、「研修広報」についてはあまり言及されていません。しかし、どれほど優れた研修を開発したとしても、それが広く知られることがなかったり、内容を的確に伝えることができなかったために必要な人に届かない、ということでは意味がありません。そこで、本書ではあえて、この研修広報についても取り上げています。

「**研修準備**」とは、研修当日までに、事務局、講師が行っておくべき内容です。綿密な研修準備を行っておくことこそが、研修クオリティの高さを担保します。

「**研修実施**」とは、研修当日、研修で教えられるべき教育内容を準備し、提供すること（研修をデリバーすること）を指します。
「研修実施」について本書では、❶オープニング、❷メインアクティビティ、❸クロージングに細分化し、それぞれ詳述します。

最後は「**研修フォローとレポーティング**」です。研修は、実施されて終わりではありません。現場に戻ったあと、学習者の認知や行動に変化をもたらし、企業経営にとってポジティブな影響をもたらすまでが、研修です。そのため、研修では必然的に、事後フォローと研修評価が重要になります。また、それらに加えて次年度の研修の継続を確保するため、研修継続に決裁権限を持つステークホルダーにレポーティングを行い、説明説任を果たすことも必要になってきます。

8 本書の構成

本書では、上記のような研修開発プロセスを順に追いつつ、企業内研修開発における実践知、ノウハウを積極的にご紹介していきたいと思います。
ある実務家は「研修開発の仕事とは、2Dを3D、4Dにする仕事」と例えて

いました。経営者にヒアリングし、現場を回り、つくり出したい研修のイメージを、シラバスや研修カリキュラムといった2D（2次元）の設計書に落とし込む。2Dのイメージは、あくまでまだ机上の設計書であって、研修そのものではありません。次に行うべきは、研修講師を養成・招聘し、人を集めることです。これが3D（3次元）化です。つまり、2Dの設計書をもとに、実際の学びの空間、出来事にしていく仕事です。実際にデリバーされた研修は、時間軸を伴うものになります。ここに、もうひとつのディメンションが加わり、4D（4次元）となります。実空間に人々が集まり、コミュニケーションして学ぶ。そこには濃密な時間が生まれるのです。

　また、別の実務家の方は、研修開発の仕事を「ツアーコンダクター」に例えました。曰く、研修開発担当者とは「お客さん（経営者・現場）のニーズをもとに旅行（研修）を企画し、その旅行企画をパンフレットにしてセールスを行い（研修の広報）、宿や観光スポットの手配をし（研修講師選定や準備）、集まったお客さんを実際に旅行に連れていき（研修実施）、最後の精算まで全部まで引き受け、後日、写真を送る（研修フォローと研修の評価）仕事です」と。実際、研修開発の仕事は、研修室の席順を決めることから交通費の精算まで、さまざまな実務的な仕事の連続です。

　残念ながら、「4D」や「ツアーコンダクター」にメタファされる研修開発の実務を、アカデミックな理論は、その一部分しか説明しておらず、全体像を明らかにするためには、まだまだ知見が不足しています。こうした理由から、本書では、研修開発の実務家から、多くの実践知を集めました。これらの実践知とアカデミクスの知を組み合わせたテクスチャーこそが、本書のオリジナリティです。

　さて、本章で私たちは人材育成、および、研修の位置付けを概説してきました。それでは、早速、研修開発プロセスをひとつずつたどる旅に出ることにしましょう。

第1章まとめ
Summary

人材育成とは何か
- 人材育成とは「企業経営に資する行為」であり、従業員に学習・再学習を促すことである
- 「企業経営に資すること」とは「組織戦略の達成」と「組織・事業の存続」という2つの側面がある
- 人材育成は「手術をメタファとした人材育成」と「漢方をメタファとした人材育成」がある

人材育成・小史
- 人材育成の言説は、「振り子」のように、教室なのか、現場なのか？ 知識なのか、経験なのか？……と揺れ続けながら変化してきた
歴史的に普遍的かつ不変的な人材育成の手法は存在しない

研修か？ OJTか？
- 研修には研修の、OJTにはOJTのメリット／デメリットが存在する
- OJTの脆弱性 ①学習効果、教育の質が上司に依存 ②師の能力範囲を超えることを学べない ③「教育的瞬間」がいつ訪れるかわからない ④仕事経験が「単なる労働」となってしまう可能性も

2000年代の研修開発～研修内製化
- 研修内製化が広まってきた理由 ①リーマンショック後のコスト削減 ②競争優位を生み出す意識の変化 ③組織の中核能力の維持 ④メディア環境の高度化と人材育成に関する情報量の増加

研修内製化の副次的効果
- ①教えることで成長する（自己能力の確認）②社内ネットワークの形成 ③愛社精神（コミットメント）の醸成・組織文化の再確認 ④組織学習＝暗黙知の形式知化 ⑤部門への理解が深まる ⑥部下育成に熱心なマネジャーの育成、学ぶ風土の醸成

研修開発のプロセス
- 研修開発＝「研修を考え、届け、効果を生み出すまでのプロセス」とする

第2章
研修企画
ニーズを知る、学習者を分析する、同じ船に乗ってもらう

❖**本章のねらい**
研修ニーズを知り、学習者を設定して、研修の企画提案を行います

❖**キーワード**
戦略ニーズ ｜ 事業ニーズ ｜ 組織ニーズ ｜ 経営陣と現場トップのステークホルダー化

1 はじめに

　研修開発プロセスの中でも、本章のテーマである「研修企画」は最も重要なプロセスのひとつです。研修企画の良し悪しが、研修の成否、ひいては研修効果の高低に、想像以上に影響を与えます。

　ある実務家の方は、「研修開発にかける労力の8割を、研修企画に割いている」と話していました。長く外資系企業において人材開発に携わってきた方は、「企画7割、運営3割」と、その工程の大切さを述べておられました。

　これほどまでに重要だと考えられている研修企画にもかかわらず、多くの組織においてあまた企画される研修の中には、しばしば、この「研修企画」段階で失敗しているケースが見受けられます。研修企画で行われるべき「ニーズの把握」や、「経営陣」と「現場トップ」のステークホルダー化などが、おろそかになっているからです。

　研修デザインの場面でどれほど労力をかけて研修のタイムスケジュールを切っても、実際の研修でどれほど手の込んだ教材やワークシートを整備したとし

ても、それが経営・現場のニーズに合致していなければ、パフォーマンスの高い研修とは見なされません。また、どんなに効果的な学習手法や教育手法を用いて研修を開発したとしても、それが、学習者である現場のビジネスパーソンの特性に合致していなければ、望む効果を得ることはできません。

経営、現場のニーズに合致した「研修企画」を行うためには、下記の4つのポイントを実行していくことです。

❶ニーズの探索
経営や現場とコミュニケーションしながら、戦略・現状を把握し、ニーズを探索することです。

❷人材マネジメント施策の検討
探索したニーズの中から、研修で解決できることと、研修以外の施策で解決するべきことを見分けることです。数ある人材マネジメント施策の中から、問題解決のための手段を選択します。

❸学習者の分析
研修を受ける学習者を設定し、その学習者のリアリティについて知ることです。このことを通して、効果的な研修デザインが可能になります。

❹「経営陣」と「現場トップ」のステークホルダー化
研修の利害関係者に事前の情報提供、提案活動などを行い、後で協力が得ら

図2.1　研修企画　4つのポイント

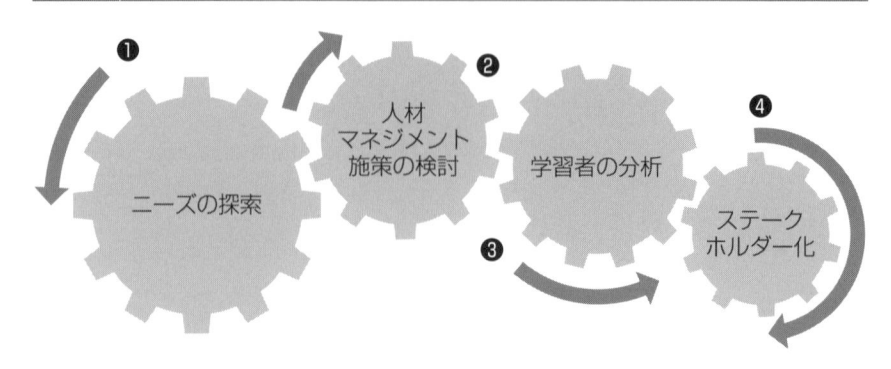

れるようにしておくことです。

第2章では、研修企画について、この4ステップに沿って解説していきます。

2 ニーズの探索

2.1 3つのニーズを探索する：戦略ニーズ、事業ニーズ、組織ニーズ

　研修開発の第一歩は、**経営と現場とコミュニケーションしながら、「経営と現場のニーズを、研修開発担当者自らが探索すること」**です。ここであえて「自ら探索すること」という言葉を用いたのには、2つの理由があります。

　第1の理由は、研修の企画に当たっては、**人事・人材開発担当者が自らイニシアティブを持ち、組織内を歩き回って研修のニーズを模索することが重要で**あるからです。「英語力をつけさせたい」「若手のコミュニケーション能力が足りない」など、人材開発担当者にはさまざまな人材のニーズが持ち込まれます。しかしながら、ニーズは決して経営陣や現場から一方的に持ち込まれるだけのものであってはなりません。なぜなら、そこで挙げられる研修ニーズは、往々にして担当者の思い込みであったり、経営戦略や現場の問題を如実に反映していないものでもあるからです。

　もちろん経営陣や現場のマネジャーの声に真摯に耳を傾けることが重要であることは、言うまでもありません。しかし「耳を傾けること」と「耳を傾けて得た情報が真実であること」とは、必ずしも合致しないことが、ままあります。つまり、経営陣や現場のマネジャーが「真因」であると思ったことが、その本人の思い込みであるというケースです。

　ここで大切になってくるのは、経営陣や現場のマネジャーの声に真摯にかつ、積極的に耳を傾けつつも、**何が「真の問題」であるかを、人材開発担当者が自らイニシアティブを持って検証していく姿勢**です。つまり、人事・人材開発担当者は、研修開発のイニシアティブを他者に委ねてはなりません。むしろ、自らプロアクティブに情報探索・仮説検証を行う存在である必要があるのです。

第2の理由は、先ほどの言葉と矛盾するようですが、**研修のニーズとは、必ずしも経営陣や現場発のものだけではない**からです。経営陣や現場は、どうしても短期的な視点での利益追求を優先する傾向にあります。株式会社であるならば、経営陣は、株主に対して説明責任を持っています。また現場を治めるマネジャーは、期間ごとの短期的な評価に追われているので、短期的に利益を出すことを優先しがちです。それはある意味で、当たり前のことです。

　対して、人事・人材開発担当者は、そうした視点だけで組織を見つめるわけにはいきません。「組織の中核能力を保持していく」「優秀な従業員を引き止める」などの**中長期的視野に立って、組織に必要な研修ニーズを見定め、実施していく責任**があります。なぜなら、中長期の視点に立って人材について考える立場を取っているのは、組織内において、人事・人材開発担当者以外なかなか見当たらないからです。人事・人材開発担当者は、経営陣や現場からはニーズとして語られなかったとしても、中長期的視野に立って組織に必要なことがあるならば、**自らイニシアティブと意思を持ち、それを主張するべき立場にある**のです。

　かくして、このような理由から、「**研修のニーズを自ら探索すること**」が重要だとした先ほどの言明が意味を持ちます。

　繰り返しになりますが、研修のニーズというものは、「受け身」で待ってい

図2.2　人材開発担当者が探索するべき3つのニーズ

経営陣のニーズ（戦略ニーズ）	・例）生産拠点移動のための、グローバルに活躍できる人材育成
現場のニーズ（事業ニーズ）	・例）プレゼンテーションや論理的思考など、現場で必要なスキルを習得する研修
人事のニーズ（組織ニーズ）	・例）経営理念を理解させる会 ・例）ワークライフバランスに関する研修

ても得られるものではありません。

　また、自ら考えることを放棄し、経営陣や事業部の言いなり、言わば「御用聞き」になってしまってはいけません。人事・人材開発担当者は、研修企画のイニシアティブを持ち、プロアクティブに研修ニーズを「自ら探索」することが求められているのです。

　さて、以上、**研修開発のイニシアティブが人事・人材開発担当者側にあること**を確認した上で、次に具体的に探索するべきニーズの詳細について考えてみましょう。人事・人材開発担当者が探究するべきニーズには、下記の3つの種類があることがわかります。

❶経営陣のニーズ(戦略ニーズ)

　経営陣の口から、ないしは、組織的に決定された経営戦略からブレイクダウンされる研修のニーズです。近年であれば、海外のマーケット開拓ないしは生産拠点移動のための、グローバルに活躍できる人材育成などのニーズがあるでしょう。

❷現場のニーズ(事業ニーズ)

　現場発の、主に事業に関係する研修ニーズです。現場のマネジャーや社員とのコミュニケーションの中で発見される場合が多い傾向があります。ただし、これをキャッチできるかどうかは、人事・人材開発担当者が日ごろから現場とどのようにやりとりをして、信頼関係を蓄積しているかに依存します。プレゼンテーションや論理的思考など、現場で必要なスキルを習得する研修や、事業方針を現場にきちんと理解してもらうために開く懇談会の企画などが、挙げられることが多いのではないかと推察します。

❸人事のニーズ(組織ニーズ)

　長期的視野に立ち、組織の中核能力を維持し、優秀な社員を引きつけておくための研修ニーズです。製造業における技術教育は言うに及ばず、昨今では、

経営理念を理解させる会や、ダイバーシティやワークライフバランスに関する研修なども、ここに合致します。この場合、誰がこのニーズを語りうるかはケースバイケースです。中長期の視点に立って、人事・人材開発部がイニシアティブを持って、これらのニーズを抽出しなくてはならない場合も多々あります。

　以上、戦略ニーズ、事業ニーズ、組織ニーズの３点を述べました。
　組織にどのニーズが存在するかは、組織の状態、事業部の状態に依存するので一概には言えません。人材開発担当者は、これらのニーズが組織内に存在することを頭に入れ、組織内を渉猟し、情報収集し、自ら仮説検証することが求められるというわけです。

　研修ニーズを探索するための情報収集や仮説検証をする際に、重要なことが３点あります。
　まず第１に、この段階では**「研修ニーズを解決するための手法」に過剰に魅了されないこと**です。ニーズが見えてくると、人は、つい先走りして「ニーズを解決する手法」に目が移ります。特に、研修開発を行う場合、とかく「次回の研修では、アクティブラーニングの手法を取り入れてみよう」「マーケティングをワークショップスタイルで教えてくれる講師がいるらしい」など、つい目新しい問題解決（研修手法）の方にばかり着目しがちです。
　**問題解決のプロセスとは、一般に、「問題設定（何が問題か？）」と「問題解

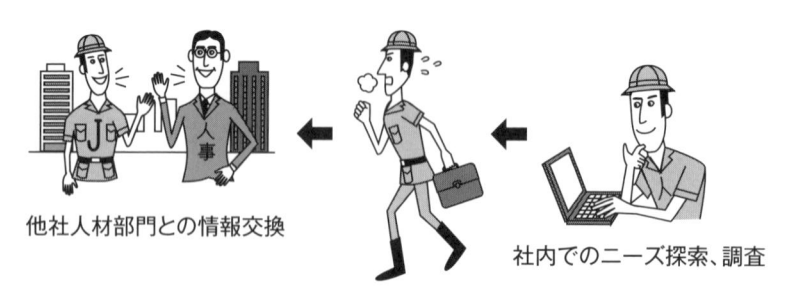

他社人材部門との情報交換　　　社内でのニーズ探索、調査

人事・人材開発担当者に求められているのは、社内の活動だけではない

決（その問題をどう解決するか？）」の2つのプロセスから成立します。しかし、より重要なのは問題設定の方です。問題設定が間違っていれば、それを解決しても、「経営に資すること」はできません。問題解決手法の検討は、もう少しあとで、第3章以降に行っていきます。

2点目として、ニーズを見定めるとは「新しいニーズを追加すること」だけを意味するのではなく、「もうニーズが失われたものをやめること」も意味するということです。とかく研修開発には「惰性」があります。一度やり始めた研修は、どこかで見直さない限り、同じ内容で毎年繰り返されていくことになり、研修の数は延々と増え続けていってしまいます。[1]

そのため、研修は研修開発をしたら終わり、ではなく、どこかで見直していく必要があります。例えば、あるスキルに関する研修を数年続けてきたとしたら、どこかの時点で、全体を見渡し、今、この研修は必要なのか、この講師を登壇させてよいのかについてチェックをしていくべきでしょう。特に短期的な経営・戦略ニーズ、中期的な事業ニーズと連動して開発された研修については、内容が常に現状のニーズにマッチしているかどうか、常にチェックしていく必要があります。

3点目は「研修企画」においては、研修開発ニーズを求めて組織内を渉猟することが重要、と述べましたが、実は、人事・人材開発担当者に求められているのは、社内の活動だけではない、ということです。**研修開発会社や他社人材開発部門との情報交換、勉強会への出席などを通して、常に最新の情報をキャッチアップする必要があります。**

というのも、人事・人材開発担当者は、経営陣や現場のマネジャーとの会話

---

[1]「組織の中核能力を維持する人材育成」の中には、「変わらないこと」で価値を持つ研修というものもあります。通過儀礼のように行われてきた新人研修や階層研修、創業者の思いや会社の理念を伝える研修などの中には、その研修に参加したこと自体が、組織内の集団凝集性（まとまり）を高め、組織文化を継承していくことに寄与する必要もあります。研修内容は折にふれて見直しが必要ですが、そうした研修を見直す際は、残すべき価値は何かを考え、慎重に検討を行うべきでしょう。詳細は下記の文献をご覧ください。
尾形真実哉（2009）「導入時研修が新人の組織社会化に与える影響の分析」『甲南経営研究』Vol.49 No.4. pp.19-61

で（良いことか悪いことかは、ここでは判定しませんが）、**他社の事例や動向についての報告を求められる**ことが、とても多いからです。人事部が、プロフェッショナルとして人事や人材開発の最新の動向、外部の最新事例などを理解し、抽出された問題の妥当性を検証していく姿勢が不可欠です。

　とかく、**人材施策（教育）というものは、放っておくと、外部の環境変化に疎くなり、自己目的化しがちである**、ということもあります。先ほど述べた通り、人材育成や研修開発には「惰性」が駆動しがちです。「惰性」が必要以上に働いてしまいますと、本来不必要なものにリソースを割いてしまったり、そのことで本来必要なものにリソースが割けなくなる、といったことが起きてしまいがちです。ですので、人事・人材開発部の担当者は、人事・人材育成についての社外ネットワークを持ち、常に最新の情報をキャッチアップすることが大切です。

2　経営陣や現場のマネジャーは、多くの場合、人材開発の専門性（軸）を持ち合わせていません。その場合に、他社の動向が気になるのはやむをえないことだとも考えられます。

3　社団法人日本能率協会と東京大学中原研究室が2009年に行った共同研究「人事部門の活動実態に関するアンケート」では、人事部門が人事施策の企画・運用・評価のプロセスにおいて、経営者・事業部門・社外などのステークホルダーとどのようなネットワーク活動を展開しているのかを尋ねました（回収数は人事部門112社、事業部門283部門）。
　その結果わかったことは、多くの企業の人事部門は、経営者・事業部門・社員とのネットワークを「価値観」としては大切にしているが、「実践」の度合いにはムラが見られることでした。具体的に言うと、人事部門の経営者とのネットワーク活動は、「採用」では実践度が高いが、「人材育成」では実践度が低いことがわかります。事業部門とのネットワーク活動は、採用への協力依頼、事業部門が持つ問題意識の把握などの形では行われ、また評価・処遇に関しても問題意識の把握や支援が行われているが、「人材育成」に関しては弱く、現場任せの様子がうかがえました。一方、各種のネットワーク活動を進めている人事部門ほど、活動成果に自信を持ち、事業部門からの評価も高い傾向がありました。ただし、事業部門が求める人材の育成の実現度に関しては、事業部門からの評価がやや低く、まだ十分とはいえないこともわかりました。

| column | **研修会社の営業マンのつぶやき**

「ちょっと困ってしまうのは、『なんかいいのあったら持ってきて』『おすすめの研修あったら持ってきて』という人事部のお客様です」と、話すのは研修会社の営業職の方。こちらとしてはお客様の社内ニーズに合わせた研修企画を提案したいと考えているので、対象も目的もわからないまま、『目新しい研修があったら持ってきて』と言われても、何をご紹介したらいいのかわからない。中には、いきなり『うちの会社にどんな課題があると思う？ 研修の提案をしてみて？』と営業マンの想像力!? を試すような方もいて、そんなときは『自社の課題や研修ニーズについてあまり検討なさっていないのではないか』という印象を持ちます。もちろん、人材育成上のニーズや課題を打ち明けるということは、信頼を築いてからでないと難しいことだと思いますが、研修会社をパートナーとして見ていただき、もう少し、どのようなニーズや課題があるのか、相談していただけたら、こちらからももっといい提案ができるのに……と思うことがあります」

　人材開発担当者が研修会社を見ているように、研修会社の方も人材開発担当者を見ています。人材開発担当者と研修会社は役割が違います。研修会社は、現場の人材開発担当者よりも高い専門性を持ち、内部の課題やニーズを聞き出して、適切な研修企画を提案し、実行します。中には、社内の課題やニーズの探索を行う、いわゆるコンサルティング機能を持つ研修会社もありますが、一般に「研修企画」は、内部の人材開発担当者がイニシアティブを持って行わなければならないことが多い傾向にあります。内部の人材開発部門と外部の研修会社は、ひとつのプロジェクトを成し遂げるコラボレーターであるという立ち位置で仕事を行うことが理想です。

3 人材マネジメント施策の検討

　さて今、あなたは経営陣と現場のヒアリングを重ねて、各種のニーズを取得してきました。取得された各種のニーズは、ヒアリングを重ねた結果、仮説検証され、とりあえず問題解決を行わなければならないものであると同定されたとします。

　各種のニーズあるいは、ニーズ群を明確にしたところで、次に私たちがなすべきことは、**抽出された問題を、採用・人材育成・配置・処遇などのさまざまな人事マネジメント施策の、どの手段において解決するのが最適かを考えること**です。

　すべてのニーズが、研修で解決できるわけではありません。研修で解決できることと、研修で解決できないことがあります。また、研修と他の人材マネジメント施策プロセス（例えば採用・配置など）とを組み合わせて解決するべき問題もあります。とかく、初めて研修開発担当になった人は、どんなことでも研修で解決しようとしがちですが、経営陣や事業部が掲げるニーズによっては、研修という形態で解決できないものもあるので注意が必要です。

採用―人材育成―配置などの違う道具で問題解決

すなわち、**研修開発のプロフェッショナルとは、「どんな問題でも、研修に落とし込むことのできる人」ではありません**。むしろ、採用―育成―配置―処遇等のさまざまなプロセスに目配りを持ち、**「研修でこそ解決できるもの」を選択的に選び取り、研修に落とし込むこと、あるいは、研修と他の人材マネジメント施策とを組み合わせて解決できる人のこと**をいいます。

　例えば、今、仮に、あなたのもとへ「なんだか最近、職場の活気がないんだよなぁ。組織を拡大しているのに、何か成果が出ない……研修などで何とかできないかなぁ……」などというニーズが、経営者から持ち込まれたとします。

　いつだって、**ニーズとは「曖昧なもの」で、場合によっては「問いかけ」や「ぼやき」を含むようなもの**です。きちんと要件定義されていることは、ほとんどありません。**自らイニシアティブを持ってニーズを探索し、「ぼやき」や「問いかけ」をクリアにしていくのは、むしろ、あなたの仕事**です。

　この場合、まずは、このニーズの背景にどのような課題があるのかを精査する必要があります。「職場が活気がなく見える」のは、なぜなのでしょうか？

　まず、考えられるのは、「職場が活気なく見えているのは単に経営者の主観であって、どうやら、それは思いつきに近いものであった」という可能性です。この場合、経営者の思いが継続的でなく、それ以上の要求がないのであれば、仕事をスルーすることも選択肢のひとつです。しかし、それでは話が続かないので、この問題が単なる経営者の主観でないことを前提にして、話題を続けましょう。

　この場合、経営者は「職場が活気なく見える」と言いましたが、その後、現場でのヒアリングを続けていると、さまざまな意見が聞こえてきました。「現場マネジャーのマネジメントが機能不全を起こしている」という可能性も指摘されましたし、「最近、大量の中途採用を行っているが、どうも彼らがうまく職場に定着していない」と語る方もいました。一方、「問題は、組織の雇用形態が多様になっていて、組織が求める戦略が末端まで浸透していないことにある」と結論づける現場社員もいました。かくのごとく、現場にはいつでも、たくさんの「声」が響いています。多種多様な「声」は、ときに、人材開発担当

者を翻弄します。

　そこで次に大切なことがあります。それは、「**現場をいったん離れて、現場で得られたさまざまな意見を机上で解釈し、考えること**」です。誤解を恐れずに述べるならば、解決するべき問題は、「現場に出向き」さえすれば「見えて」くるものではありません。まずは現場に出向き、情報を収集する。その上で、**収集した情報を、机上で解釈し、仮説を立てる。現場に寄り添い、しかし、それでいて現場を離れる。この反復のプロセスにおいて、現場の問題が少しずつ**「**可視化**」**されます。**

　かくして、研修開発のプロフェッショナルは、持ち込まれたニーズに対して、何が真因かを探っていきます。複数回の現場訪問、そして、人材開発担当者同士の議論によって、どうやら、問題の真因は「先立って新たな事業を開始した際、中途採用社員を大量に採用したが、職場のマネジャーが、彼らをどのように扱ってよいかわからず、戦力として機能していないこと」が真因である、とわかりました。

　ここで人材開発の担当者は、数ある人材マネジメント施策の中から、どのような施策で、この問題の解決が可能かを考えます。

「職場のマネジャーが中途採用社員をうまく扱えず、彼らが組織に定着していない」という課題は、「採用―研修―配置」といった人事マネジメント施策のどの部分をどうすれば解決できるでしょうか。ここでは「短期的解決」「中長

図2.3　問題解決の最適な手法を見出す

	採用	研修	配置
短期的解決	× 大量の中途採用者が必要なため難しい	○ チームビルディング研修や中途採用者向け研修が有効か？	× 全部門で増員が必要なため難しい
中長期的解決	△ 中途採用者の選抜基準見直しで可能か？		△ 中途採用者の配置先を考慮する？

60

期的解決」という軸を縦軸に、そして、「採用―研修―配置」を横軸に設定して、整理してみましょう（図2.3参照）。

　まずは「採用」から検討します。この会社は、事業の拡大に伴い、大量の経験ある中途採用者を採用せざるをえないので、「短期的」な「採用」の工夫は、どうも難しいようです。ただし、「組織適応が得意な中途採用者を見抜くこと」が可能になれば、この問題の解決に資することもできそうですので、「中長期」の「採用」の工夫において、「採用」の際の選抜基準を見直すことも、将来的には視野に入れられるかもしれません。

　次に「短期的」な「配置」の工夫に関しては、どうでしょうか。配置による短期的解決としては、すべての部門で中途採用者を増やす必要があるので、ただちに方針変更を行うことは難しそうです。ただし「中長期」の「配置」の工夫には、中途採用経験のあるマネジャーや中途入社経験のある先輩社員がいる部署に、中途採用者を優先的に配置する、といった手段も考えられそうです。

　かくして、最後に「研修」を考えます。人材開発部の部員同士の議論では、「研修」の「工夫」においては、現場マネジャーを対象にした研修の中に「中途採用者を含め、多種多様な人々をまとめていくためのチームビルディングの手法」を入れ込んでいくか、あるいは「中途採用者を対象にした研修の開発」が考えられそうだ、という結論が得られました。そして、他の人材マネジメント施策が中長期の解決しか望めなさそうなので、「短期的解決」として、これらのいずれかを実行していく方がよいのではないか、という結論になりました。

　かくして、私たちは、「研修企画」の最終段階、すなわち「学習者の分析」に至ります。「現場マネジャー」と「中途採用者」、すなわち、対象者の現状・リアリティをつかむことにしましょう。

4　学習者の分析

4.1　学習者を決める

　さて、私たちは、ここまで社内を渉猟し、多種多様なニーズを探ってきまし

た。社内にはさまざまなニーズが存在していましたが、現段階では、経営者から投げかけられた一言から「職場のマネジャーが中途採用社員をうまく扱えず、彼らが組織に定着していない」という問題を抽出し、それを研修で解決可能であるという結論に至りました。最後に「研修企画」の最終段階で、私たちがなすべきことは、研修開発担当者として、学習者を「分析」し、「介入対象者」を決め込むことです。

例えば今、仮に先ほどのように「職場の不活性化」が問題になっている場合、あなたでしたら、誰を対象者とした研修を開発するでしょうか。

問題になっているのは中途採用者なのだから、中途採用者本人を研修参加者として設定することもできそうです。一方、職場で中途採用者に日々指導を行っているマネジャー層を対象にした研修を企画することも考えられそうです。

ここでは、以下の図2.4で示される「学習者分析ワークシート」を使い、❶**対象者**、❷**参加単位と人数**、❸**期間・場所・コスト**、❹**ソーシャルサポート**、❺**望まれる成果と予想される困難**、などを書き込み、学習者の分析をしてみま

図2.4 学習者分析ワークシート

❶対象者	入社3年以内の中途入社社員	過去5年以内に中途入社社員を部下として抱えた上司（管理職）
❷参加単位と人数	36名（個人）	15名（個人）
❸期間・場所・コスト	1日間×2回　自社会議室 (昼食1万8000円＋交通費1万8000円＋講師・テキスト22万円)×2回＝51万2000円	1日間　自社会議室 昼食1万5000円＋交通費1万5000円＋講師・テキスト32万円＝35万円
❹ソーシャルサポート	各職場の上司	
❺望まれる成果と予想される困難	・中途入社後、直面している課題を認識し、改善する方法を探り、職場で実践する ・現場の上司からの理解が得られない可能性	・中途入社社員に対するマネジメント方法を見直し、改善策を探り、職場で実践する ・多忙な管理職に理解を得ること、日程調整

しょう。

❶対象者：対象者は誰か？

　対象者は誰かを書きます。ここでは、漠然と「中途採用社員」などという一般的な対象者の記述をなるべく避けてください。例えば「入社3年以内の、中途採用社員で、海外勤務をしていない者」といった具合に、なるべく対象者を絞り込むことが必要です。「宛先のない教育」ないしは「宛先が不明瞭な研修」は、生まれながらにして、効果が出せない運命にあります。ニーズに従い、対象者を絞り込むことが大切です。

❷参加単位と人数

　次に参加単位を考えます。参加単位とは「個人」で参加するのか、例えば「職場で2名を選抜してもらい、2名を1セット（単位）」として参加してもらうのか、といったような研修参加の単位です。この場合は、中途採用者を対象にした研修でも、現場マネジャーを対象にした研修でも参加単位は「個人」ということになるでしょう。参加者と参加単位が決まれば、研修の参加人数をはじき出すことができます。

---

4 「各職場から1名」の参加なのか、「職場単位」で参加するのか、あるいは全社員が対象なのか。参加単位によって、研修効果が広まるプロセスと影響力は変わってきます。例えば、「各職場から1名」だけに参加してもらう場合、その参加者は研修後、職場に戻って研修内容を職場に伝えたり、自身の行動変容の効果を職場に広めていくことを期待されます。しかし、職場で1人だけが研修で得た熱を持ち帰ったとしても、現場との温度差によってその効果を広めることは難しいものです。当然ながら「各職場から複数名ずつ」あるいは「職場単位」で参加した方が、コストはかかるものの、現場への影響力を強くすることができます。ただし、その実現のためには、現場を説得する根拠が必要です。筆者がかかわった事例では、現場マネジャーとその右腕の2名を参加単位に設定し、研修を行ったこともあります。いずれにしても、参加単位を工夫することで影響力を高めようとする意図があります。
　なお、近年、組織開発などの文脈で、「ホールシステムアプローチ」が注目されています。組織変革の局面などで、ステークホルダー全員を集め、ワークショップを開催します。これは参加単位を「組織全体」、あるいは「ステークホルダー全体」にまで広めたことになります。その場で決めたことは、全員が共有しているため、翌日から全員が行動変容を求められることになります。ただし、組織全体が対象者であるため、業務を一時的に止めるなどの必要があります。

❸期間・場所・コスト

　第一に「期間」とはどの程度の時間を拘束するか、です。当然のことですが、期間が長ければ長いほど、現場の負担感は増します。

　期間と同時に考えなくてはならないことは、開催期をイベント型にするか、反復型にするか、ということです。イベント型とは、単発のイベントとして研修を打つことです。一方、反復型とは、研修を複数回、日を空けて実施し、その間に職場での実践を組み込むなどのような研修スタイルをいいます。反復型の場合、1回目の開催とn回目の開催の間に、インターバルが設けられますので、課題を出したり、現場での実践などを入れ込み、そこで得た成果を次回の研修時に持ち寄る、といったことができます。

　次に「場所」です。**研修場所は、研修の効果に少なくない影響を与えます。**一般に研修は、社内の施設、社外の施設などで行われますが、あえて、日常とは切断するために、企業のマネジャー、上位層研修などでは、人里離れたリトリート（避難所）に入って、研修を行う場合があります。

　研修場所は、コストに最も影響を与えるものですが、予算が限られている場合、現場の工夫次第で、オフィス内の会議室であっても場の雰囲気を変えることができます。

❹ソーシャルサポート

　4番目に検討するべきことは、研修参加者が「職場に戻ったあとで受けられるソーシャルサポートの有無」です。2000年代以降の研修デザインで、最も大きく変化した点は「**職場要因への注目**」にあります。つまり、**研修の効果において、職場の果たす役割が大きい**ことが注目されました。[5]

　例えば、人材開発の教育評価測定を研究するブリンカーホフは、効果のない研修プログラムの原因分析を行い、その失敗要因の実に8割が研修以外において生じていることを主張しています。[6] 彼の研究によれば、**研修の失敗要因は、(1)研修前の職場での準備**（現場のマネジャーが受講者のレディネスを高めていない。適切な人物が研修に送られてきていない等）**が4割、(2)研修のデザインそのもの**

が2割、(3)研修後の職場実践とサポート（研修の後に学んだことを実践する機会が与えられていない。あるいは上司・同僚からサポートが得られていない等）が4割だといいます。実に研修成否の8割を研修以外の要因、すなわち、職場での準備・実践・サポートが影響を与えている、ということになります。研修を行ったあとで、その研修に、どの程度、職場を巻き込むことができるか。もう少し具体的に言うならば、職場のメンバーからの協力が得られるかどうかをチェックしておきます。

❺望まれる効果と予想される困難

上記を勘案したあとで、「望まれる学習効果と予想される困難」を記載してみます。研修企画者が熱意を持って企画したとしても、必ずしも、それをみんなが受け入れてくれるわけではありません。ある実務家は「自分の仕事を振り返ってみると、やってよかったと思う研修は、最初は抵抗を受けた研修であった」と述懐しておられました。ここでは、メリットとともにデメリットも記載しておきます。

以上❶から❺の観点から学習者について分析を行ってきました。かくして、さまざまな観点から学習者を整理した上で、誰に対して介入を行うのかを決めていきます。

先の例では、❶中途採用者を対象にした研修にした場合、コストが膨大にな

---

5 研修の学習効果に与える要因としては、研修参加者の個人的要因、研修のデザインという古典的な2要因に加え、研修参加者の仕事環境の影響があります。研修の学習効果は、研修だけによって決まりません。研修を終えた学習者が日常的に仕事をする職場の風土、職場のマネジャーによって、研修で学んだことが、現場で実践されるかどうかが決まります。
 Baldwin, T. T. and Ford, J. K. (1988) "Transfer of Training : A Review and Directions for Future Research." *Personnel Psychology*. Vol.41 pp.63-105
 Cromwell, S. E. and Kolb, J. A. (2004) "An Examination of Work Environment Support Factors Affecting Transfer of Supervisory Skills Training to the Workplace." *Human Resource Development Quarterly*. Vol.15 No.4 pp.449-471
6 Brinkerhoff, R. O. (2008) "Training Impact Evaluation that Senior Managers." Presentation at ASTD2008

ってしまうこと、❷たとえ中途採用者を対象にした研修を打っても、現場マネジャーの理解がなければ現場メンバーのソーシャルサポートが得られないことなどから、研修対象者は中途採用者ではなく、現場マネジャーに決定しました。

| column | 学習と移動

　組織や自らの未来についてじっくりと対話を重ねたり、自らの内面を見つめて深く内省するためには、「いつもの会議室」ではなく、「日常の文脈から分断された非日常空間」でなければ難しいものです。非日常性のある研修施設として多く利用されるのが、人里離れた森や海辺の「リトリート（避難所）」です。欧米では「Wood Learning」などと呼ばれることもあります。

　しかし、「リトリート」での研修は交通費や宿泊費がかかり、コストが上がります。よって「いつもの会議室」を何とか工夫して、非日常性を演出するなどのことが試みられます。例えば、下記は筆者が開発した研修「マネジメントディスカバリー」の様子です[7]。マネジメントディスカバリーは、一般の教室を2つ用いて実施されます。（A）の教室はレクチャー、アセスメントのフィードバックを行うときの部屋です。一方、（B）の教室は、研修参加者同士がじっくりと語り合いができる物語スペースで、出来事を思い出したり、そのことに自分なりに意味付けたりすることに向いています。照明は落とされ、しっとりとした雰囲気が漂っています。このように一般の教室であっても、非日常の雰囲気を出すことは可能です。

　最後にコストの算出です。ここまで考えたさまざまな諸条件を考慮した上で、コストを算出します。顕在的コストの内容は、**アゴ＋アシ＋マクラ＋バショ＋ティーチャーの5点**です。すなわち、「アゴ＝食事」「アシ＝交通費」「マクラ＝宿泊費」「バショ＝会場費」「ティーチャー＝講師料・教材費」と考えることができます。一方、研修には潜在的なコストも存在します。こちらを算出することはまれですが、研修を

---

[7] 経験の浅いマネジャー向けフォローアップ研修「マネジメントディスカバリー」：
https://jpc-management.jp/md/

する意味を改めて把握したい場合には、参加者・事務局の人件費を入れてコストを算出する場合があります。潜在的なコストまで含み込むと、研修には非常に多くの費用がかかることがわかります。

写真2.1 非日常空間で対話し、内省する

(A)レクチャーの部屋
（写真：見木久夫）

(B)物語スペース

4.2 学習者のプロファイリング

　介入対象者、つまり研修対象となる学習者が絞り込まれたら、今度はその学習者について知ることが重要です。原則として、学習者については、研修前に知れば知るほどよいと考えています。時間があれば、事前に現場に赴き、研修内容にかかわる事柄についてインタビューするなどして、学習者の現場について知っておくと、より現場に即した研修を提案することができます。

　学習者のプロファイリングの仕方には、多種多様なものがありますが、5Kに着目するというのが一般的です。5Kとは「**経験：Keiken**」「**知識：Knowledge**」「**言葉：Kotoba**」「**権限：Kengen**」「**肝：Kimo**」**の5点です。以下、それらについて説明します**（図2.5 プロファイリングワークシート参照）。

　「**経験：Keiken**」とは、研修参加者が、過去にどんな業務経験を持っている

68

のか、を知ることです。例えば、「どんな部署にいたのか？」「マネジャー歴は何年なのか？」などの基礎的な情報があると、研修講師は、これらの情報をもとに、当日のインタラクションを変化させることができます。

「知識：Knowledge」とは、研修参加者が保有している知識やスキルのことです。この中には、例えば、研修の受講歴といったものも入ります。すでにコーチングの研修を受講している者に対して、重複してコーチングの話をするといったことが企業研修ではよく起こります。カリキュラムやコンテンツのクオリティを整備する意味でも、参加している人々の知識やスキルをある程度把握していることが大切です。

「言葉：kotoba」とは、学習者の言語能力です。昨今の研修では、グループワークを行ったり、エクササイズを行ったりすることが多いのですが、その際に、重要になってくるのは「参加者の傾聴と自己開示」です。これは大きく言語の処理能力に依存します。

「権限：Kengen」＝こちらは「社内におけるフォーマルな職位・立場」と「社

図2.5　プロファイリングワークシート

経験（Keiken）	どんな業務経験を持っているのか	
知識（Knowledge）	保有する知識やスキル、受講済みの研修履歴	
言葉（Kotoba）	グループワーク、ディスカッションする際の言語能力	
権限（Kengen）	「社内におけるフォーマルな職位・立場」と「社内におけるインフォーマルなリスペクト」	
肝（Kimo）	最も知りたいこと。主要な興味関心	

内におけるインフォーマルなリスペクト」という２点に分かれます。第１の点について、フォーマルな職位は、席順やグループワークの班の構成に強い影響を与えます。「社内におけるインフォーマルなリスペクト」の方は、研修の雰囲気に強い影響を与えます。

「肝：Kimo」＝参加者が最も知りたいと思っていること、主要な興味関心です。これを本書では「肝」と呼ぶことにしました。例えば、マネジャーの研修をする場合に、マネジャーに「刺さるメッセージ」とは何でしょうか。そのひとつは「成果を上げること」でしょう。マネジャーには、メンバーを鼓舞し、チームとしての結束を高めた上で、成果を上げることが求められているので、それは当然といえば、当然のことです。しかし、一方で、そういう彼らに「職場における人材育成の大切さ」を教えなければならない局面があったとしたら、それをどのように伝えればよいでしょうか。この場合、「成果を上げ続けるためには何をするべきか？」という問いかけを行った上で、その中の解決策のひとつとして人材育成について学んでもらうといった方法が考えられます。

成人学習の研究が明らかにするように、成人の学習者の特徴としては、「自分の業務に関連のあること」「メリットが見えやすいこと」を優先して学ぶ傾向があります。参加者の「肝：Kimo」を常に頭の片隅に掲げておくことは、とても大切なことです。

さて、以上、研修参加者のプロファイリングについての5Kについて把握してきました。もちろん、組織ごとにさまざまなプロファイリングの観点が存在するかと思いますので、このリストに追加する項目についてもご検討ください。

研修の事務局は、こうした学習者に関するプロファイリング情報を事前に見やすい形でまとめて講師に渡しておくと、研修をスムーズに進めることができます。

5 経営陣と現場トップのステークホルダー化

5.1 同じ船に乗ってもらう

ニーズを把握し、施策を検討し、学習者を知る。これらは研修企画の根幹をなす作業ですが、これとは違う次元で、この頃から少し意識しておかなければならないことがあります。それは、**経営陣・利害関係者の「身内化（ステークホルダー化）」を進める**ことです。研修の企画を通し、さらにその効果を上げるためには、経営陣などの利害関係者に「同じ船」に乗ってもらうことが欠かせません。「同じ船」に乗ってもらうためには、なるべく早い段階での積極的な情報発信・提案活動と、事後報告が大切です。

5.2 最初の企画提案を行う

研修企画については、経営陣・利害関係者の理解が得られるように、まずは企画の概要を企画書にまとめてみましょう。

実務担当者に話をうかがうと、対経営者に関しては、こうした**企画書をもとに、なるべく「客観的」に、主観を交えることなく、その必要性を提案している方が多い**ようです。というのも、多くの場合、経営者や経営層は、現場から

同じ船に乗る（ステークホルダー化）

遠くなっている場合が多く、また、同時に人事や人材育成の知識や専門性や最新の動向について把握できているわけではありません。ですので、冷静に客観的にその必要性を説得すれば、共感を得られやすいと言う方が多くいました。上司は「情」ではなく「ロジック」で動かすということです。

もちろん、経営陣、現場トップの中には、「自分が部下を育てたときは、違った」などと、私の教育論、経験論と研修趣旨が合致しないから、ということで、ストップがかかるケースもあるかもしれません。その場合も、細かい疑問点に関して、真摯に答え、「その時代はそうですね」と、相手をリスペクトして、いったん受け入れた上で、「今の時代はこのような背景があって……」と、客観的に丁寧に説明を尽くすことが大切である、と多くの実務家は言います。

もし、その研修が2回目以降であるのなら、過去のデータを見せることも効果的です。その際には、**「数字」「経験談」「口コミ」「アウトプット」「ビジュアル」**などの各種のデータをうまく利用するとよいでしょう。そのためには、研修の過去のデータを把握し、整理しておくことが必要です。

まず**「数字」**ですが、満足度、達成度など、過去の研修の評価データをきちんと取っておくことが重要です。数字に関しても、例えば研修に参加した本人の自己評定だけでなく、その上司がA、B、C、Dでどのような評価を行ったのか、といった客観的な評価を取っておくと、なおよいと思います。あるいは、例えば本人のアクションプランがどの程度実行されたのか、その自己評価はどうか、といったデータがあれば、説得力が増します。この点については第3章で詳細を述べます。

「経験談」「口コミ」は、研修参加者の残す定性データです。第3章で述べますが、多くの企業研修では、その研修効果を完全な客観性をもって把握することは不可能ですし、研究機関の評価でもないので、そのことも求められていません。企業研修の評価とは、研修そのものの持続可能性をめぐる政治交渉なのです。その交渉を有利に進めるためには、研修内部で聞かれた現場マネジャーの声、社員の思いに関する定性データが有利に働くこともあります。

また、侮れないのは「口コミ」の力です。人材開発部のメンバーが「いい研

図2.6 企画書の例

```
        研修企画書に盛り込みたい内容
 ①研修名 [                              ]
 ②解決したい課題 [                       ]
 ③目的 [                                ]
 ④対象者 [                              ]
 ⑤場所 [                                ]
 ⑥期間 [                                ]
 ⑦実施体制（講師、事務局） [              ]
 ⑧期待される効果 [                       ]
 ⑨予算 [                                ]
 ⑩スケジュール [                         ]
```

修だった」と語るのではなく、**現場のマネジャーや社員が「いい研修だった」という評価をしてくれたのなら、その言葉は、どんなデータよりも人を動かす力があります**。こうした口コミが広がり、評判が高まれば自然とステークホルダーの耳にも入ります。実際、口コミをつくり出すために、研修終了後、職場に戻ったらグループに研修についての報告をしてもらうよう参加者に促している、という研修開発担当者もいました。

最後に「**アウトプット**」や「**ビジュアル**」とは、前者は研修で使ったアクションプランやワークシートを指しています。後者の「ビジュアル」とは、研修の写真や動画などを指します。成果物やビジュアルによって具体的に伝えられる研修のイメージは、先ほどの「数字」や「経験談」を裏打ちすることのできる有力な材料です。一般に、研修の実施／持続／中断を決めるステークホルダーが、研修の現場に居合わせることはありません。彼らに研修のイメージを持ってもらうためには、その研修場面が、どのような場であったのかをイメージしやすいように写真・動画を残しておくことが必要になります。

ちなみに、経営陣・利害関係者に提案を行うときには、**提案は「たたき台」であることを強調して話している**、と述べる実務担当者も多くいました。この段階で、企画に対するさまざまな意見を吸い上げ、それらを選別・反映しておくことで、研修に対する経営陣のコミットメントを高めることを狙っているのだと思います。「研修企画」に対して、経営陣や利害関係者を巻き込むことで、「当事者」になってもらうようにするのです。

　さて、以上、ステークホルダー化の方法について述べました。もちろん、こうしたやり方以外にも、それぞれの組織においてさまざまなステークホルダー化の方法が存在することでしょう。自社においては、どのような可能性がありうるかを議論していただけるとよいと思います。

| column | 研修の転移(Transfer)を考える

　経営学習論の世界においては、「研修の中で学んだ知識やスキルを、仕事に役立てること、さらには、それらを持続すること」を「転移(Transfer)」といいます（Baldin and Ford 1988）。転移という現象は、一般に「仕事に役立てること（Generalization）」と「それらの効果を持続させること（Maintenance）」の2側面から語られます。

　転移は、研修開発にとって非常に大きな問題です。なぜなら、研修で学んだことが仕事に役立てられることは（正転移）、研修のレゾンデートル（存在証明）にかかわることだからです。もし、学んだことが全く仕事に役立てられないのであれば（ゼロ転移）、そもそも研修をする意味がありません。まして、研修の中で、本来学んではいけないものを、非意図的に学んでしまった場合（負転移）には、経営にとってマイナスになります。研修開発を実施する専門家に常に、転移のことを頭の中に置いて、研修の実施とフォローアップに努める必要があります。

　ところで、転移と一口に言いますが、転移を実現することは実際は大変難しいことです。これまで先行研究は、転移の障害となる要因を列挙してきました。[8]
　例えば、Phillips and Phillips（2002）は、下記のようなリストを

---

8 Baldin, T. T. and Ford, J. K.(1988) "Transfer of Training : A Review and Directions for Future Research." *Personnel Psychology*. Vol.41 pp.63-105
Phillips, J. J. and Phillips, P. P.(2002) "11 Reasons Why Training and Development Fails and What You Can Do About It." *Training*. No1.39 No.9 pp.78-85
Burke, L. A. and Hutchins, H. M.(2008) "A Study of Best Practices in Training Transfer and Proposed Model of Transfer." *Human Resource Development Quarterly*. Vol.19 pp.107-128

作成しています。

〔転移の障害となるもの〕
1. 直属上司が、研修をそもそも支持していない
2. 職場の雰囲気が、研修の意義を認めていない
3. 学んだことを試す機会がない
4. 学んだことを試す時間がない
5. 学んだスキルが、そもそも仕事に当てはまっていない
6. 業務システム・プロセスが学んだことに合致していない
7. 学んだことを試すための資源がない
8. 業務の変化により、学んだことがもはや当てはまらない
9. 今の職場にスキルが適切ではない
10. 学んだことを試してみる必要性がない
11. 古い慣習を変えることができない
12. 報酬システムが新たなスキルに合っていない

　こうしてリストを概観してみると、私たちは、転移の障害となる要因が、必ずしも研修「内部」だけにあるわけではないことに気づかざるをえません。例えば「直属上司が、研修をそもそも支持していない」「学んだことを試す機会がない」「業務システム・プロセスが学んだことに合致していない」などはすべて「職場の要因」です。すなわち、学んだことが実際に利用されるかどうかは、研修内部のみならず、研修の前後の要因にかなり多く依存しているのです。
　これを踏まえて、多くの先行研究は、転移を促進するモデルとして「研修を行う前」そして「研修中」さらには「研修後」の3要因を掲げていることが多いのです。かくして、研修開発を志すプロフェッシ

ョナルは、研修の内部要因——例えば、講義のうまさ・ファシリテーションのうまさ——などだけに注目するわけにはいきません。むしろ、研修前後の要因に配慮を行う必要があるのです。

　先行研究によりますと、特に注目したいのは、次の5つの要因です。

〔研修の転移を促す要因〕
1．研修内容を試行することに関して、上司からのサポートと支持があること
2．研修から帰ってきた直後に、ただちに学んだことを試行する機会が得られること
3．研修内容をインタラクティブで学習者参加型にすること
4．学んだことを実践しているかについて追跡・評価すること
5．学習内容を仕事と近いものにすること

第2章まとめ
Summary

ニーズの探索
- 3つの研修ニーズ

①戦略ニーズ……経営戦略からブレイクダウンされる研修のニーズ
②事業ニーズ……現場から挙げられる問題・課題とされるテーマについての研修ニーズ
③人事ニーズ……長期的視野に立ち、組織の中核能力を維持し、高めていくための研修ニーズ

研修でできることとできないことを見きわめる
- ニーズの真因を探り、「採用─育成─配置─処遇─研修」等、さまざまなプロセスに目配りし、「研修でこそ解決できるもの」を選び取り、研修に落とし込む

学習者を設定し、リアリティをつかむ
1) 対象者
2) 参加単位と人数
3) 期間・場所・コスト
4) 職場サポートの整備
5) 学習効果と予想される困難

学習者のプロファイリング
- 5Kに着目する

「経験：Keiken」

「知識：Knowledge」

「言葉：Kotoba」

「権限：Kengen」

「肝：Kimo」

経営陣と現場トップのステークホルダー化
- 経営陣と現場トップに「同じ船」に乗ってもらう
- 客観的に冷静に必要性を説得する……「情」ではなく「ロジック」で動かす
- 説得の際には、「数字」「経験談」「口コミ」「アウトプット」「ビジュアル」を適宜盛り込むことも考える

第3章
研修のデザイン①
課題を分割し、行動目標を立て、評価手法を考える

❖**本章のねらい**
研修のゴールを設定し、評価方法を決定します

❖**キーワード**
行動目標 | 表目的 | 裏目的 | 研修評価

1 はじめに

　前章において、私たちは、社内に存在するさまざまなニーズを知る努力を積み重ね、数ある人材マネジメント施策の中から、研修で解決するべき内容を決めました。その上で、対象者たる学習者がどのような特性を持っている人なのかについて考えました。前章最後には、経営陣のステークホルダー化（身内化）をきちんと行うことも、研修のベースとなる環境づくりに欠かせないポイントであることを述べました。

　誤解を恐れずに述べるのであれば、「研修を開発すること」というのは、教材をデザインすること、ファシリテーションを行うことではありません。それは、関係するステークホルダーのニーズを拾い、かつ、「同じ船」に乗せていく「政治的交渉のプロセス」であり、そこには「リーダーシップ」の発揮が求められます。**研修開発のプロセスとは、研修開発担当者が仮説を提示し、関係する人々を巻き込んでいく、リーダーシップの発揮プロセスにほかなりません。**そして、このプロセスをきちんと踏まなければ、いくら工夫してカリキュラム

をデザインしても、その努力は実を結びません。

　さて、いよいよ本章では研修をデザインしていきます。研修をデザインする際、最初に行うべきことは、「目的を決めること」です。研修期間中のさまざまな「経験」の積み重ねの果てに、何を獲得し、どのように変わってほしいのか。「目的」を設定し、その上で「教える内容」を考えていきます。この章では、研修をデザインするための「目的の立て方」「目的を行動目標にする方法」そして、「評価を行う際に留意したいこと」についてお話しします。

2 研修の目的を決める

2.1　研修の目的と行動目標化

　研修カリキュラムのデザインは、「目的を設定する」ところから始まるといわれています。そして、この目的設定の際には、一般に、3つの観点から書くことを求められます。

❶なぜ学ぶことが必要なのか（学ぶ理由）
❷どんなことを学んでもらい、変化してもらうのか（学習者の変化）
❸どのような変化を現場に導くのか（学びの適用・転移）

　例えば、ここでは、営業スタイルを転換する研修を例に取って、この3つの観点から、目的を記述してみましょう。

❶A地域において他社営業部員との競争激化が起こっているため（学ぶ理由）
❷営業社員が顧客本位のセールススキル、マインド等を獲得し、ソリューション営業ができるようになる（学習者の変化）
❸顧客単価を上げることで成果達成に寄与する（学びの適用・転移）

　このうち最も大切なのは、❷の「学習者の変化」です。どんな研修であって

も、その目的には「学習者の変化」が記述されていなければなりません。このことは非常に当たり前のことのように聞こえますが、しかし、ともすれば見失われがちなことでもあります。

といいますのは、よく起こりうる事態は、❷の「学習者の変化」の部分を、「教えること／教えた内容」として記述してしまうことです。具体的に申しますと、

❷営業社員が顧客本位のセールススキル、マインド等を獲得し、ソリューション営業ができるようになる（学習者の変化）

の部分を

❷ソリューション営業ができるようなセールススキル、マインドを教える（教授者の行為）

として書いてしまいがちだということです。

これらは、一見、似ているようで、全く異なります。誤解を恐れずに言うのであれば、**企業の研修の目的とは「教えること」ではありません。**教えることは「学習者に学んでもらうこと／変化してもらうこと」の「手段」であって「目的」ではありません。

例えば、あなたが今、さまざまな手法を用いて、何らかの知識を「教えた」とします。もし万が一、研修の目的が「教えること」にあったのだとしたら、その目的は達成されたことになります。

しかし、繰り返しになりますが、**研修の目的とは「学習者が学ぶこと」、その上で、学習者に「変化」が起こることです。教えたとしても、「学習者に変化」が生まれなければ、目的を達成したことにはなりません。**このことは厳しいようですが、**研修の目的を記述するときには、学習者を主語にして、学び手がいかに変化するか、という観点から書くことが求められる**のです。

その上で、さらに話を進めると、企業の研修とは「学ぶこと」だけで止まっ

てしまっては不足があります。「学んだあと」で、当人が職場・現場に帰り、成果につながるような行動を取ることができること——すなわち——「**仕事の現場で成果につながる行動を取ることができること**」が目的になります。ですので、研修デザインでは、先ほど設定した「目的」を、さらに詳細に分割し「行動目標化」することが求められます。行動目標化とは、「研修で学んだ学習者が、仕事の現場で、どのような行動を取ることができればよいかをリスト化しておく」ということであり、それは外部から観察可能な具体的行動であることが求められます。

例えば、先ほどの営業の研修を例にして考えてみましょう。ある会社では、従来の伝統的な営業スタイルから脱却し、いわゆる「開発営業＝ソリューション営業」への転換を進めることになりました。そこで、営業スタイルの転換を目指すべく、営業部員全員に研修を受講させることにしました。そして、下記のように、先ほどの目的を設定しました。

❶A地域において他社営業部員との競争激化が起こっているため（学ぶ理由）
❷営業社員が顧客本位のセールススキル、マインド等を獲得し、ソリューション営業ができるようになる（学習者の変化）
❸顧客単価を上げることで成果達成に寄与する（学びの適用・転移）

研修の目的と行動目標化

それでは、次に、この目的を行動目標にする場合には、どのようにすればいいでしょうか？　この研修の場合、研修で学んだ学習者が、仕事の現場で、どのような行動を取ることができればよいと考えられるでしょうか？

　この問いに対して、もし万が一、この研修の「行動目標」を「ソリューション営業の知識について理解している」ということに設定しているのだとしたら、やや不足があります。なぜなら、「ソリューション営業の知識について理解している」とは「行動目標」ではないからです。先ほども述べましたように、行動目標とは「仕事の現場で遂行されることが望まれる行動」であり、かつ、「外的に観察可能な具体的行動」です。確かに「ソリューション営業の知識について理解していること」は、大切なことですが、それは外部から観察可能な具体的な行動として遂行されることではありません。より具体的な行動として、それを記述することが求められます。

　例えば、この場合は「顧客に対して、ソリューション営業の手続きにのっとり、顧客本位の営業のプレゼンを行うことができる」といった具体的な行動として表した目標が行動目標です。

　そして、**実際の行動目標化は、さらに細分化した単位で行われます**。先ほどの「顧客に対して、ソリューション営業の手続きにのっとり、顧客本位の営業のプレゼンを行うことができる」はおおざっぱすぎるので、これをいくつかの課題に分割し、その分割された課題ごとに行動目標を立てるのです。最終的に目指したい行動をイメージし、その行動を達成するために学習者に獲得してほしいものを、ナレッジ(Knowledge)・プラクティス(Practice)・バリュー(Value)の３点で分割し、それぞれに行動目標を設定します。

　ここでナレッジとは「行動目標を満たすために必要な知識」、プラクティスとは「行動目標を満たすために必要な身体技法の訓練」を指します。対してバリューとは「行動目標を満たすために持ってもらいたい価値観」を指すものとします。

　例えば、「顧客に対して、ソリューション営業の手続きにのっとり、顧客本位の営業のプレゼンを行うことができる」という学習目標があるとします。こ

れをナレッジ、プラクティス、バリューに分割するということになると、どのようになるでしょうか。

まず第1の「**ナレッジ**」ですが、先ほどの「顧客に対してソリューション営業ができるようになる」の場合、どのような知識が必要になるのでしょうか。おそらく「多種多様な商品知識とその特徴を説明できること」や「商品説明の際に、IT機器を操作できること」、そして「そもそもソリューション営業とは何かを説明できること」などが必要となることでしょう。

ここで、「知る」とか「理解する」といった用語をあえて用いていないことに注意してください。「多種多様な商品知識とその特徴を知ること」は、外から観察・評価が不可能なので、あえて「行動目標化」し、「多種多様な商品知識とその特徴を説明できること」としていることに注意が必要です。「商品説明の際に、IT機器を操作できること」に関しても、「そもそもソリューション営業とは何かを説明できること」に関しても、同様に「IT機器の操作法を知る」や「ソリューション営業とは何かを知ること」とはしていません。

次に「ナレッジ」があっても、実際に「**プラクティス**」が伴わなければ、実際のソリューション営業を行うことはできません。自転車の乗り方を言葉では説明できても、実際には自転車には乗ることはできない、といった事例を頭に

図3.1 行動目標を細分化する

行動目標	ナレッジ（Knowledge）
	プラクティス（Practice）
	バリュー（Value）

目指したい行動をイメージし、その行動を達成するために、学習者に獲得してほしいものを3分割する

思い浮かべていただければ、そのことはわかります。こうしたギャップのことを「Knowing – Doing Gap」といったりします。「Knowing – Doing Gap」を埋め、実際にソリューション営業を行うためには、知っている知識を「実践すること」が必要になります。自分が実践した様子は、自分ではなかなか把握できないものなので、他者にアセスメントをしてもらったり、ビデオに撮影して後から振り返るようなトレーニングも必要になるかもしれません。

　アクションの行動目標は非常に具体的です。例えば「お客さんに10分以内で商品Aの商品説明を行えること」「顧客の抱える問題を把握し、図示しつつ、説明できること」といったような行動目標が考えられます。いずれにしても、この習得には、注意深い練習を積み重ねることと、他者から適切なモニタリングやフィードバックを得ることが必要になります。

　最後に「**バリュー**」です。「ナレッジ」や「プラクティス」だけがあっても、顧客に対してソリューション営業を行うことはできません。そのためには、仕事をしていく上で、判断に迷ったときに拠り所になるもの、「バリュー」が必要です。例えば、ソリューション営業のためには、「顧客の問題解決を優先し、顧客に傾聴する」といった「顧客志向の価値観」が必要かもしれません。それがなければ、売る側に都合のよい商品やサービスを抱き合わせで販売するけれども、しかし、顧客の問題解決にはつながらない、といった事態が生まれがちだからです。

　ちなみに「バリュー」の行動目標化を行うときには、少し工夫が必要です。最も低次なレベルでは、「お客様第一」など、「バリューを暗唱できること」といったものがありえますが、それでは、実際に行動に生かされるかどうかはわかりません。むしろ「顧客が欲しているものと、自己の売りたいものが一致しないときに、顧客の望むことを優先して商談を進めることができる」という具合に、葛藤状態をうまく取り入れて目標の記述を行うと、バリューも「行動目標」になりえます。

このように、**実際のカリキュラムをデザインする際には、研修の目的を「ナレッジ」「プラクティス」「バリュー」の３つの観点から分割し、それぞれに行動目標を立てることが必要**になります。

　ちなみに、ナレッジ、プラクティス、バリューを行動目標化する際、よく用いられる動詞としては、一般に下の図3.2のようなものがあります。

2.2　表目的と裏目的

　さて、以上、研修の目的と行動目標化についてお話ししました。これは言わば研修の「表向きの目的」ともいえるもので、研修デザインの際、最も根幹を成す事柄です。しかし、実際の研修開発の現場では、「表向きの目的」の他に、「**裏に隠された政治的目的**」がある場合も多くあります。以下、前者を「表目的」、後者を「裏目的」として話を進めましょう。

　今、仮にあなたが開発している研修の「表目的」は「営業社員がソリューション営業を行えるようになる」といったものだとします。あなたは、今、この目的をナレッジ、プラクティス、バリューの観点から、それぞれ行動目標化しました。

　しかし、この研修には、実際には「裏目的」がありました。それは「A支店とB支店の支店長同士が仲が悪いせいで、同支店の営業社員の縁が薄く、これまで情報共有ができなかったので、せめて現場レベルでは仲良くさせたい」と

図3.2　行動目標で、よく使われる動詞

ナレッジ	説明できる　分類できる　選択できる　話すことができる　予測できる　関係付けられる
プラクティス	操作できる　実施できる　判断できる　判定できる　調べることができる
バリュー	優先できる　配慮することができる　目配りできる　選択できる

いうものでした。このように、研修には、「裏に隠された政治的目的」が存在していることが少なくありません。ちなみに、これらの裏目的は、現場のマネジャーや経営幹部などのステークホルダーからこっそりと伝えられることが多いものです。

このように研修には、表目的の他に、「裏目的」が設定されている場合があります。もちろん、「表目的」が大切なことは言うまでもないのですが、研修開発担当者としては、表目的を達成するプロセスの中で、自然と裏目的も達成できるよう、この場合ならA支店、B支店のメンバーが同じチームになるようにグループ分けをしてワークをさせるなど、カリキュラムを工夫する必要があります。もちろん、裏目的は、もちろん参加者に伝える必要はありませんし、場合によっては書面に残す必要もありません。しかし、研修デザインを考えるときには必要になるので、開発者の心にとどめておく必要があります。[1]

表目的と裏目的

---

[1] 「表目的」の他に、研修には「裏目的」が設定されがちであることは、多くの実務家から語られることですが、一般的な教授設計理論の教科書に、このことが記載されることはあまり多くはありません。研修は、必ずしも教育のためだけではなく、言わば社会的結合の強化や、組織開発の目的で実施される場合もあります。

3 評価の手法を考える

3.1 目的や行動目標をまとめる

さて、ここまで私たちは、さまざまな観点から行動目標を立ててきました。それをワークシートにまとめますと、図3.3のようになります。

次に、私たちがなすべきことは、これらの行動目標それぞれに対応した「評価」について考えていくことです。「評価」のあり方や手法を考えることで、研修を通して実践される行動が、いったいどのようなものであるかを、さらに具体的に考えておくことができるからです。換言しますと、この段階で、評価について考える理由は、「**自分が立てた行動目標の妥当性をチェックするため**」です。「行動目標の妥当性」は、それをどのように評価するかを考えていくと、チェックすることができます。「行動目標を立てること」と「評価手法を考えること」は、このような理由から、セットにするとよいと思います。

図3.3 研修の行動目標

	行動目標	評価手法
ナレッジ（Knowledge）	多種多様な商品知識とその特徴を説明できること	
	商品説明の際に、IT機器を操作できること	
	そもそもソリューション営業とは何かを説明できること	
プラクティス（Practice）	お客さんに10分以内で商品Aの商品説明を行えること	
	顧客の抱える問題を把握し、図示しつつ、説明できること	
バリュー（Value）	顧客の問題解決を優先し、顧客の話を傾聴できること	

3.2　評価方法を決定する

　さて、先ほど私たちは簡便に行動目標をテーブルにまとめました。この左半分には、行動目標が記されていますが、片側右半分は、空欄になっていきます。ここに評価の手法を書いてみましょう[2]。どのような指標、データを取得すれば、研修内で獲得された行動を測定することができるでしょうか。

　ここでまず私たちが真っ先に考えるべきことは、「**すでに会社内において取得されているさまざまな経営指標の中で、研修評価に利用できるものはないか**」ということです。多くの組織では、組織の状況を把握するため、さまざまな経営指標（KPI）を職場ごと、個人ごとに設定しています。特に、営業のプロセス管理とアウトプット管理を徹底している会社であれば、セールスフォースオートメーションなどのITシステムが導入されている場合も少なくなく、その場合には、さまざまな営業に関するKPIが取得されています。まず、研修の評価について考える際には、組織内の既存の経営指標を用いて測定できないか、を考えてみましょう。

　例えば、筆者が関与したことのあるインフラ企業の研修では、店長研修をやった後の評価指標に「職場における事故率」を設定していました。研修後、その指標を注意深く観察したところ、研修終了後は、事故率が下がったといいます。

　また、筆者が助言を行ったことのある、ある製薬会社の場合は、研修終了後の評価指標に、「MR（医療情報提供者）のドクター接触頻度」を設定しました。この会社では、研修終了後、MRの方々のドクター接触頻度は向上したことを確認しています。これらの成果指標「職場の事故率」「MRのドクター接触頻度」は、**研修のために設定したわけではなく、もともとあった経営指標です**。この

---

[2] 研修評価に関しては、下記の専門書が詳しいです。なお、研修に特化していませんが、プログラム評価という考え方も、研修を評価する上で参考になります。
　堤宇一、久保田享、青山征彦（2007）『はじめての教育効果測定――教育研修の質を高めるために』日科技連出版社
　堤宇一、木村覚、早川勝夫、柳美里、和田修一（2012）『教育効果測定の実践――企業の実例をひも解く』日科技連出版社
　安田節之（2011）『プログラム評価――対人・コミュニティ援助の質を高めるために』新曜社

ように、**既存の経営指標の中には、研修の評価指標として利用できるものも少なくありません。**例えば、毎年組織において行われているES調査（従業員満足度調査）なども、利用可能な資源です。指標を定めて評価するということは手間も時間もかかります。まずは、既存の指標で活用できるものはないかと、検討することをおすすめします。

　では、次に、研修の評価に利用できる既存の指標等がない場合はどのようにして評価すればよいのでしょうか。その場合には、本研修のために、評価を行う必要が出てきます。その場合に考える参考になるのが、

❶When（いつデータを取得するか）
❷Who（誰からデータを取得するか）
❸What（どんなデータを取得するか）
❹How feasible（どの程度実現可能か）

という4つの観点です。

　❶When（いつデータを取得するか）とは、文字通り、どのタイミングでデータを取得するかです。タイミングとしては、(1)研修前（研修が始まる以前のデータ）、(2)研修中（研修をやっている間の行動データ）(3)研修直後（研修直後のデータ）、研修後しばらく遅延を置いたあとでのデータの3つがあるでしょう。最も説得力があるのは、研修終了後のインパクトを測定可能である、という理由において(3)のデータですが、それだけ負荷は高くなります。

　❷Who（誰からデータを取得するか）とは、誰のデータを、誰が測定するか、ということであり、データの被測定主体と測定主体に関する項目です。一般的には、研修参加者が自分のことを自己評価することがほとんどでしょうが、上司が客観的に部下のことを評価を行ったりする場合もあります。

　私がかかわったある企業では、参加者に対するアンケートの他に、参加者の上司、先輩に対して、研修3カ月後に、研修参加者の変化を評定をしてもらう

ようにしている、というところもありました。例えば、プレゼンテーション研修を受けた場合は、3カ月後に、現場でのプレゼンテーション能力が高まり、成果につながっているかどうかを、上司や同僚から評価してもらう、というわけです。参加者本人だけでなく職場の上司、先輩からの相対評価が入れば、評価としてはかなり客観性の高いものになります。

　ちなみに、研修によっては、研修中にアセッサーと呼ばれる評価を専門とした人を割り当てるという方法もあります。アセッサーは、評価に関する専門のトレーニングを受け、専門家として評価を行います。

❸**What（どんなデータを取得するか）**とは、取得するデータの種類です。これは大きく分けて「データの質で考える場合」と「データの深さで考える場合」があります。

　第一に「データの質」ということになりますと、定性的なデータ（自由記述や観察などの言語データ）と、定量的なデータ（数字に表現されたアンケートなどのデータ）という分け方が存在します。それぞれのデータにはデータの特性がありますので、どちらが良い悪いというわけではありません。よくいわれるように、定量的なデータとは、「浅く、しかし、広く」対象を切り取ることに向いていますし、一方、「定性的なデータ」としては「深く、しかし、狭く」対象を切り取ることができます。むしろ、実務家の中で広まっている考え方としては折衷主義的な考えが多く「数字（定量）とストーリー（定性）をどちらも押さえる」という風にいわれることもあります。[3]

　データの深さということでいきますと、教育評価の議論においては、古くから古典的な4分類が存在します。[4]これは、評価を行う際に、どのレベルの評価までを行うか、を考える際に参考になる枠組みです。

・レベル1　反応（Reaction）
　研修参加者の満足度などを測定する手法です。たいていは、コース終了後のアンケートがこれに当たります。最も簡便な評価で、何が学べたのか、どのよ

うな行動変化があったのかを追うことはできません。しかし、研修自体のあり方を見直すときには効果的です。

・レベル2　学習（Learning）

　研修終了後に、どれだけ知識が蓄積することができたのか、行動がどのように変わったのかを測定することです。多くは、プレ（事前）……ポスト（事後）のテストの変化、他者による評定値の変化などが使われることが多くなります。

・レベル3　行動（Behavior）

　学習したことが、どれだけ転移したのか――すなわち職場での行動変化につながったのかを評価することです。多くは、研修終了後数カ月の遅延を置いて、本人、上司、先輩社員などからの評定をもって変化を測定します。研修終了後に追跡調査を追うことになりますし、多くの場合、上司などを巻き込む必要があるので、測定が困難になってきます。

・レベル4　成果（Results）

　学習した内容が、どのようにビジネスインパクトにつながったのかを測定します。直接的には利益などが考えられます。これを行うためには、学習を行っ

---

3 評価指標と評価手法のデザインを行うことは、学習目標を明確にし、研修効果を測るために大切なステップです。しかし一方で、どのような評価指標、評価手法を使っても、企業研修の場合、教育効果測定としては不完全なものとなってしまう、ということを指摘しておかなければなりません。というのは、企業研修においては、「研修を受けたグループ」「研修を受けなかったグループ」を比較するという手続きと、被験者を群間にランダムで割り当てる、というような実験群と統制群の比較による実験計画法で研修効果を測るようなことはできないからです。仮に「研修を受けた名古屋支社だけが売り上げが伸び、研修を受けなかった大阪支社は売り上げが変わらなかった」といった事実があったとしても、名古屋支社と大阪支社では、働く人が異なるわけで被験者の等質性を確保することはできません。企業研修の場合は、どうやっても、いわゆる「準実験」にしかならず、どのような評価をしても、それは不十分である、ということは意識するべきことだと思います。つまり、どんな形で評価を行ったとしても、完全な論理や数字だけで経営陣や現場トップも論破することはできない、ということです。逆に言うと、だからこそ、多種多様なデータを取得することが大切ですし、第2章で述べたように、あらかじめステークホルダーを巻き込んでおくことが大切です。

4 Kirkpatrick D. L.(1959) "Techniques for Evaluating Training Programs." *Journal of American Society of Training Directors*, 13(3): pp.21-26

た群と行っていない群との群間比較を行うことが一般的ですが、そこまで実践されている事例は、非常にまれです。

　以上、評価の４つの枠組みを説明しましたが、おそらく、ここで大切なことは、このすべてを行わなければならない、ということではありません。ニーズに応じて、どのレベルの評価まで行うことが求められているのかを考え、データを取得する必要があります。一般的には、図3.4に見ますように、参加者アンケートはほとんどの研修において行われています。つまりレベル１の反応の水準の評価です。職場での活用調査や参加者の行動観察など、評価に必要なコストや専門性が上がってくればくるほど、そうした評価は実施されなくなる傾向があります。

　最後の❹How feasible（どの程度実現可能か）は、まさに評価の実現可能性に関するものです。評価の視点は細かければ細かいほど、先ほどの４分類のう

図3.4　教育評価に用いられている測定手段

	回答数	回答者に占める比率
参加者アンケート	78	98.7%
参加者インタビュー	31	39.2%
知識確認テスト	45	57.0%
ケース試験	6	7.6%
論文試験	4	5.1%
シミュレーションテスト	1	1.3%
ロールプレイング	17	21.5%
参加者追跡調査	30	38.0%
職場での活用度調査	23	29.1%
参加者の行動観察	19	24.1%
その他	15	19.0%

出典：リクルートワークス研究所（2004）「教育研修の成果――何を、いかに測るべきか」
　　　『Works』66号、リクルートワークス研究所、東京　p.15

ち、より高度なレベルになればなるほど、さまざまな問題がクリアになり、設定した行動目標の達成度が把握できます。この意味で、評価はともすれば「ポジティブリスト化」します。つまり「やったらよい評価、視点などを、枚挙に暇がないほど挙げることができる」ということです。

しかし、評価を実施するためには、相応の「事務局の作業負荷」がかかることもまた事実です。世界を含めて、事業会社で研修の評価のためだけに人員を割いている例は、管見ながら知りません。ということは、**評価は無理ない範囲で行うことが大切**であるということになります。**通常の事務局の作業の中に適切に埋め込んだり、ルーティン化するなどして、負荷を軽減することは大切**ですし、どの程度のデータを必要とするのか、それは何に利用されるのか、などを考えながら、実現可能性を見定める必要があります。

例えば、ある会社では研修終了後には、A4用紙1枚程度の定量データと自由記述の質問紙調査を行います。その後、研修終了後3カ月後に、事務局が、研修参加者の中からランダムに10人ほど選び、その本人とマネジャーに、1分程度で行える、簡単な質問を書いたメールを送ります。例えば「研修終了後、研修の内容を業務に活かすことはできましたか？」とか「あなたの部下は、研修後、意識や行動の上で変化がありましたか？」といった内容です。この会社では、これを日々のルーティンに組み込み、カレンダー上に記載し、アルバイトの方でもメールが打てるようになっていました。このように、無理のない形で、評価を行っていくことが大切です。

上記の整理を行った上で、先のソリューション営業の事例の場合、図3.5のように評価を設定してみました。評価を設定することで、達成するべき行動目標、促したい行動の変化が、非常にクリアになりました。

図3.5　行動目標と評価手法

	行動目標	評価手法
ナレッジ（Knowledge）	多種多様な商品知識とその特徴を説明できること	商品知識についてのペーパーテストを実施。合格ラインは8割以上
	商品説明の際に、IT機器を操作できること	商品説明ロールプレイの際に、講師があらかじめ用意した評価テンプレートに応じて主観的に評価する。
	そもそもソリューション営業とは何かを説明できること	研修報告書に「ソリューション営業とは何か」に関する記述問題を設けて評価
プラクティス（Practice）	お客さんに10分以内で商品Aの商品説明を行えること	各支店にてロールプレイテストを実施。評価項目は人材開発部で用意
	顧客の抱える問題を把握し、図示しつつ、説明できること	研修の3カ月後に、全学習者とその上司に対して質問紙調査を実施
バリュー（Value）	顧客の問題解決を優先し、顧客に傾聴する	研修の3カ月後に、全学習者とその上司に対して質問紙調査を実施

| column | 新人研修の評価事例

　製造業の教育担当者の方から、新人研修についてうかがったエピソードです。
「新人研修では、ビジネスマナーなど一部の研修を除いては社内講師に研修を依頼しています。『広報の仕事については広報部から』『人事制度については人事部から』といったように、各部署から十数人の社内講師を立ててもらって、研修を行っているのです。評価はモジュールごと、つまり登壇者ごとにWEBでアンケートを取り、それぞれにフィードバックするようにしています。毎年、こうした評価をフィードバックすることにより、講師となる人も一方向にプレゼンテーションを行うのではなく、講義の中に『理解度テスト』を取り入れてみたり、一方的でなくインタラクティブに教える工夫をするようになり、年々スキルが上がっていきます」
　研修の評価を、全体的に行うのではなく、モジュール（研修プログラムの単位）ごとに細かく行い、講師にフィードバックをすることで、それぞれのモジュールについて、改善点が具体的に「見える化」できます。また、講師にとっても、研修に対するダイレクトな反応を知ることは、「教える」ことに対する意識も変わりますし、モチベーションアップにもつながります。

|column| 研修参加者向けアンケートの注意点

　研修において最も利用されているのは、「**レベル1　反応(Reaction)**」(P.91)の、受講者アンケートです。その実施に当たっては、下記のように留意する点があります。

❶共通部分とユニークな部分を分ける
　研修ごとに評価表を変えると、比較ができません。とはいえ、研修によっては、その研修ならではのユニークな質問項目が必要になる場合があります。そのため、多くの研修評価では、共通部分とユニークな部分を分けて利用することが行われます。

❷調査内容は簡潔にする
　受講者アンケートは研修後、短時間で記入することも多いですし、あまり細かく質問が多いと、それだけでうんざりします。質問数も少なくし、評価の段階も、5段階程度にします。さらに重要なことは、1から5までの段階を等間隔にする、ということです。「かなり当てはまる」「当てはまる」「どちらでもない」「あまり当てはまらない」「全く当てはまらない」といった具合です。このスケールが等間隔でないと、答えにくくなってしまいます。表現もなるべく直感的に答えやすいように工夫します。経験的には、A4用紙1枚で収まる程度がよいと思います。
　ちなみに、実務家がよく用いる質問項目は、
1．研修全体への満足度はいかがですか？
2．研修の難易度はいかがでしたか？
3．研修内容は業務に活かせそうですか？

4．事務局の対応（講師の教授・教材の出来・教室環境）はよかったですか？
5．この研修を、知り合いにすすめたいですか？（もう一度受けたいと思いますか？）

といったものが一般的です。

❸自由記述欄を設け、定性データを得る

多くの実務家は、アンケート用紙には、自由記述欄を設けていることが多いです。長年事務局をやっている方は、「自由記述欄のコメントで、参加者の本音がわかる」と話していました。良い研修の場合は、自由記述欄のコメントが多く、しかもポジティブな内容が続くそうです。また、アンケート評価では悪くなくても、コメント欄にほとんど記述がない場合は、「あまりインパクトがなかったとき」とのことでした。

以上、アンケートについては最もよく利用されるのでやや詳細に説明してきましたが、アンケートが万能であると言いたいわけではありません。職場に出かけ参加者からヒアリングをする、参加者のマネジャーに研修後の変化について聞いてみる、などによって定性的なデータを取得することも、また大切なことです。いずれにしても、「数字とストーリーで押さえること」が重要かと思います。

図3.6 質問用紙

アンケート

今日はお疲れさまでした。

研修内容のより一層の充実のため、回答のご協力をお願いします

各質問項目においてあてはまるもの1つに〇をつけてください。

		よくあてはまる	あてはまる	どちらともいえない	あてはまらない	まったくあてはまらない
(1)	本日の研修には満足した	5	4	3	2	1
(2)	本日の研修は、あなたの仕事にとって有用だった	5	4	3	2	1
(3)	本日の研修内容は、あなたの仕事に関連の深いものであった	5	4	3	2	1
(4)	本日の研修内容は、仕事の現場で活かせそうだ	5	4	3	2	1
(5)	本日の研修講師は、適切な教え方をしていた	5	4	3	2	1
(6)	本日の研修講師は、適切なファシリテーションをしていた	5	4	3	2	1
(7)	本日の研修の資料は、適切であった	5	4	3	2	1
(8)	本日の研修事務局の対応は、適切であった	5	4	3	2	1
(9)	本日の研修環境(教室)は学ぶ環境として適切であった	5	4	3	2	1
10	この研修を、他の人にも勧めてみたい	5	4	3	2	1

本日の研修内容に関して、印象に残ったところ、感想をお書き入れください。

本日の研修内容に関して、改善点、ご要望がありましたら、お書き入れください。

ご回答、ありがとうございました

図3.7 3カ月後事後質問紙

アンケート

今から3カ月前、2014年2月1日に、あなたが受講した「ロジカルシンキング研修」について、フォローアップのアンケートを実施させて頂きます。研修内容のより一層の充実のため、回答のご協力をお願いします

各質問項目においてあてはまるもの1つに〇をつけてください。

		よくあてはまる	あてはまる	どちらともいえない	あてはまらない	まったくあてはまらない
(1)	研修終了後、自分の上司と研修内容について話し合うことがあった	5	4	3	2	1
(2)	研修終了後、職場のメンバーと研修内容について話し合うことがあった	5	4	3	2	1
(3)	研修終了後、自分の仕事や業務のあり方を振り返ることがあった	5	4	3	2	1
(4)	3カ月前の研修内容を、今でも憶えている	5	4	3	2	1
(5)	3カ月前に学んだ内容を、仕事・業務に活かしてみた	5	4	3	2	1
(6)	3カ月前に学んだ内容は、仕事・業務に役にたった	5	4	3	2	1
(7)	3カ月前に学んだ内容で、成果をあげることができた	5	4	3	2	1

この3カ月間の業務・仕事を振り返って、研修内容と関連することがありましたら、お書き入れください。

3カ月前の研修内容に関して、改善点、ご要望がありましたら、お書き入れください。

ご回答、ありがとうございました

第3章まとめ
Summary

研修のゴールを決める
- 目的設定の3つの観点
1）なぜ学ぶことが必要なのか（学ぶ理由）
2）どんなことを学んでもらい、変化してもらうのか（学習者の変化）
3）どのような変化を現場に導くのか（学びの適用・転移）
- 学習者が変化し、さらに成果につながる行動を取ることができることが研修の目的である
- その行動を達成するために持っていなければならないものを、ナレッジ・プラクティス・バリューの3点で分割し、それぞれに行動目標を設定する
- 実際の研修開発の現場では、「表向きの学習目的」の他に、「裏目的」があることが多い

評価の手法を考える
- すでに会社内において取得されているさまざまな経営指標の中で、研修評価に利用できるものはないか、を検討する
- 評価に利用できる既存の指標等がない場合は、以下の4つの観点で考える
1）When（いつデータを取得するか）
2）Who（誰からデータを取得するか）
3）What（どんなデータを取得するか）
4）How feasible（どの程度実現可能か）

第4章
研修のデザイン②
1日を組み立てる

❖本章のねらい
学びの原理原則を理解し、研修内容を組み立てます

❖キーワード
学習者中心｜らせん構造｜知識と体験｜学習者共同体｜モデリング

1 はじめに

　第3章において、私たちは、研修の目的を立てること、それを行動目標化することについて、さらには評価計画を立てることについて学びました。それは研修デザインにとって、最も基礎的で大切なフェイズではあるものの、あくまでも大枠が決まっただけで、カリキュラム（学習者がどのような学びを経験するか？）の中身は、まだ具体的に決まっているわけではありません。本章では、研修の具体的中身を組み立てていくことにチャレンジしましょう。

　研修の1日の流れをデザインしていくことは、たとえるならば「ブロックを組み立てていくこと」に似ています。すなわち「多様な形のブロック＝多様な学習活動」を適宜、組み合わせ、1日のカリキュラム（学習経験）という作品をつくり上げていくのです。といっても、ただ闇雲に好きなブロックを組み合わせるのではありません。ブロックを組み合わせる際には、注意を払うべき、いくつかの「学びの原理・原則（プリンシプル）」があります。それらを頭の片隅に常に置きつつ、ブロックを組み合わせていくのです（モデリング）。大胆に

103

ブロックを組み合わせたあとでは、今度は、より詳細に、1日の流れを分単位で明示していきます。いわゆるタイムスケジュール化を図ります（タイムスケジューリング）。

図4.1　研修のデザイン

❶　「学びの原理・原則」を心にとどめつつ（プリンシプル）

❷　学習活動ブロックを試行錯誤しながら組み立て（モデリング）

❸　学習活動の流れを明示化する（タイムスケジューリング）

　本書では、この「プリンシプル」「モデリング」「タイムスケジューリング」の3つの観点から、研修を具体的にデザインしていきます。以下、それぞれについて述べます。

2　学びの原理・原則を知る（プリンシプル）

　学習研究、経営学習研究には、長い研究の蓄積の果てにつくられた学びの原則といったものがあります。それぞれは、世界中のさまざまな研究者によってつくられたもので、ある程度の一般性があります。[1] 全く経験のない人が、ゼロから試行錯誤するよりは、自分の教える文脈を見据えつつ、そうしたプリンシプルを組み合わせ、研修をデザインした方が、効果的な学びを生み出せる可

---

[1] 学習研究の知見を総合して扱った専門書には、下記のようなものがあります。
Ambrose, S. A., Bridges, M. W., DiPietro, M., Lovett, M. C. and Norman, M. K.(2010) *How Learning Works.* Jossey-Bass
Bransford, J., Brown, A. L. and Cocking, R. R.(eds.)(2000) *How People Learn.* National Academy Press
Sawyer, R. K.(ed)(2006) *The Cambridge Handbook of the Learning Sciences.* Cambridge University Press

能性は高くなります。

以下で紹介している学びの原理は、改めて言われれば、「当たり前のこと」のように感じることかもしれません。しかし、ともすれば、デザインや実践を繰り返しているうちに忘れ去られがちなことでもあります。ぜひ、折に触れて「学びの原理」の観点から実践を見直す機会を持つとよいと思います。

❶目的の原理

成人の学習にとって、何よりも大切なのは、「目的の原理」です。大人は「なぜ、研修で学ばなければならないのか？（目的）」「この研修を受けるメリットとは何か？（メリット）」「この研修は、どんなふうに自分の仕事と関連するのか？（業務への関連）」といった

研修の意味やメリットを明示

「目的」が十分に「意識」できていないと、安心して学ぶことはできません。

ただでさえ多忙で、すでに自分は「一人前」であるというプライドを有している成人が、再び学ぶためには、それらの必要性が「腹に落ちる」必要があります。

ですから、学習に入る前に、まずは「これから学ぶことが自分の仕事や生活にとってどんな意味があるのか」「今後の自分にとってどんなメリットがあるのか」ということをきちんと明示する必要があります。

もちろん、研修時間が長い場合には、いったん明示しただけでは十分だというわけではありません。個別の学習内容に移るとき、ある学習内容から他の学習内容に移るとき、改めて「なぜ学ぶのか」について繰り返し述べることが非常に大切です。

❷学習者中心の原理

学習内容は、学習者の既存の知識や経験に応じて教えられなければならない

ということです。ともすれば、教える側の人間は、「教授者中心」にものを考えがちです。しかし、**学習デザインにとって最も大切なのは、学習者の立場に立ち、学習者の現在の状況に合った学習内容を選択すること**です。特に、学習者がすでに持っている知識や経験との関連をひとつひとつ明示して新しい内容を教えることが、時間はかかりますが、最も効率的です。そして、そのためには、第2章で見たように、学習者がどのような人物であるのか、どのような経験を積み重ねてきた人なのかを知る必要があります。

学習者の現状に合った学習内容に

❸多様性と螺旋の原理

大人は、実は子ども以上に、飽きやすいものです。彼らに学びを提供するときには、学習目標を見据えた上で、**多種多様な活動を組み合わせ、徐々に低次の活動から高次の活動にスモールステップでステップアップさせ、飽きない工夫をする必要**があります。

多様な内容でステップアップ

座学で学んだ後は、グループワークをし、その次にはエクササイズをする……という形で、同じ内容を繰り返し、多様な活動をうまく組み合わせ、あたかも螺旋階段をのぼっていくかのように学習内容を組み上げていくことが大切です。

❹知識と体験の原理

「概念的な知識を学ぶこと」と「体験や実習を行うこと」のバランスを取りながら、学習を組み立てなければならないという原理です。第1章で述べたように、教育の言説は、とかく「極に振れます」。多くの人々の頭の中には「知識

を詰め込むか」「体験をするか」の、2つの極しか存在していません。

　概念的知識を積み重ねていても、実際に行動の変化には結びつきません。また、体験させればいい、現場経験をさせればいいというだけでは、反知識主義に陥ってしまう可能性があります。

「知識」と「体験」をバランスよく

　大切なことは、「**知識**と「**体験**」のバランスを取ること**であり、その際には、「知識を理解すること」「体験や実習によって実感すること」を重視することです。

❺学習者共同体の原理

　人は学ぶときに他者を必要とします。ですので、**学習を促す際には、学習者共同体を組織し、他者と共に学べるようにする工夫が必要**です。理解を求めて探究することを価値あるものと見なし、試行錯誤をしつつ、個人が力を出して共同体に貢献するような場にしましょう。

他者と共に学ぶ工夫を

　学習研究では、基本的に、**学習というのは他者の中にある**と考えられています。ですから共同体の中で共に学んでいけることや、みんなで価値のあるものを探求していけるとか、その中で試行錯誤していきながら学ぶ、ということも大切な要素なのです。

❻フィードバックと内省の原理

　学習された内容は、学習者自ら実践を行い、それに対して他者からフィードバックを与えられ、内省（リフレクション）する機会をもたらされるようにします。そのためには、学習目標を明確に定義しておく必要がありますし、実践

第4章　研修のデザイン②：1日を組み立てる　**107**

の機会、そしてじっくり内省を行うための時間を、カリキュラム内に確保しておく必要があります。また、適切な評価が他者からなされるためには、それ以前に、人間関係を調整し、フィードバックのルールを明示しておく必要があります。内省は、学習者自らが、自分の実践に関して、何が起こったのか、を言明させ、それに対して、どのような改善をなすべきなのか、を述べさせる必要があります。外部から「他者に内省を促すこと」はできますが、「内省すること」は本人にしかできません。

評価して内省を促す

❼エンパワーメントの原理

　研修では、成人が学習します。そして、**成人の学習には、**ともすれば「**痛み」が伴うことがあります。**つまり、**過去の自分のやり方を否定し、新たなものを生み出していくことは、混乱や葛藤が生じる**こともあるわけです。そんなとき、人はネガティブな感情に支配されます。

元気付けて現場に帰す

　しかし、ここで考慮しなければならないことは、ここで抱いた葛藤や混乱を、そのままにしておいてはいけないということです。現場の第一線に出て、立ち上がっていただくのは研修講師ではなく、学習者本人です。研修講師が、学習者の仕事を代行できるわけではありません。よって、研修のプロセスでは、痛み、葛藤、混乱が伴ったとしても、研修の最後には、学習者が立ち上がり、何かを実践していけるように心理的状態をゆるやかにコントロールする必要があります。最後は**学習者を元気付けて（エンパワーメント）、現場に帰す**、ということが大切なのです。

|column| 研修デザインと生理的条件への配慮

　研修の各ブロックを組み上げるときには、先ほどの**学習の原理・原則**を参照するほか、下記の**「生理的条件」に注意**します。これらは、学習研究ではあまり語られませんが、学習者も人間である以上、とても大切なことです。実務の世界では、こうした物事を考慮して、研修デザインがなされています。

生理的条件1．午前・午後への目配り
　1日研修の場合、午前中はヤル気も集中力もあるので、テーマに関するレクチャーや集中力が必要なグループワークなどを入れます。ちなみに、研修講師のSさんは、午前中を長めに設定するようにしているそうです。例えば、午前中を12時30分ごろまで引っ張り、午後の部を昼食後の13時30分からの開始とすれば、「午後はあと少しで終わりだ、頑張ろう」という気分になるから、ということです。

生理的条件2．食事後の活動
　昼食後すぐの時間は、眠くなってしまうので、講義などは入れても短めにすることが大切です。代わりに、手や体を動かしたり、人と話したりする活動を入れるようにします。その後、まとめたり、振り返

ったり、書いたりする作業に移っていく、という流れがスムーズです。

生理的条件３．休憩時間への配慮

休憩は１時間ごとに10分、１時間30分ごとに15分を目安に入れるようにします。特に女性が多い場合は、トイレが混雑する、といったことにも配慮した方がよいでしょう。休憩なく続けて活動できるのは１時間30分が限度かと思います。また、長い場合は飲み物を持ち込み可にする、といった配慮も必要かもしれません。

3　学習活動を組み立てる（モデリング）

さて、前節で私たちは、「学習の原理・原則」のプリンシプルを知りました。実際の研修開発のプロセスは、このルールを脇目に意識しながら、研修の内容のディテールを組みたてていくことになります。その様子は、**あたかも「ブロック」を組み立てる方法（モデリング）に似ている**ので、本書では、これを「モデリング」と名付けます。

3.1　ブロックの大きさを決める

モデリングの際、**最初に決めなければならないのは「時間単位」**です。ただ漫然と「１時間くらい議論をさせる」と考えるよりも、より詳細な単位で学習

活動を組み立てる必要があります。

　通常、大人の場合、集中して活動できるのは15～20分程度です。そこで、本書では「ブロック」の最小時間単位を20分だと考えて、以下の話を進めます。20分のブロックが3つ集まれば、1時間ということになります。1時間で何をしようと漫然と考えるよりも、1時間を3つのブロックに細切れに分類して考える方が、その活動を変化に富んだものにすることができますし、より詳細な介入が行えます。

　具体的なモデリングは「オープニング（研修冒頭）　―　メインアクティビティ（研修中の学習活動）　―　クロージング（研修最後）」の3つに分かれます。

3.2　オープニング（研修冒頭）のデザイン

　オープニングは研修開発の最も大切なプロセスです。**研修成果の成否のうち8割は、ここで決まる**、と言う実務家も少なくありません。オープニングでは、教授者と学習者の間で、言わばコントラクト（契約）を交わすことが試みられます。ここで行うべきことは、❶研修を意味付ける、❷研修の全体像を提示する、❸研修のグラウンドルールを設定する、の3つです。3つの観点から、学習者とコントラクトを結び、スムーズなオープニングを果たします。

モデリング＝ブロックを組み立てるように

❶研修を意味付ける

　第1章で述べたように、企業内研修とは、組織が持つ目標や戦略実現のために、組織内のメンバーに知識を獲得させたり、行動を変革させるための組織的試みです。ですので、目的がない研修、経営的意図がない研修は存在しません。また、前節で論じたプリンシプル「目的の原理」（P.103）でも述べましたように、成人は「目的」を理解しなくては安心して学ぶことができません、よって**研修冒頭部では、研修がどのような目的を持っているのか、どのようなメリットがそれで生まれるのかをさまざまなレベルで意味付ける必要があります。**

　第8章で後述するように、別の言葉で述べるならば、これらの意味付けは研修の「価値付け」を行う行為です（P.224参照）。その研修が学ぶに値するものであることを、さまざまなレベルで意味付ける必要があります。その際の意味付けは、一般には(1)「**個人レベル**」(2)「**職場レベル**」(3)「**組織レベル**」で分けて考えることができます。実務家の中には、この作業を「**打ち込み**」というメタファで語る方もいらっしゃいます。研修目的は、研修の具体的な内部に入る前に、しっかりと「打ち込んで」おかなければならない、というわけです。

(1) 個人レベルの意味付け

　個人レベルの意味付けとは、「個人にとってこの研修がどのような意味を持つのか」「この研修を受けることが、あなたの仕事にどんなメリットがあるのか」「この研修で学ぶべき内容が、これまでの業務経験とどのようにつながりがあるのか」を説明することです。学習の単位は、一般に「個」です。とにかく研修の目的や意味が、個人にとって首肯できるものでなければ学ぶことはできません。これはプリンシプルの「目的の原理」「学習者中心の原理」に関係しています。

(2) 職場レベルの意味付け

　職場レベルの意味付けとは、職場メンバーを参加単位とした研修などで行われるものです。この場合は、職場を単位にして、この研修が持っている意味な

どを説明する必要があります。例えば、「今回のチームビルディング研修は、職場の改善にどういう意味を持っているのか」といったことを語ることが求められるでしょう。なお、この部分のステートメントは、外部の研修講師よりも、職場のマネジャーなどに語ってもらう方がよいケースもあります。

(3) 組織レベルの意味付け

組織レベルの意味付けとは、**職場を越え、全社の単位で研修の意味付けを行うこと**です。例えば、「この営業研修は、本社の次期販促計画にどのような意味があるか」（戦略的位置付け）といったことを研修の初めに、しっかりと伝えておくことを想定してみるとよいでしょう。なお、この部分のステートメントは、外部の研修講師よりも、経営幹部などに参加してもらうことも大切でしょう。ここで意味を持ってくるのは、経営幹部や利害関係者のステークホルダー化です。第2章で紹介したように、それがすでに実行されている場合、研修初日に経営陣、現場トップから「この研修の意義、意味」を話してもらうことも可能になります。この場合、経営陣、現場トップも、「研修にかかわった」実感を持つことができますし、受講者のモチベーションも高まります。講師にとっても、経営陣、現場トップからのお墨付きとなることで、参加者からの理解が得られ、結果的に研修効果を高めることにつながります。

ちなみに、誤解を避けるために申し上げますが、個人レベルの意味付け、職場レベルの意味付け、組織レベルの意味付けは、どんな研修でもすべてが必要になるというわけではありません。個人レベルの意味付けはすべての場合において必要になりますが、より上位の職場レベル、組織レベルの意味付けに関しては行う必要がない場合もあります。何が行われ、何が行われないかは、学習者のレベルや状況に依存するということです。

例えば、新入社員研修などでは、個人レベルの意味付け、組織レベルの意味付けなどが行われる傾向があります。マネジャー研修などでは、組織レベルの意味付けが自明である場合には、個人レベルの意味付けなどだけが行われる傾

向があります。

　各種の意味付けには、それなりの時間をかけます。研修の内容にもよりますが、最低１ブロック程度（20分）時間をかける場合が、一般的です。

❷研修の全体像を提示する

　オープニングのデザインで次に大切なことは、これから行われる研修は、どのようなスケジュールでどのようなことを学んでいくのか、といった研修カリキュラム全体を示すことです。プリンシプル「多様性と螺旋の原理」「知識と体験の原理」で述べたように、実際の研修は多種多様な活動が、複雑に組み合わされて進行します。**学習者には、この進行の詳細、カリキュラムの全体像を示すことで、安心して学んでもらうことができます。**

　人は、全体像が見えないものを、なかなか学ぶことができません。また、部分と部分がいかにつながっているのかを把握しておかなければ、獲得される知識やスキルも散逸的なものとなってしまいます。ちなみに、この「全体像提示」に関しては、研修のメインアクティビティ部分においても、繰り返し提示することが大切です。

　研修とは一般に「目に見えません」。また、研修の全体像や、研修の個々のパーツが全体像のどこに位置付いているかを知っているのは、多くの場合、研修講師や研修開発者側であって学習者ではありません。しかし、このことを多くの研修講師や研修開発者は、つい忘れがちです。全体像を理解している自分と同じような存在として、学習者を見なしてしまうのです。

　学習者には全体像や進行状況を繰り返し確認する必要があります。人は、なかなか全体像を意識できないものです。研修が複数日にわたる場合には、それぞれの朝と夕方に、確認するなどの方法も、また有効です。全体像の提示は、研修冒頭部では0.5ブロック、研修全体を通じて、１ブロックの時間をかけることが一般的です。

❸研修のグラウンドルールを提示する

　研修内容だけでなく、研修という場自体のルールについても最初に共有する必要があります。最低限、押さえておきたいのは、**(1)会場・時間に関するルール**と**(2)学習に関するルール**です。グラウンドルールの明示にかける時間は、研修の内容にもよりますが、おおよそ0.5ブロックから1ブロックかけるのが一般的です。

(1) 会場・時間に関するルール

　飲食や喫煙など会場の使い方についてのルールやトイレの場所や時間、携帯電話についてのルールなど。昼休み後、職場との電話連絡がしやすいように、昼食後の研修開始時間を1時半からにする、女性が多い場合はトイレが混雑することを考えてトイレ休憩を長めに取る、といった配慮も大切です。

(2) 学習に関するルール

　グループ討議や対話、発表などがある研修であれば、最初にどんな場にしたいのかといったことを説明し、話し合いのルールを決めておくとスムーズです。対話であれば「主観的、経験談、大歓迎。勝ち負けはありません」といったことを最初にアナウンスする、議論の場合ならば「意見を出し合い、最後にグル

グラウンドルールを提示する

ープの意見をひとつにまとめてリーダーが発表してください」などと説明すると、混乱がありません。

3.3　メインアクティビティのデザイン

さて、オープニング部のデザインが以上で終わりました。次に行うべきは、メインアクティビティ（研修の学習活動）に関するデザインです。

メインアクティビティのデザインについて、留意しておくべきことは、先のプリンシプルのうち後半の「多様性と螺旋の原理」と「知識・体験の原理」「学習者共同体の原理」「フィードバックと内省の原理」などになります。これらの原理を要約しますと、❶多種多様な学習活動を組み立て、少しずつステップアップするようにカリキュラムを組み立てること、❷知識と体験のバランスを取ること、❸学習者同士のインタラクション（コミュニケーション）を重視すること、❹学習した内容に関しては、折に触れてフィードバックをかけて内省を深めることが大切であるということ、になります。まずは、これを改めて意識して、デザインを行っていきましょう。具体的には、20分を単位とした活動のブロックを使って、少しずつ活動を組み立てていくことになります。

ここでは、筆者がかつて開発に携わった「新任マネジャーのフォローアップ研修」である「マネジメントディスカバリー」の1日目を例に取って、具体的に考えてみましょう。

「マネジメントディスカバリー」は、半年のマネジメント経験を経た経験の浅いマネジャーが、「自分の職場（部下）」「自分のキャリア」「自分の組織（ボス）」の状況をさまざまな活動を通して振り返り、折に触れてマネジメントの原理原則を学び、今後自分としてどのようなマネジメントを行っていくかを決めていく2〜3日間の研修プログラムです。

マネジメントを始めたばかりのマネジャーは、「実務のプロ」から「マネジメントのノービス（初心者）」の立場に置かれます。マネジメントをしていく上で、さまざまな成長課題を乗り越え、マネジメントをひとつひとつ学び、一人前になっていかなくてはなりません。マネジメントディスカバリーは、そん

なマネジャーたちのために経営学習論の知見を積み重ねて開発されたマネジャー研修です。この研修において、マネジャーたちは、マネジャーになってからの数カ月間の出来事を振り返り、未来を構想していきます。振り返る対象は、「自分の職場（部下）」「自分のキャリア」「自分の組織（ボス）」などがあります。

ここでは、マネジメントディスカバリーの詳細を述べることが目的ではありませんので、細かい説明はしません。ここでは、1日目「職場（部下）の現状を振り返る」の部分を使って、どのようにメインアクティビティをデザインすればよいのかを考えてみましょう。

まず「職場（部下）の現状を振り返る」の部分にかけられる時間は、14:00～18:00のおおよそ4時間です。この部分で、具体的に実現したいことは、第2章で述べた行動目標をもとに記述すると、下記のようになります。

図4.2　研修カリキュラムの例

時間	第1日	第2日	第3日
9:00〜12:00		1日目の振り返り 3. 自己を知る (1)仕事を通じて培われた価値観、信念、私の武器 (2)モチベーションと仕事経験	2日目の振り返り 5. 統合された未来 (1)アクション・プランではなくアクション・ストーリーである意味 (2)ストーリーを作り語る意味 (3)アクション・ストーリーの制作
13:00〜14:00	13:00開始 1. オープニング (1)自己紹介 (2)キーコンセプト「生まれ変わり」 (3)課題や不安の共有	(3)「私の履歴書」作成 (4)自己のマネジメントスタイルを知る ～アセスメントフィードバック (5)ダイアローグ (6)セルフリフレクション	(4)ストーリーの上演 (5)自身のマネジメントスタイルの確信 (6)確信に基づく行動を実践へ 6. ラップアップ 14:30終了
14:00〜18:00	2. 職場（部下）の現状を振り返る (1)職場とは何か？ (2)職場と人の構造を可視化しよう (3)職場を知る ～アセスメントフィードバック (4)ダイアローグ (5)セルフリフレクション	4. 上司/組織を知る (1)ボスを知ること (2)インプロビゼーション	
19:00〜21:00	経験交流会	(3)ネットワークを探る (4)ダイアローグ (5)セルフリフレクション	

（マネジメントディスカバリー全体カリキュラム）[2]

---

[2] 経験の浅いマネジャー向けフォローアップ研修「マネジメントディスカバリー」
https://jpc-management.jp/md/

1．職場（部下）をマネジメントすることの大切さを、学習者が説明できる（ナレッジ）
2．部下を育成するための２つの原理原則を、学習者が説明できる(ナレッジ)
3．職場をマネジメントする際に大切な価値観を、述べることができる（バリュー）
4．学習者は、自分の職場の様子をLEGOブロックで表現して、他者に語ることができる（プラクティス）
5．学習者は、職場調査のアセスメント結果を解釈し、３で得た示唆と統合し、現状を他者に説明できる（プラクティス）
6．学習者は１〜５のプロセスで得た知見を統合し、今後、どのように職場をマネジメントすればよいか、他者に説明できる（プラクティス）

　すなわち１と２がナレッジに関すること。そして、３がバリュー。４－６はプラクティスに近い作業となります。
　それでは、より具体的に、この４時間を、ブロックを組み上げるように、どのようにデザインすればいいでしょうか？　ブロックはひとつが20分ですので、ここでは４時間で12個を用いることができます。
　まず、ブロック１はレクチャーから始まります。ここでは、これから行う作業がどのような意義があるのかを「意味付け」ていきます。「意味付け」は、オープニングだけでなく、メインアクティビティのデザインにおいても、大切です。どのような作業を行うにせよ、折に触れて「意味付け」を行うことが必要です。

ブロック1：職場をマネジメントすることがなぜ必要かについての「レクチャー」
(ここまで20分。残り11ブロック、220分)

　この段階で、学習者は「職場をマネジメントすること」については、その意義は認めてくれました。しかし、このままレクチャーを続けてしまうと、ダレてしまう可能性があります。

　よってプリンシプルの**「多様性と螺旋の原理」**を意識しつつ、次に「作業」を入れ込むことにしましょう。具体的には、LEGOブロックを使って「自分の職場」を表現してもらうワークをやってもらいます。自分の職場の様子を、グループメンバーに語ってもらうのですが、いきなり「語ってください」といっても、語れない人が出てきます。そうした場合には、いったん何らかの形で語るべきものを表現させて、その表現物を用いて、語ることがよく行われます。表現手段は何でもいいのですが、LEGOは、練習なしで、誰にでも取り扱え、かつ巧拙が表面化しにくいので、この手の研修では昨今よく用いられます。

　しかし、どんなにLEGOがハードルが低いといっても、その前には、作業の前に、十分な時間を取って、ワークのルールを説明します。ですので、ブロック2は、このワークを行っていただくためのグラウンドルールの説明に使うことになります。ブロック3では、続いて、自分の職場をLEGOで表現してもらいます。

ブロック2：自分の職場をLEGOで表現するワークのために必要な「グラウンドルール」の提示
ブロック3：自分の職場をLEGOで表現するワーク
(ここまで60分。残り9ブロック、180分)

　ここまでで3つのブロック、すなわち1時間を消費しました。
　次のパートは、LEGOで表現された「職場の様子」に対して、学習者同士で議論を行います。まずは、ひとりずつ自分のつくった作品を使って、その状況

を説明します。それに対して、他のグループのメンバーからさまざまな質問が飛びます。こうした議論には時間をかけた方がよいので、ブロックはひとりにつき1個。3人のグループワークですので、ブロックは3個消費します。

ブロック4〜6：LEGOで表現された職場の様子に関するグループでの議論

（ここまで120分。残り6ブロック、120分）

ここまででブロックは6つ、すなわち2時間の時間が経っています。

第3パートは、職場調査のデータのアセスメント分析に入ります。ここまで私たちは、長い時間を**表現系のグループワーク**に充ててきました。ここで次に思い出すべきは「**多様性と螺旋の原理**」「**知識と体験の原理**」です。活動は常に多種多様に、しかし、知識と体験のバランスを取りながら、組み合わせていく必要があります。これらの原理を意識しつつ、今度は、全く異なる角度から、自分の職場や部下について考えましょう。

このパートは、研修の前に事前に行っていた職場調査のデータを解釈するパートです。マネジメントディスカバリーの参加者は、実は、研修に来る前に、自分の職場を対象とした簡単なアセスメント（質問紙調査）を実施していました。こちらの調査結果は「数字」で表現され、自分の職場が同業他社の職場とどのように違うのかが一目瞭然です。

実際にアセスメントの結果を見ていくためには、まずブロックを1個使い、調査の趣旨、また解釈のやり方についてレクチャーを行います。これまでワークが続いていたため、久しぶりのレクチャーになります。その後で、実際にひとつずつ数字で可視化された職場の状況を見ていきながら、適宜、グループで議論を行います。このワークには、ブロック2つ分ほどが必要になります。

ブロック7：アセスメント説明のためのレクチャー
ブロック8〜9：アセスメントの解釈、相互討論

(ここまで180分。残り3ブロック、60分)

　最終パートは、これまでの作業を統合します。まず、講師の方から、ブロック1個分を用いて「部下を育成するための2つの原理原則」「職場をマネジメントする際に大切な価値観」に関する簡単なレクチャーを行います。LEGOを用いた表現やアセスメントなどの各種のワークを各自で行ったあとに、その「種明かし」をするわけです。

ブロック10：部下育成、職場マネジメントに関する原理、原則のレクチャー
(ここまで200分。残り2ブロック、40分)

　その後、学習者同士で、簡単な感想を言い合い、内省を深めるためにブロックを1個分。そして、最終の12番目のブロックは、それぞれの参加者が、自分自身で内省を行います。これでブロックを12個すべて消費しました。そして、先ほどの行動目標化した内容をすべて満たしています。

ブロック11：学習者同士の感想交換、協同的な内省
ブロック12：学習者ひとりひとりによる個人の内省（セルフリフレクション）

　このように実際の研修デザインは、学習の原理、原則を常に片隅に置きつつ、

少しずつブロックを組み上げていきます。

　もちろん、最初から理想的な流れができるわけではありません。子どもが行う「ブロック遊び」さながら、研修デザインは試行錯誤の連続です。つくってはチェックし、チェックしてはブロックを積み重ねながら、かくして、最も学習者にフィットするブロックを組み立てていきます。

3.4　クロージングのデザイン

　モデリングの最終パートは、クロージングです。研修のクロージングは、最も記憶に残りやすいパートといわれていますので、丁寧にデザインすることが必要です。最も大切なことは、研修を終えた学習者に再び現場の第一線に出て、事業や仕事のやり方に変化をもたらしてもらえるよう、彼らをエンパワーメントして、研修室から送り出すことです（セレブレーション）。このことは第10章（P.302～）において後述します。

　一般的にクロージングにおいては、❶**研修で学んだことを講師がもう一度、別の表現で確認する「ラップアップ」**、❷**研修で学んだことを学習者が自らの言葉で語り直し、今後の目標行動を決める「リフレクションとアクションメイキング」**、最後に❸「**研修事後アンケート**」があることが多いように思います。それぞれについて、より詳細に見ていきましょう。

❶ラップアップ(Wrap up)

　ラップアップとは文字通り、「お届けしたいものを包み込むこと」です。研修で学んだ学習内容を、もう一度、振り返り、定着させたい内容について、再度、しっかりとした包装を行い、学習者に「お届け」します。学習者の中にはくどいと思う人も出てきますが、そのために、適宜、さまざまな工夫がなされます。工夫には下記のようなものがあります。

(1)学習内容に関連したエピソードを盛り込みながら、定着させたい事項をリハーサルする（繰り返す）
(2)簡単に実践するTipsを盛り込みつつ、定着させたい事項を振り返る

(3)学習内容を言い換えたり、比喩を用いて他の表現にしつつ、定着させたい事項を打ち込む

　学習内容の厚みにもよりますが、最低0.5ブロック以上の時間をかけて、しっかりと学習した内容をまとめていくと、その先のリフレクションやアクションメイキングが容易になります。

❷リフレクションとアクションメイキング

　フィードバックと内省の原理で述べたように、折に触れて、**学習者に内省を迫る機会をつくることは、研修開発の基本中の基本**です。クロージングでは、研修全体の内容を思い起こさせ、「この研修で学んだこと、気付いたことは何であったのか」を、学習者の言葉で表現させること、すなわち、リフレクションを行うことが必要です。リフレクションを行ったあとには、アクションメイキングにつなげます。

　アクションを伴わないリフレクションは、どこか空しいものです。そしてリフレクションを伴わないアクションには、過去の過ちが含まれる可能性があります。**リフレクションとアクションは、常にセットにして、研修内部にデザインする**とよいでしょう。

　リフレクションとアクションメイキングは、一般的に下記のようなプロセスで行います。

(1) 出来事の描写

　リフレクションの前には、まず内省したい出来事そのものを、しっかりと思い出し、記述しておきます。人間の記憶は、意外にはかないものです。過去の出来事は、日常の雑事の中でただちに忘れ去られていきます。よって、内省を行う前には、行いたい対象について、しっかりと描写をしておくことが大切です。

(2) 自己の認識

　次に、思い出した出来事に対して、「自分がどのような行動を取ったのか」「どのような感情を持ったのか」「どのような考えを持っていたのか」について考

えていきます。これが「自己の認識」です。

(3) 分析

次に思い出した出来事において、「何がよかったのか」「何がよくなかったのか」を考えます。これまでをしっかり振り返った上で、その際、何が問題の根幹にあったのかを考えます。

(4) アクションメイキング

最後に行うのは、アクションメイキングの提示です。自分は、これから未来に何をしていかなければならないのかを考えます。未来の行動についての表現は多種多様です。未来になすべきことを行動目標の形で列挙するならば「アクションリストづくり」ということになります。そこにスケジュールが書き込まれたものをつくるのならば「アクションプランづくり」ということになります。変わったところでは、今後1年間に自分がどんなストーリーをつくっていきたいかを述べる「アクションストーリーづくり」もあります。その場合には、紙芝居や寸劇などの形で、最終表現を行います。

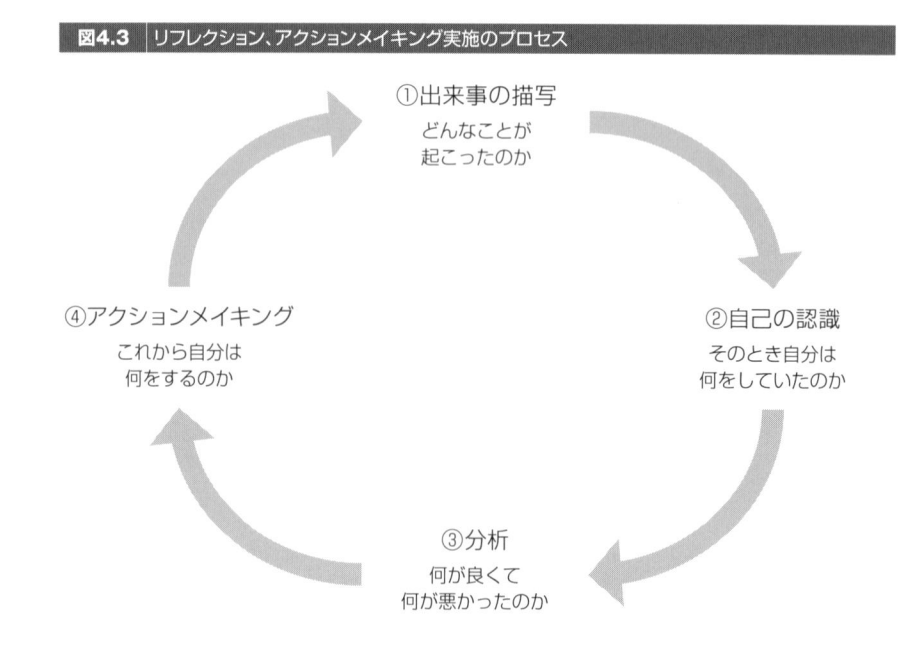

図4.3　リフレクション、アクションメイキング実施のプロセス

①出来事の描写
どんなことが起こったのか

②自己の認識
そのとき自分は何をしていたのか

③分析
何が良くて何が悪かったのか

④アクションメイキング
これから自分は何をするのか

アクションメイキングを行うときには、1点注意が必要です。それは、つくり出したアクションリスト、アクションプラン、さらにはアクションストーリーに対して、必ず、クラス、グループなどのメンバーで、その妥当性を比較吟味する時間を持つことです。こうした時間がない場合には、アクションリストやアクションプランづくりは、「口にはするものの、誰も実行しないもの」になりがちで、ともすれば形骸化してきます。アクションメイキングを形骸化させないためにも、必ず、それを吟味し、妥当性や実現可能性を検証することが大切です。

　ですので、これら一連の作業には、最低3ブロックから6ブロック（1時間から2時間）を必要とすることが多いようです。

❸研修事後アンケート

　研修の最後に行われることが多いのは、アンケートへの回答です（P.99のアンケートの実例をご参照ください）。分量にもよりますが、アンケートの回答は、1ブロック弱、すなわち最低15分程度を設けることが一般的です。

　アンケートにどのくらいの時間を取ればよいかは、質問文の種類と数に依存します。

　選択式の質問項目だと、おおよそ15〜20問で5分程度の回答時間がかかります。記述式の回答には、それよりも多くの時間がかかります。

　なおアンケートの時間が少ない場合、またクロージング部でのラップアップやリフレクションの時間が少ない場合には、アンケートの回答が悪くなる傾向があります。

4 学習活動の流れを明示化する(タイムスケジューリング)

　さて、ここまで私たちは「オープニング」「メインアクティビティ」、そして「クロージング」にわたって、あたかもブロックを組み上げるように、研修のデザインを行ってきました。この研修デザインの最後に行うべきことは、こうしてつくり上げたカリキュラムを、**具体的なタイムテーブルに落としていく作業**です。このことを本書では「**タイムスケジューリング**」と呼びます。

　具体的には、各アクティビティごとに、下記に示すような内容を記述したタイムテーブルを作成します（タイスケと呼ばれたり、香盤表といわれることもあります）。このようなタイムスケジュール表を講師、事務局ともに持っていると、いざというときに、非常に助かります。

❶時間
　開始時間―終了時間を書き込んでおきます
❷学習活動の内容
　どこでどのような内容、知識を学習者に学んでもらうのか。学習者は、どのような活動を求められるのかを書きます
❸講師の問いかけ、動き
　講師はどのようなインストラクションを行うのか。教室でどのように動くか
❹予想される学習者の反応
　❸の講師のインストラクション、活動に対して、どのような反応(感情、行動、認知)を示すか
❺事務局の動き
　講師とは別に、事務局スタッフは、どのような動きを行うか
❻備考

　128、129ページに、タイムスケジューリングの例を記載しました。

ところで先ほど積み重ねたカリキュラムを、具体的なタイムスケジュールに落としていく上で、特に大切な部分は何でしょうか？　それは❹の「**予想される学習者の反応**」を丁寧に考えていくことです。「予想される学習者の反応」のカラムでは、講師が行ったインストラクション、そして、講師が提案した学習活動に対して、学習者がどのような反応をするのかを（どのように考え、どのように振る舞うのかを）、**想像力を駆使して、しっかりシミュレーションして、**この部分をなるべく詳細に書き加えておくことが大切です。

　予想される学習者の反応を書き込む際に、必要になってくるのは、第2章で示したように、学習者の状況をよく知っていることです。学習者は、どのような「経験：Keiken」「知識：Knowledge」「言葉：Kotoba」「権限：Kengen」「肝：Kimo」を有している人物で、インストラクションに対して、どのような反応をするか。そうした情報をしっかり手に入れておくことが、このタイムスケジューリングを書き込むコツです。学習者理解は、「教えること」の根本にあることをご理解ください。

　研修開発に従事している方の中には、このようなタイムスケジュールを見ると「研修がプランされすぎている」ように感じる方もいらっしゃるかもしれません。あるいは、このようなプランに基づいて研修をデザインすることに、息苦しさを感じる方もいらっしゃるかもしれません。そもそも、「予想される学習者の反応は、実際にその通りになることはないのだから不要であろう」といぶかしがる方も少なくないでしょう。

　しかし、本書では、そのような視点は取りません。むしろ、学習効果の高い研修を開発するために、**こうした綿密なタイムスケジューリング化をおすすめ****します。**

　多くの人々が言うように、確かに「プラン」は、その通り「現実になること」はありません。しかし、予想不可能な出来事の起こる現場において、そのつどの適切な判断を講師、事務局が行っていくためには、あらかじめプランを持っている必要があります。それは適切な状況的判断を可能にする「リソース」と

図4.4 タイムスケジューリングの例

時間	学習活動の内容	講師の活動
14:00−14:20	レクチャー「職場をマネジメントすることがなぜ必要か」	職場のマネジメントとは何かテーマに関する意味付けを行う
14:20−14:40	レクチャー「LEGOで職場を表現する」ワークのためのグラウンドルールの説明	心理的安心の確保 学習不安の軽減 1. 誰でもできることを強調 2. 下手でもよいということを強調
14:40−15:00	ワーク「LEGOで自分の職場を表現する」	各自の活動を見守り、支援する
15:00−16:00	話し合い「LEGOで表現された職場の様子に関して語り、グループでの議論」	・適宜、質問するなどして具体的に表現できるよう支援する ・話し合いの様子を見守り、議論が深まるように支援する
16:00−16:20	レクチャー「職場調査のアセスメントの説明」	事前に行っていた職場調査データの見方を解説
16:20−17:00	話し合い「職場調査のアセスメントの解釈、相互討論」	・各自の活動を見守り、支援する ・アセスメントの解釈に戸惑いがある場合は適宜支援する
17:00−17:20	レクチャー「部下育成、職場マネジメントに関する原理、原則」	・部下育成、職場マネジメントに関する原理、原則を解説 ・アセスメント内容について意味付けをする
17:20−17:40	話し合い「参加者同士の感想交換、協同的な内省」	・各自の活動を見守り、支援する ・内省が深まるよう適宜問いかけを行う
17:40−18:00	参加者ひとりひとりによる個人の内省(セルフリフレクション)	・思い思いのスタイルでの内省を促す ・各自の活動を見守る

予想される学習者の活動	事務局の動き	備考
特に質問は予想されない	LEGOの準備を進める	
・最初は表現という言葉に、面食らう学習者もいるかもしれない ・作品というワードに忌避観を持つ学習者も出てきそう	LEGOを各テーブルに準備する	
イメージが湧かない、手が動かない学習者も出てきそう	LEGOの足りないパーツなどがあれば補充する 快活なBGMを流す	
LEGOで職場を語る際、どう語るべきか戸惑う学習者もいるかも	使わないLEGOを片付ける 職場調査のアセスメント用紙の配布準備	活動終了後LEGOは各テーブルに置いたままとする
個別の質問が出る可能性あり	職場調査のアセスメント用紙を配布 個別の質問があれば対応し後で講師へフィードバックする	
解釈が不十分で話し合いが深まらない場合も		
これまでやってきた活動とレクチャー内容とがうまく結びつかない学習者が出てくるかも		
ありきたりな感想だけになってしまう可能性も		
特になし	照明を落とし、静かなBGMを流す	

して機能するからです[3]。

　もちろん、プランについては、必ずしも、常にその通りに実行すればいいというわけではありません。また、プランは、その通り現実のものになることはできません。しかし、そのことはプランづくりを軽視していいことにはなりません。むしろ、「可能な限り綿密にデザインしておいて、本番が始まったら、あとは場に任せる」「プランを参考にしつつも、ときには臨機応変に変更し、そのつどベターな判断をする」くらいの方がよいように思います。

　かくして、詳細なタイムスケジューリングができました。あとは、これらを実行するのみです。

---

3 Suchman, L.著、佐伯胖（訳）（1999）『プランと状況的行為』産業図書

column | 研修デザインに関する、よくある誤解①
「話し合いは簡単か？」

　研修では、学習者同士「話し合ってみましょう」と、対話をさせることも多いかと思うのですが、そうした時間にすっかり気を抜いてしまっているファシリテーターを見かけることがあります。実は話し合いというのは一番難易度が高いものです。どんな話が出てくるかわからないし、一度「適当に当たり障りなく話しておけばいいや」と、何か悪い癖がついてしまうと、あとから修正することは不可能です。話し合いが単なる時間潰しになってしまう。実は学習者に自由にさせるときほど、緊張しなくてはならないものです。

　ですので、話し合いを取り入れるときは、安易に話し合いをさせていないか？　単なる時間つぶしになっていないか？　など、よく吟味してから導入してほしいと思います。

| column | 研修デザインに関する、よくある誤解②
「アクションプランを書いて終わればOK？」

　企業研修の定番の締めくくりといえば「アクションプラン作成」です。「最後に今後、どうやっていきたいか、各自のアクションプランを書き、発表して終わりましょう」ということで、ひとりひとりアクションプランを書くわけですが、このアクションプランをきっちりと実現し、自分が変わったという話はあまり聞きません。アクションプランを書くこと自体、悪いことではありませんが、「売り上げ10倍達成！」といった実現不可能なアクションプランや、「明日からはきちんと同僚にあいさつしようと思う」といった程度のヤル気の感じられない空疎なアクションプランでも、あまりそれを実現させることに重きを置いていないことが多いものです。また、研修直後はやる気満々で、とても前向きなことを書いてしまったけれども、実際に職場に戻ってみたら、すっかりやる気がなくなってしまった、などということも多いかもしれません。

　本当にアクションプランを実現させたい、ということであれば、研修後にアクションプランを実現させ、また振り返る機会を与えるなど、研修デザインの段階から研修に組み込んでおくべきです。また、アクションプランを吟味する時間にしっかりと実現可能性を考える時間も取るべきでしょう。

第4章まとめ
Summary

研修の1日の流れをデザインする

学びの原理・原則を知る（プリンシプル）
①目的の原理　②学習者中心の原理　③多様性と螺旋の原理　④知識と体験の原理　⑤学習者共同体の原理　⑥フィードバックと内省の原理　⑦エンパワーメントの原理

学習活動を組み立てる（モデリング）
- オープニング（研修冒頭）のデザイン
    - 研修を意味付ける（個人レベル、職場レベル、組織レベル）
    - 研修の全体像を提示する
    - 研修のグラウンドルールを提示する（会場・時間に関するルール、学習に関するルール）
- メインアクティビティのデザイン
    - 多種多様な学習を組み立て、少しづつステップアップ
    - 知識と体験のバランスを取る
    - 学習者同士のインタラクション（コミュニケーション）を重視する
    - 学習した内容に関しては、折に触れてフィードバックをかけて内省を深める
- クロージングのデザイン
    - ラップアップ
    - リフレクション（出来事の描写、自己の認識、分析）とアクションメイキング
    - アンケートへの回答

学習活動の流れを明示化する（タイムスケジューリング）
- タイムテーブルに記載して講師・事務局が共有すべき事項
    ①時間　②学習活動の内容　③講師の問いかけ、動き　④予想される学習者の反応　⑤事務局の動き　⑥備考

第5章

研修講師選定
教える人をいかに確保するか?

❖本章のねらい
社内から講師を探す、または社外の研修講師を選定します

❖キーワード
コンテントナレッジとペダゴジカルナレッジ | TTT

1 はじめに

　さて、ここまで、私たちは、ブロックの組み立てをメタファに、具体的に研修をデザインしてきました。学習目標を立て、課題を分析し、研修の1日を多種多様な活動を組み合わせることで、試行錯誤しながらデザインする。すでにタイムスケジュール化された研修は、関係者で共有できているはずです。

　続く本章で私たちが扱いたいのは「研修内容のデリバー（Deliver）の主体」の問題です。すなわち、研修内容を誰が「教えるのか」という問題です。自分だけが研修に登壇するだけというのであれば、この章は飛ばしていただいてもかまいませんが、多くの場合、研修登壇者は自分ひとりだけというだけでなく、複数存在していることが想定されます。研修に登壇するメンバーは、社内のメンバーであったり、経営陣ということもありうるでしょう。また、大規模に社内講師を養成している企業もあります。場合によっては、外部講師の力を

---
1 研修を実施することを「コンテンツデリバリー（Contents Delivery）」と呼ぶことがあります。

135

借りている可能性もあります。

　本章では、研修内容が決まったあとで、どのような人を登壇させるのか、という問題を扱います。研修講師を社内で確保する場合の心得から始まり、講師の役割をアウトソーシングする場合に留意したいことを扱います。

2　社内から講師を探す

　研修講師を探すときに、まず真っ先に検討されるべきは、研修内容を話すこと・実践することのできる経営陣や社員が、社内にいるかどうか、ということです。第１章で見たように、人材育成が企業の競争優位をつくり、持続可能性を高める経営の諸機能である限り、自社に最もフィットしたコンテンツを生み出せるのは、理論上、自社の社員であることが多いはずです。後述するいくつかの条件を除き、研修講師を自社社員から選んで登壇させることは、コストの側面からも正当化されるでしょう。

　それでは、登壇については、一般にどのようなパターンがあるでしょうか。実務家の語りの中から、登壇を下記のように分類してみました。

❶儀式的登壇

　経営陣などが、研修の冒頭に、研修の組織的な意味付けや、そこにかける経営陣としての意気込みを語ってもらうような形で実現されます。多くの場合、儀式的登壇とは、短い時間でのコンテンツデリバリー（まとまった内容を話すこと）となり、また、経営トップ層が登壇することが多いことから、そこに対する介入は比較的難しくなる傾向があります。

　もちろん、経営トップ層においても、よりよいコンテンツデリバリーを行うことを望む方はいらっしゃいます。過去に筆者自身も、経営者の行うプレゼンテーションやファシリテーションに、参与観察を行い、助言などをしてきたことがあります。

❷スポット登壇

スポット登壇とは、非定期的に、かつ数時間程度の短時間、自社社員が研修講師を担当する場合をいいます。例えば、新人研修などで新人に組織内部のことを周知させるときに、事業部のマネジャー、代表社員が、事業部の説明をする際などに、よく用いられるケースです。外部から、そのクオリティを高めるための介入は難しいことが一般的ですが、もしなされる場合は、限定的に実施されるケースがほとんどです。

❸カリキュラム登壇

自社内に社内講師育成・認定制度などを持ち、定期的に自社社員を一定以上のカリキュラムを教える存在として位置付け、研修講師として登壇させる場合をいいます。社内講師の育成や認定には、それなりのコストがかかります。外部から、その質保証を行うための介入は、最も大きくなります。

以上、「儀式的登壇」「スポット登壇」「カリキュラム登壇」の3つの場合を述べました。一口に講師といっても、さまざまな登壇の仕方があり、その登壇の性格上、外部から介入を行うことが難しい場合、また、介入を行っても成果が期待できない場合があります。特に1番目の儀式的登壇の場合は、外部から

経営陣としての意気込みを語る儀式的登壇

の介入はほぼ不可能である、と考えられます。

　そこで、ここでは、2番目のスポット登壇、3番目のカリキュラム登壇に話を限定し、以下の考察を進めていきましょう。スポット登壇にしても、カリキュラム登壇の場合においても、まず最も大切なことは、**日本企業では「研修講師として特化するべく新卒の人材を採用し、育成する」というケースはほとんどないということ**、すなわち、**研修を行うという意味では全員がほぼ素人である**ということを前提とすることです。素人を選定し、それなりのクオリティを出すためには、どのような人を選定し、どのようなトレーニングを施すか、という視点が大切になります。

　それでは、以下、どのような人を研修などに登壇させ、どのようにコンテンツデリバーを行わせればよいのかについて考えてみましょう。

　まず第1に考えるべきことは、「**誰を登壇させるのか**」ということです。

　自社の社員を研修講師として登壇させる場合には、この「**登壇主体**」の問題がつきまといます。なぜなら、外部の研修講師と違って、内部の研修講師とは、研修参加者の多くが、講師の仕事上の能力やキャリアを、ある程度、類推できる環境にあるからです。

　つまり、自社社員が研修講師として登壇したのを見た瞬間に、「この講師の言うことなら聞こう」「この講師はNG」というように、**研修内容そのものの評価が、即時になされてしまう**ということです。このような環境下では、研修講師として指名する人の選定を間違ってしまうと、いくらコンテンツが優れていようが、奏功しません。

　すなわち、**優れた知識、技能、経験を持ち、これまで仕事上で優秀な成績を残した人、組織内部でのリスペクト・信頼が高く誰もが一目置くような人、組織のことをよく知っている人が、研修講師に登壇するべきである**ということです。こうした条件を備えた講師候補は、現場のことを熟知していなければ見つかりません。人材開発担当者は、常に現場に目を光らせておき、講師候補探しを怠らないことも大切です。例えば**現場で成果を上げ、社外などで講演をしている人、現場で勉強会などを主宰している人は、有望なターゲット**になります。

ちなみに、誰からも一目置かれた人望のある社員だからといって、すぐに講師として登壇してもらえるかというと、意外と難しいものです。実務家の経験を踏まえてお話ししますと、社内講師を依頼してまず返ってくるのは、「自分には無理です」「人に教えるなんておこがましい」といった言葉だそうです。悪くすると「私自身、研修が嫌いなんです」などと言う人までいます。しかし、研修に対して抵抗感を持っている人こそ「可能性のある人」であることも、まあります。自社で研修をなさっているある社内講師の方は「自分が研修を嫌いになった苦い過去の経験」を生かして、「参加者が嫌にならない研修」をつくっておられました。

　次に、第2に大切なことは、「**研修講師は、研修の質を高めるための教える技術について学ぶ必要がある**」ということです。これは「儀式的登壇」ではあまり問題になりませんが、それ以外の登壇スタイルにおいては、とても大切なことになります。なぜなら、研修講師や人材開発といったものがプロフェッショナリティを獲得できていない日本企業では、多くの事業会社において、研修講師・人材開発を主目的として、採用がなされることは、まれであるからです。多くの場合、人事部に所属している研修開発のためのスタッフは、キャリアの途上に、ジョブローテーションの中で、「たまたま」人材開発部門に配属され、仕事をしている場合がほとんどです。

　一般に、**コンテントナレッジ（Content Knowledge）とペダゴジカルナレッジ（Pedagogical Knowledge）**という言葉があります。**コンテントナレッジというのは「内容知」**、この場合は、研修の内容となるような業務に関する知識です。一方、**ペダゴジカルナレッジは教育の「方法知」**、すなわち、教える能力やファシリテーションの能力のことです。

　先ほど述べた通り、日本企業の社員の中には、優れた業務経験を積んでいる方が、数多くいます。長い間、競争優位を保ち続けている企業には、優れた業務知識、世界的に類を見ない技術など、いわゆるコンテントナレッジの宝庫のような人材がいます。

　しかし、それを他者に効率的かつ魅力的に「伝える」ための教育の方法知、

ペダゴジカルナレッジをお持ちの方は、非常に限られています。いくらコンテントナレッジとしては優れていても、ペダゴジカルナレッジが少ないために、他者に十分に経験や知識を伝え切れていないといった事例は、枚挙に暇がありません。

例えば、今、仮に営業部員を研修講師に登壇させようとします。一般には営業部員であるならば、客先でプレゼンテーションを行うので、ことさらトレーニングは必要ないと考えられがちです。しかし、実際にやってみるとそううまくはいきません。「人に教える」経験のない人が、「人に教える」ということは簡単ではありません。トップセールスマンを、講師として登壇させてみたら、淡々と用意した原稿を読むだけで、参加者に全く伝わらなかった……といったケースも意外に多いものです。顧客向けに営業活動を行うことと、20〜30人の社内の参加者を相手に「営業活動のやり方」について講義を行うのは全く別のことと考えた方がいいでしょう。一口にプレゼンテーションといっても、**そのやり方はコンテキスト（文脈）に埋め込まれている**、ということです。

一般に「**知っていること（Knowing）**」と「**教えられること（Teaching）**」との間には大きな差があります。自社の社員を研修講師に仕立て上げるためには、このKnowing-Teaching Gapを埋める手立てを、人事部・人材開発部側が準備しなくてはならないことになります。そして、このことが、最後のポイントにつながります。

図5.1 コンテントナレッジ+ペダゴジカルナレッジ=効果的に伝えることができる

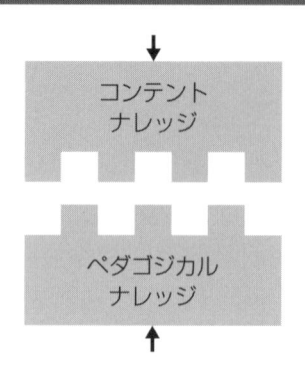

「伝える内容」を持つ人が
「伝える方法」も兼ね備えていることは
まれである

最後のポイントは、「**自社の社員を研修講師にしても、コストはかかる**」ということです。すなわち、「研修の内製化を行うということは、社内の教育に投資することである」ということになります。一般に「研修の内製化」という場合に、よく語られがちな言説は、「コスト削減」です。それは「企業外に研修をアウトソーシングしていた場合」には、見かけのコストを抑えられるので魅力的ですが、**研修を行っていくためのコストをゼロにできるわけではありません**。「研修の内製化」とは、自社の社員を研修講師として登壇させるための**仕組みと支援に対して、投資を行うことを意味しています**。

　以上3点の留意点を述べてきました。いずれにせよ、社内講師をお願いする場合は、先述したように**誰もが講師としては素人である**、ということを前提に、講師教育や支援を行う必要があります。

研修でのプレゼンテーション

営業（BtoBなど）のプレゼンテーション

研修のプレゼンと営業のプレゼンは違う

|column| 教える経験がない人が陥りがちな３つの罠

「教えること」にあまり経験のない人が、他人に何かを教えなければならないときに、最も陥りやすい罠は、**「詰め込み」「バラバラ」「一方向」**の３つです。

　陥りやすい罠の１つ目、「詰め込み」とは、そのものズバリです。学習内容が多すぎるのです。例えば、１時間しか時間がないのに、パワーポイントが100枚あったら、１分に１枚めくったとしても、時間が足りません。これでもか、これでもかと、パワーポイントをめくって説明を続けても、学習者はメモを取る暇すらなく、固まってしまうことでしょう。

　「バラバラ」は、学習内容が多すぎる上に、扱われている学習内容の相互の関係があまり見えない状況です。話す内容、伝える内容の構造が示されていないために、ただ散漫に情報提供を行っているようにしか見えない。学習者は「なぜ、この話が出てくるのだろう？」「今の話と先ほどの話はどんな関係があるんだろう？」と、話がこんがらがってしまうので、内容についての理解が進みません。

　最後の罠「一方向」は、「詰め込み」で「バラバラ」な場合、必然的に生まれる状況です。時間がない中で大量の情報を提供しようとすれば、ひたすら一方的に話すしかなくなってしまいます。こうなると、学習者は頭が混乱して固まったまま聞き流すしかありません。

　「詰め込み」で「バラバラ」「一方向」この３つは独立なようでいて、実は、相互に密接に関連しています。最大の問題は、「限られた時間の中で、私はあなたに何を伝えなければならないのか？」この問いに対する答えが、見出し切れていないということです。

　究極的には、「伝えること」はひとつに絞ってしまってもよいのか

もしれません。どんなに絞っても、膨らむことの方が多いからです。やることを決めることは、やらないことを決めること。いずれにしても、「この時間の目的」「この時間に伝えたいこと」が決め切れていない場合には「多大な情報」を扱わざるをえなくなる傾向があり、ゆえに学習内容が膨大になり、ただひたすら一方的に話すだけになってしまう可能性が高まる、ということです。

　そこで、研修用のプレゼンテーション資料をつくる際に注意したいのが、「もったいない」「あとですね」「話は元に戻りますが……」の3つの言葉です。あの話もこの話も、しないのは「もったいない」からと、ついつい盛り込んでしまうものですが、盛り込んだ内容はもれなく伝わりません。また、「あとですね……」こんな話もあるんですと、せっかくだからついでにちょっと、と追加した話も、もれなく伝わりません。そして、「話は元に戻りますが…」と言っている時点で、すでに話題がずれてしまっています。脱線してすぐに戻れればいいですが、戻れずに微妙にずれていってしまうことも多いものです。

　「もったいない」「あとですね」「話は元に戻りますが……」という言葉が脳裏によぎったら、要注意です。

バラバラ＝学習内容が多すぎる上に、学習内容の相互の関係が見えない

3 社内講師育成の支援

それでは、次に、どのように社内講師を育成していけばよいのか、考えてみることにしましょう。一般に、教育能力の向上に関しては、学校教育の場合には教師教育学という学問分野があります[2]。教師教育学の知見だけでも、数冊本が書けるような研究の蓄積があるので、ここでは、その詳細に立ち入ることはしません。ここでは、社内講師を育成する最低限の留意点を3点だけ述べ、その後で、某通信大手企業の研修講師育成事例を紹介します。

3.1 社内講師育成の3つの留意点

社内講師育成の3つの留意点は以下の通りです。

まず第1点目ですが、それは**「研修講師の仕事を自社社員に丸投げしない」**ということです。先にも述べました通り、研修内製化と聞くと、「現場の方々を研修に登壇させること」と考える向きが圧倒的です。しかし、実はこの認識は十分ではなく、**効果的な研修講師の登壇は、人事－現場のコラボレーションにかかっています**。人事・人材開発部門側に求められるのは、教えるスキルをいかに獲得させ、またクオリティを評価し、フィードバックするか、という問題です。研修講師のサポートをするだけでなく、自らも研修講師として登壇するなどの熱意を見せることも、また重要なことかもしれません。ある企業では、人材開発部門が自ら学び、研修会社を興せるレベルの研修企画、コース開発から、講師の育成までを手がけていました。そういう意味では、**社員の育成と同時に人材開発部門のメンバー自身の育成も進めていくことが重要**です。

2点目に大切なことは、**社内講師選定・登壇プロセス認定制度等の仕組み化**です。

---

2 Cochran-Smith, M., Feiman-Nemser, S., McIntyre, K. and Demers, K. E.(eds)(2008) *Handbook of Research on Teacher Education: Enduring Questions in Changing Contexts.* Routledge
Korthagen, F. A. J.（著）武田信子・今泉友里・鈴木悠太・山辺恵理子（訳）(2010)『教師教育学——理論と実践をつなぐリアリスティック・アプローチ』学文社

まず、教える能力を持った人を選定することには、一定の配慮をする必要があります。といいますのは、選定にかけるコストはかかったとしても、有望な人を選定できた方が、研修講師としてあまり期待できない人をゼロから社内講師に育て上げるよりも、コストが圧倒的に安いからです。その意味では、優秀なスキルや経験を持っている人が誰なのか、その人は人望があり、現場の信頼を持っている人なのか、を見きわめる必要があります。

　一般に、こうしたプロジェクトを行うと、人材開発部門は、「現場のマネジャーに選定を一任する傾向」があります。しかし、これは、奏功しないケースも少なくありません。なぜなら、ただでさえ忙しい現場から優秀な人材を、たとえ一定期間でも引き抜かれてしまうのは、現場のマネジャーからすれば損失となり、適任者をあえて推薦しない可能性があるからです。そのため、可能な限り、人材開発部門が自らイニシアティブを持ってスカウトを行うことが大切です。その際は、先ほど述べましたように、**現場で勉強会をしている人、外部で講師をしている人、現場の若手層から人望を得ている人**などを基準に、リクルーティングを行うとよいという実務家の知恵があるようです。

　3点目に大切なことは研修講師として有望な人材を選定した後、**研修デビューのための各種のスキルを教えることと、研修デビュー後は、そのクオリティチェックを行う仕組みを整えること**です。すなわち、研修講師として登壇するまでのプロセス（認定制度）を整備する必要があります。こうした制度をつくる理由は、展開する研修のクオリティアシュアランス（品質保証）を進めるためです。制度になっていない場当たり的な研修講師登壇では、時間が経つうちに、研修の質が劣化したり、また、本来、登壇させてはいけない教授レベルの人を、教壇に上げてしまうことが、まま起こります。このため、研修講師として登壇するまでのプロセスと、そのプロセスにおける支援については、しっかり制度化しておく必要があります。

　社内研修をすべて内製化している、というある企業では、社内講師全員にプロフェッショナルトレーナーのコースを受けさせ、講師として教壇に立つ姿をビデオ撮影して（Video Tapingと呼ばれます）フィードバックを返すといった

ことをやっていました。そうしたトレーニングを経て、一定のクオリティを出せるようになった人のみを、研修講師として登壇させます。
　研修会社の中には、多くの研修講師育成プログラムを持っているところがあります。こうしたプログラムは一般にTraining The Trainer（TTT）と呼ばれています。場合によっては、こうした専門プログラムを利用してもよいかもしれません。
　基礎的な教授技術を教えたら、あとは「場数」でうまくなっていきます。教師教育学において、最も重要な職能開発の手段となるのは、**実際の授業を行わせ、その後、授業検討会などを行い、フィードバックをかけるやり方です**。
　その後は、各種のスキルアップのための制度を整えたり、定期的にスキルをチェックするような品質保証制度を導入することも大切です。
　以上、社内講師育成のための留意点を述べました。上記で述べたことは、短期間で整備可能なことでありますが、長期的視野に立てば、より大切なことがあります。それは**「教え合う―学び合う風土」を組織内につくる**、ということです。**人材開発部門は、いわゆる「組織文化のガーディアン」として、「教え合う―学び合う風土」**を社内に醸成していくことも大切なことです。なぜなら、社内講師の育成がうまくいく企業と、いきにくい企業を比較すると、最大のカ

「教え合う―学び合う風土」を社内に醸成する

ギは「社内に相互に学び合う雰囲気があるかどうか」といったような社内風土の問題がかかわってくるからです。ほとんどの研修を内製化した担当者は、「今まで研修の内製化をやってこなかった企業が、いきなり内製化しようとするのは、かなりのハードルがあります」と話していました。

　内製化が成功するためには、やはり「登壇することで社内の人材育成に貢献しよう」というマインドを持った講師と、「社内講師から多くを吸収しよう」というマインドを持った参加者がいなければ成り立ちません。社内に相互に学び合う風土が醸成されていない段階で無理に内製化を進めても、渋々引き受けた講師が登壇し淡々と用意した原稿を読み、社内講師に対してどこか斜に構えたヤル気のない受講者たちが黙ってそれを聞く、というような、やらされ感いっぱいの殺伐とした研修になってしまう可能性もあります。

　もし、社内に「相互に学び合う雰囲気」がない、という場合には、まずその風土、カルチャーをつくるところから取り組むのが第一歩です。風土、カルチャーというのは結局、「日常の実践の繰り返し」ですので、まず行うべきことは、**人材開発や人事部の人たちが自ら勉強会を開くなど、学びを実践することでしょう。**

　研修内製化の進むあるIT企業では、「忙しくて研修に出られない」という人向けに、1時間のランチタイムセッションを年間100時間近く設けているそうです。また、別の企業では、教育研修の担当部署が月に2回、ランチタイムを利用してゲストを招いた講演会や勉強会、セミナー、社内交流会を催しており、研修開発担当者の研修企画スキル向上にも役立っているということでした。

　短時間で気軽に参加しやすい研修を数多く用意したり、誰もが気軽に研修を企画、実施できるような環境を用意することで、学びの文化が育ちます。そうした実践に、社員だけでなく現場トップや経営幹部も巻き込むことで、学習と育成の風土が醸成されていくように思います。

3.2　ある大企業での研修内製化事例

　さて、ここでは研修の内製化にいち早く取り組み、成果を上げている会社の

事例として、大手通信会社・A社の実践事例をご紹介いたします。A社では、グループ社員2万5000人中1万8000人ほどを対象に研修を提供する企業内大学を立ち上げ、80コース以上の研修を提供しており、これに年間約9000人が受講しているそうです。そのうち半数以上の研修を約80名の認定社内講師によって内製化しています。

内製化が進んだ背景には、社内のさまざまな人材が持つノウハウを伝えることができれば、今まで以上に内容の濃い研修ができるのではないかという着想があったそうです。それまでは研修をほぼすべて外部ベンダーに依存していましたが、初年度は18コースを内製化。その後、認定社内講師を徐々に増やしながら、内製化研修コースを増やしていきました。

内製化に当たっては、研修テーマに合わせて社内講師を募集しました。基本的には手挙げ式で「やってみたい」という人に、講師としてのトレーニングを経た上で、認定講師として研修を担当してもらったとのことです。テーマにふさわしい講師を社内から発掘することもあり、その場合は、社内で勉強会を担当していたり、部門ごとの研修で講師をしていた人などに来てもらったり、社内で評判のいい人との口コミなどで探すのだそうです。

社内の認定講師は講師専業ではなく、社員がボランティアで行います。講師としての知識獲得、技術の向上のための支援は、人事から得られるものの、人事評価には関係なく、講師は自己成長や社内での人間関係構築などがモチベー

図5.2 講師デビューのためのプロセス

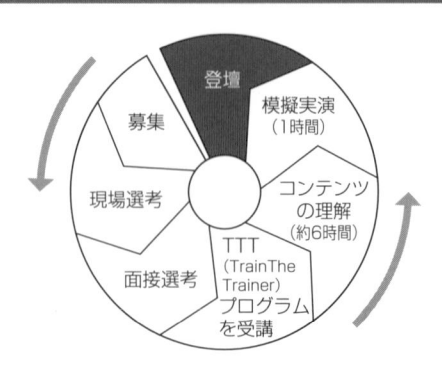

ションとなっているといいます。

　A社においての講師デビューのためのプロセスは下記、図5.2の通りです。

　これら一連の講師デビューまでのプロセスのうち、一番困難を感じる点は、社内講師になる方々に「教える人が主役である」というマインドから「学ぶ人が主役である」という認識に「変わってもらうこと」だといいます。そのためには、継続的なフィードバックが必要で、折に触れ、学習者が研修の中心であることを説いていきます。

　A社での「研修の内製化」の取り組みには、終わりがありません。ニーズに合った新しい研修を開発していくと同時に、既存の研修についても、その質を高めていくことを同時に行っていきます。

　A社グループの企業内大学では、認定講師となった3カ月後に、TTTフォローアップ研修が行われ、その後も講師育成のための認定制度を構築。スキルごとに、4段階の等級を設けて講師としてレベルアップできるようになっています。

　以上、A社での研修講師育成モデルでした。このように研修講師の内部育成においては、それなりの資源をかけ、組織的かつ、戦略的な取り組みを展開していくことが大切です。

4　外部の研修講師に依頼する

4.1　アウトソースする学習内容は何か？

　最後に、研修講師を外部の専門会社にアウトソースする場合のことを考えてみましょう。外部の研修専門会社に研修企画を依頼するときは、いったい、どのようなときでしょうか？　実務家にたずねると、一般には、6つの理由があります。

❶資格を必要とするような専門的な内容を扱っている場合
❷最新・先端的な内容を扱っている場合
❸社内の政治・組織事情から外部からの介入が適当な場合

❹社内で開発するよりも安価な場合
❺専門の施設やツールなどを必要とする場合
❻将来的には自社でやりたいが、今はノウハウがない場合

　まず❶「**資格を必要とするような専門的な内容を扱っている場合**」ですが、メンタルヘルスの問題、アカウンティングの知識など、専門外の方には、なかなか研修をすることができない高度な領域に関しては、外部の力を借りることが適当になります。特に医療系の研修に関しては、講師として素人が登壇し、間違った知識を伝えてしまうことは、のちのち問題になります。しかるべき資格を持った専門家に依頼することが必要になるでしょう。
　❷「**先端的な内容を扱っている場合**」は、例えば最先端のビジネスケースや最新のマーケティング事情など、世間の最先端の話題を研修として扱いたい場合には、これが用いられます。こうした情報を社内でキャッチアップすることは大変難しいことです。
　❸「**社内の政治・組織事情から外部からの介入が適当な場合**」は、特にマネジメント層や経営層などの年長者に対する研修の場合、ないしは、組織の変革を伴う活動の場合です。[3]この場合、社内には、どうしてもポリティクスが作動しますので、社内の講師が教えたり、ファシリテーションすることが難しくなります。
　❹「**社内で開発するよりも安価な場合**」は、教育内容が定型化されているようなコンテンツ、例えば、ロジカルシンキングやコンプライアンスやプレゼン

---

[3] 組織の変革を伴う活動には「ダブルループ学習」と呼ばれるものが必要です。Argyris & Schon（1978）は、「組織メンバーの個人を通じて行われる行動・価値観の修正や再構築のプロセス」には「シングルループ学習」と「ダブルループ学習」と呼ばれる2つの水準が存在することを指摘しました。
「シングルループ学習」とは、「既存の価値や判断基準に基づきつつ、そこで生起しているエラーや矛盾を修正する活動」のことをいいます。それに対して「ダブルループ学習」とは「既存の価値観や判断基準そのものを問題として、それらの変革を行うこと」です。アージリスによれば、後者の学習を志向するのであれば、組織内部とは異なる目を持つリーダーやコンサルタントからの「外部からの介入」が必要であるといいます。
Argyris, C. & Schon, D.（1978）*Organisational Learning: A theory of Action Perspective.* Addison Wesley.

などの場合に、よく利用されます。場合によっては、ICTを用いた学習、いわゆるe-Learningやm-Learning（モバイルラーニング）が試みられることもあります。

❺「**専門の施設やツールなどを必要とする場合**」は、製造業や、IT、あるいは医療・福祉領域など、学習するために、専用の高度な施設での学習が必要になる場合をいいます。また研修の中には、質問紙調査（360度評価）などと組み合わせられているものもあるので、そうした専門的なツールを利用する際には、このケースになります。

最後の❻「**将来的には自社でやりたいが、今はノウハウがない場合**」は、短期的な経営戦略の変更によって出てきたニーズです。例えば、グローバルな舞台で活躍するマネジャーの育成などで、研修の全コンテンツを英語で行う場合などが、これに該当します。

以上が外部の専門会社にアウトソーシングすることが妥当なケースですが、業種・業態によっては、これ以外にも存在するかもしれません。

4.2　研修をアウトソーシングするプロセス

外部の研修専門会社に仕事をアウトソーシングする場合、どのように行っていくのが適切でしょうか。実務家の方々のプロセスを下に書きますと、このようになります。

❶アウトソーシング内容の決定
❷プロポーザルの募集
❸インタビュー
❹品質テスト
❺実施
❻評価

❶「アウトソーシング内容の決定」に関しては、まず、研修のブロックのう

ち、どの範囲をアウトソーシングするのかを決めます。研修を丸ごと一個アウトソースしてしまうのか、ブロックの一部をアウトソースするのかについて、人材開発部門内での議論を行う段階があります。このプロセスの中で、「仕様書」を決定します。

❷「**プロポーザルの募集**」は、❶でつくり上げた仕様書を、複数の研修の専門会社に依頼して、プロポーザル（提案書）と見積もりをもらいます。多くの場合は、複数の研修専門会社に依頼し、比較・検討することが、ここで試みられます。大切なことは、第2章・第3章・第4章で作成してきた学習目標、課題の分析、そして、学習者の状況などをしっかり先方に伝えることです。それをしっかりと理解して、魅力ある提案を行えるかを判断します。多くの実務家がチェックしているポイントは、図5.3のようなリストになります。

この中でも、特に、**多くの実務家が特に関心のある内容は、研修会社を選ぶ際、社内人材開発部と外部が、いかにコラボレーションできるか、という視点と、パッケージ化された研修をいかにカスタマイズしうるのか、という視点、すなわちコラボレーション要因**です。自社にフィットせず、またカスタマイズ可能性のない（したがってコラボレーション可能性のない）パッケージ化された研修に対する評価は、年々、厳しくなっているような印象を持ちます。

ここまでの選定作業を進めパートナーがある程度絞られてきたら、営業部員

研修を構成する、どのブロックをアウトソースするか。
そこを決めて研修会社を比較・検討する

を呼び、❸「インタビュー」を行います。営業担当者はもちろんのこと、登壇する講師も、可能であれば面談することを試みます。公開講座等を無料でやっている場合には、それに参加して情報を収集することもよいでしょう。実務家の中には、DVDで研修ビデオを撮影してもらい、そのスキルを確かめるという方もいました。

一般に、「研修」という商品は、形がありませんので、手に取って品質を確かめることができません。よって購入に際しては、非常に慎重になる必要があります。研修会社に依頼する際は、❹「品質テスト」として、できればその講師の公開講座などを見学させてもらう、録画を見せてもらうなどして、イメージをつかんでおくことが大切です。

特に大切なのは、「**研修講師**」のクオリティです。多くの実務家がチェックしているのは、**社風と合いそうか、社員と合いそうか、伝えたいメッセージをきちんと理解し話してくれそうか**、といった点です。また、「研修会社の営業部員に伝えた話が、きちんと講師に伝わっているかどうか、といったところも

図5.3　研修会社選定のチェックポイント

【組織要因】	研修会社の得意分野に合っているか
	研修会社の過去の実績と信頼はどうか
【コンテンツ要因】	研修会社の持つ研修コンテンツの価値観が自社と合っているか
	研修会社の社員がコンテンツに思い入れがあるか
	優秀な研修講師がそろっているか
	ワークやエクササイズ、教材などが優れているか
【コラボレーション要因】	自社に合ったコンテンツを提案してくれるか
	研修を共につくり込み、カスタマイズしてくれるか
	ヒアリングを丁寧に行ってくれるか
	営業マンの専門性が高く、信頼できるか
【PR要因】	公開講座などで講師の授業を見ることができるか
	講師の授業を動画などで見ることができるか
【アフターフォロー要因】	研修の事後評価を行い、レポーティングしてくれるか
	研修の参加者に対するアフターフォローがあるか
	研修報告書の下地を作成してくれるか
【コスト要因】	コスト的に妥当な金額か

見ています」と、研修会社の情報共有能力をチェックするという実務家もいらっしゃいました。

　信頼できる研修会社が見つかったとしても、研修会社に研修を丸投げ、任せ切りにしておくことはあまりよい結果を生みません。研修が始まったら、人材開発部門の社員、研修会社の営業社員ともに、可能な限り、研修に参加し、そのクオリティをチェックしていく必要があります。

　もし、人材開発部門の社員が、何かの予定が重なって当日も立ち会えなかったとしたら、その研修で何が行われたかは完全にブラックボックスとなってしまいます。

　ブラックボックスに関して、ある研修開発担当者は、「同じ研修を何年も続けていると、必ず惰性が働きますので、特に注意が必要です」と、話していました。何年も同じ研修を担当していると、緊張感がなくなったり、内容に工夫がなくなったりするということです。中には異動などにより、研修開発担当者がたびたび変わるため、何年も続けて研修を行っている講師の方が「毎年こうやっていますから」と、研修の主導権を握るようになってしまった、といった例もあります。惰性の働きやすい空間をブラックボックスのままにしておくのは、リスクがあることを承知で放置しているのと同義です。ですから❻「**評価**」は不可欠です。毎年行う定番の研修であっても、参加者に合わせて、内容の見直しを行い、定期的に品質チェックを行っていく必要があります。

| column | **研修会社からも見られている!?**

　事業会社から見れば、研修会社は「業者のひとつ」ということになりますが、実際には、その研修会社も、事業会社の担当者の値踏みをしている、ということがままあるようです。

　事業会社の人材開発部門の社員が、組織の目的をいかに理解しているか。事業会社の人材開発部門の社員自身が、個人として、この研修を通して、どのように現場・組織のニーズに応え、場をどのように構成したいと考えているか。といったことを研修会社側も見ているということです。

　研修会社の営業担当者の目的は、「利潤を上げること」にありますが、それだけでなく、信頼できる事業会社の社員とは「顧客と共に新しい研修を開発したい」「長く良い関係を築いていきたい」と思っていることも多いものです。そのため、多少予算が厳しくても、新しいコンテンツを共につくり上げることができたり、実験的な研修を行えたり、人材開発部門の顧客を紹介したりしてくれたりする場合には、予算を度外視して、仕事を引き受けてくれることもあります。

　研修会社をチェックする視線は、決して一方向ではなく、人材開発部門も、また視線を受けていることを留意し、緊張感を保ちつつ、実り多い研修をつくり上げる良きパートナーとしてお付き合いができるといいと思います。

第5章まとめ
Summary

社内から講師を探す
①儀式的登壇
②スポット登壇　　人材開発担当者の介入余地は、この順に大きくなる
③カリキュラム登壇
　②③の成果を上げるために考えるべきこと
　　１）誰を登壇させるか
　　２）「伝える技術」を学ばせる　★「伝える技術」を持っている人は限られている
　　３）社内講師にもコストはかかることを理解しておく

社内講師育成の支援
- ２つの留意点
　①研修講師の仕事を自社社員に丸投げしない
　②社内講師選定・登壇プロセスを仕組み化する

外部の研修講師に依頼する
- アウトソースする学習内容
　①資格を必要とするような専門的な内容を扱っている場合
　②最新・先端的な内容を扱っている場合
　③社内の政治・組織事情から外部からの介入が適当な場合
　④社内で開発するよりも安価な場合
　⑤専門の施設やツールなどを必要とする場合
　⑥将来的には自社でやりたいが、今はノウハウがない場合
- アウトソースのプロセス
　①内容の決定　②プロポーザルの募集　③インタビュー
　④品質テスト　⑤実施　⑥評価
- 研修会社選定のチェックポイント
　①組織要因……研修会社の得意分野に合っているか
　②コンテンツ要因……優秀な研修講師がそろっているか
　③コラボレーション要因……ヒアリングを丁寧に行ってくれるか
　④PR要因……公開講座などで講師の授業を見ることができるか
　⑤アフターフォロー要因……研修報告書の下地を作成してくれるか
　⑥コスト要因……コスト的に妥当な金額か

第 6 章

研修のPRと事前コミュニケーション戦略

❖本章のねらい
研修を効果的にPRし、研修効果を高めるための事前コミュニケーションを行います

❖キーワード
召集令状と招待状｜学習レディネス｜反転授業

1 はじめに

　前章まで、私たちは、社内のニーズを探り、学習目標を立て、研修を組み立ててきました。社内外から講師を集め、ようやく、おぼろげながら、研修の中身が浮かんできたような状況です。しかし、決定的なものが、まだ足りていません。それは「学習者」です。せっかくの研修をデザインし終わっても、まだ肝心の研修の参加者がいないのです。

　続くこの章で私たちが扱うテーマは「研修参加者の募集（Recruiting）」。全員参加の悉皆研修であれば、本章を読み進める意義はあまりないかもしれませんが、もしその場合であっても、気持ち良く研修に参加してもらうためには、どのような点に留意するべきかを論じていきたいと思います。具体的には「研修のPR」と「参加者との事前コミュニケーション戦略」について取り上げます。

　まず第1のポイント「研修のPR」とは、聞き慣れない言葉だと思います。実際、研修開発を専門に行う本の中に、「研修のPR」に関する記述を見つけることは、かなり困難をきわめるでしょう。しかしながら、企業内研修において

は、研修内容を的確かつ魅力的に伝える「広報」という視点が欠かせません。「研修のPR」は、その研修を受講するにふさわしい参加者を集めるという意味においても、研修開発の中でも重要なプロセスのひとつといえます。

　適切な参加者を集めた後、必要になるのが第２のポイントである「参加者との事前コミュニケーション戦略」です。研修参加者と事前にコミュニケーションを行い、その研修を受講する目的意識とやる気を高めることで、研修効果は大いに高まります。

　意外に見落とされがちなことですが、**研修の成否は当日の研修内容だけで決まるわけではありません。むしろ研修を行う前の「事前コミュニケーション」にかかっていると言っても過言ではないのです。**

　かくして本章では、「研修のPR」と「事前コミュニケーション戦略」を取り上げます。研修の前に、参加者をどのように集め、さらには、どのようなコミュニケーションを取っていけばいいのか。このことを考えてみることにします。「研修のPR」と「事前コミュニケーション戦略」を考慮する研修開発担当者の仕事とは、例えて述べるならば、魅力的なツアー（旅行）を開発・広報し、多くの人々に参加してもらう「ツアーコンダクター」の仕事に似ています。

研修PRが成功のカギを握る

2 「企画段階」と「実施段階」をつなぐもの

　一般に研修は、「誰に何を話してもらうか」という「企画段階」と、実際の研修を事務局として回していく「実施段階」の２つに分けて語られることが一般的です。本書で述べるのであれば、第２章から第５章が、いわゆる「企画段階」に当たります。そして、この章を境界にして、第７章から第10章までが「実施段階」ということになります。しかし、ここには落とし穴（ピットフォール）があります。

　賢明な私たちは、この「企画段階」と「実施段階」の間に「ミッシングリンク」が存在することを見逃さないわけにはいきません。それこそが、本章で述べられる「研修のPR」と「研修参加者―事務局の事前コミュニケーション戦略」です。

　なぜ、これが大切かというと、第１には、**企画した研修を知ってもらい、多くの人に受講してもらうため**です。どんなに工夫をして研修を設計しても、参加者が集まらなければ、経営に資することはできないのですが、ここは非常に大きなテーマになります。研修企画担当者からよく聞かれる台詞の中に「あれは良い研修だったのだけれども、人が来なかった」というものがあります、確かにコンテンツだけ見れば、よく練られたものだとは思いますが、そこに**参加者が来なかったということは、組織に対する貢献価値はゼロ**です。「いいものをつくり、かつ、知ってもらい、集まってもらう努力」がどうしても、必要になります。

　PRと事前コミュニケーション戦略が大切である第２の理由は、これらの活動を実行していくことで、**研修が目的として掲げている対象に当てはまる適切な人を派遣してもらい、目的意識が明瞭な状態で当日研修に参加してもらうことができるから**です。実は、このことが注目され始めたのは、2000年代以降です。さまざまな研究によって、研修の成果や学習の効果というものが、研修そのものだけではなく、その前後に行われている活動にも依存するということ

がわかってきました。[1]

　研修の学習効果を最大限引き出すためには、単に事前に研修に関しての正確な情報伝達をする、というだけではなく、**研修の目的について理解を求めることで学習レディネス（学習の準備状態）を高め、参加するメリットを伝えることで「ぜひ参加したい」とモチベーションを高める**ための広報、PRが必要なのです。また、参加者だけでなく参加者の職場、上司など関係者を巻き込み、職場から快く送り出してもらえるような応援団をつくっておくことも、また重要なことです。

　しかし、これまで「研修のPR」と「事前コミュニケーション戦略」は、きちんと研修開発の書籍に取り上げられてきたのか、はたまた現場で実践されてきたのか、というと、必ずしもそうとは言いがたい側面があります。

　最も深刻なケースでは、研修のタイトルと対象者を記しただけの書類が、マネジャーのもとに届けられ、強制か半強制的に、全く研修目的に合致しない人材が研修に送られ、やらされ感いっぱいの中で研修を受講する、といったこともありえます。このようなことが横行していたとしたら、高い研修効果は期待できません。

　もちろん、内容が企業内研修である以上、研修は「組織の目標や戦略」に同期しなければならず、「やらされ感」を全くゼロにすることはできません。人材開発とは、組織の進むベクトルと、そこで働く人間のベクトルを同期化させる試みでもあるので、そこには程度の差こそあれ、強制力は伴います。

　しかし、強制力の発現を最小に抑え、研修に参加した方々が貴重な時間をシェアできた、という実感を持ってもらえることが大切かと思います。そのためには「研修のPR」と、「事前コミュニケーション戦略」が欠かせません。

　では、どのように進めていけばいいのでしょうか。以下で具体的に見ていきましょう。

---

1 中原淳（2012）「学習環境としての職場」『日本労働研究雑誌』Vol.54 No.1 pp.35-45

3 研修のPR

　研修のPRを考えるとき、まずは**PRのためのメディア**から考える必要があります。ここでメディアというと、

・研修のパンフレット（メニューの小冊子）
・研修参加を促すメール
・社内SNSやポータルなどへの通知
・現場マネジャーによる周知
・社員ひとりひとりに対する個別PR

などがありえます。まずは社内でどのようなメディアが利用可能であり、誰に対してリーチ可能かを、整理しておく必要があります。その上で研修のPRコンテンツをつくり込んでいきます。
　まずは、**日時、場所、対象者、場所、受講人数、講師、申込み方法など基本的な研修概要を正確に記載**します。しかしながら、研修のPRコンテンツは単なる「研修概要」ではありません。無味乾燥な研修タイトルや対象者のリストがずらりと並べてあるだけのパンフレットを、手に取ってくれる人はほとんどいないでしょう。
　ここでメタファとして多くの実務家から挙げられていたのが、「旅行会社の旅行パンフレット」です。旅行パンフレットは、旅行の概要だけでなく、旅の楽しさや旅行者のメリットをキャッチーなコピーや写真などを使ってアピールしています。旅行パンフレットと同様、研修のPRコンテンツも、**研修の魅力を伝えることで、参加者を惹きつけ、やる気を高める**効果的なコミュニケーションツールとなりえます。
　特に実務家の方々が、研修広報を意識して、より研修効果を高めるPRコンテンツをつくる際には、4つほどポイントがあります。

❶キャッチーなタイトル

　実はシラバスづくりで一番大切なのは、キャッチーなタイトル付けです。例えば、下記の２講座があったら、どちらの講座を受けてみたいと思うでしょうか？

「契約書作成講座Ⅰ」
「契約書作成の達人がノウハウを伝授　初心者でもわかる契約書作成５つのポイント」

　企業内研修にしてはやや軽いタイトルではありますが、やはり後者の方が「受けてみようかな」という気持ちになるのではないでしょうか。このように、研修タイトルには受講するメリットや売りが明示されていたり、テーマに目新しさがなければ、そもそも参加者が集まりません。
　また、対象者が明示されていることも重要です。誰に向けての研修なのか、タイトルから一目でわかるとよいでしょう。「本気で取り組む覚悟のある人限定」といったタイトルにして、モチベーションの高い参加者を募る、というやり方もあります。
　優秀な実務担当者であればあるほど、対象者に「刺さる」キャッチーなタイ

旅行パンフレットのように楽しいPRコンテンツを

トルをつけようと、研修のタイトル付けに時間をかけます。外部の研修講師の中には、自分の研修のタイトル付けにこだわる方もいらっしゃいます。もちろん、研修内容について説明する文章で詳しく述べてもいいのですが、文章はなかなか読んでもらえないものです。受講対象者に、その魅力が一目で伝わるようなタイトル、あるいはサブタイトルを、練りに練ってつけるということが大切です。

タイトル付けのポイントとしては、
「思わず注視してしまうようなサプライズ感覚」
「役に立ちそう・成長できそう・自分の仕事に関係ありそうな感覚」
「自分にもやればできそうだ、失敗しても大丈夫そうだという感覚」
の3つを重視していけばよいと思います[2]。

❷組織的な位置付け、意味付け

どれほど面白そうな魅力的な研修であっても、企業内研修である以上、組織内でその研修を受ける意味付けがしっかりとされていないと、参加者は研修を受講するメリットを感じません。できれば、研修のパンフレットや広報ツールには、社長や幹部役員がその研修についてどう考えているのか、一言メッセージを載せるなど、組織がその研修をどう位置付けているか、ということをきちんと打ち出していくことが必要です。

コンピテンシー(役割遂行能力)の強化を目指して、コンピテンシーマネジメントを導入しているある企業では、仕事に必要とされるコンピテンシーを従業員全員に提示・明示した上で、研修ごとに、その研修に参加すれば、どの能力を強化することができるのかを明示しているケースもありました。組織的位

---

2 第4章で既述したように、大人の学習者は、プラクティカル(実務的)で、かつ自分に関連があって、ゴールが明示されていて、自分の業務経験とどう関係があるのかということがわからないと、重い腰を上げません。ある実務担当者は、「研修を魅力的にするためには、見返りとお土産が重要」と言っていました。その研修に参加すると、どのようなメリットが生じるのかを明示する必要があります。「ビフォーアフターを示すようにしている」と言う担当者もいました。研修前と研修後に受講者に起きる変化を明示することで、研修を受けるとどんな違いが出てくるのか、何が伸びるのか、自分にとってどんなメリットがあるのかを具体的に知ることができます。

置付けとしてコンピテンシーを強化していくことが大切であるというメッセージングを行うと同時に、それが個人の能力形成にとっても、良い影響があることを明示しています。

❸ビジュアル

　写真やロゴを多用した、デザイナーがつくるような完成度の高いパンフレットをつくる必要はありませんが、やはりビジュアルは重要です。最低限の研修概要だけを記した「召集令状」のような研修シラバスでは、内容は伝わったとしても、受講するモチベーションを高めることはできません。講師や研修場所の写真、研修により能力が高まった後の受講者のイメージ写真、魅力的なロゴ、あるいは学習内容に関連する図や雰囲気を伝えるイラストなど、ビジュアルを用いることで、研修の魅力をより効果的に伝えることができます。

4 受講者との事前コミュニケーション

　研修広報は、無事に研修受講者が決まったら終わりではありません。研修効果を上げるためには、研修前に受講者との事前コミュニケーションをしっかりと取りながら、研修前の事前準備を行いつつ、学習レディネスとモチベーションを高めていくことが重要です。実務家の方々は、さまざまな実践知を駆使して、これに挑戦しています。

4.1　事前連絡メールを出す

　研修の受講者が決定したら、事前連絡メールを出すことになるかと思います。その際にも、単に連絡事項を伝えるだけではなく、研修の目的や意味を伝え、研修へ向けての心構え、学習のための事前準備をしてもらえるような工夫が必要です。

　人事部は社内に一種の強制力を利かせることができるので「研修に来るように」という事務連絡だけでも、受講者たちは参加することでしょう。しかしな

がら、ある実務家が述べるように「**人事が行使する強制力と、参加者の学習効果は反比例することが多い**」ものです。現実的には強制参加だとしても、「やらされ感」を少しでも払拭する工夫は惜しまずにしたいものです。

　ある実務担当者の方は、メールで「招待状を出す」と言います。しかし、多くの研修案内は「召集令状」のように事業部の社員に通知されているのではないでしょうか。当然のことですが、本書では、「**召集令状**」ではなく、「**招待状**」をメタファにした事前コミュニケーション戦略を推薦します。「招待状」というメタファで事前コミュニケーションを行うことで、研修へ参加するハードルを下げ、期待感を高める効果を狙っているわけです。ちなみに、この実務家の場合、**一斉メールではなく、個別に名前を入れてメールを送る**のだそうです。事前課題などを送る際も、一斉メールで送る場合と個別に送る場合では、受け取る側の印象が違うためか、個別に送られた方が、事前課題の提出率もよくなるといいます。

　ちなみに、事前連絡メールは、参加者だけでなく、参加者の上長にも出しておくとよい場合もあります。特に若年層になればなるほど、職場、上長の理解を得ることが重要です。ある実務担当者は、研修概要について事前連絡のメールを送る際、受講者本人用と、受講者の上司用に、異なった文面のメールを用意するそうです。というのも、受講者本人とその上司にとって、研修を受講するメリットや意味は異なるからです。受講者の上司というステークホルダーを

召集令状ではなく、招待状を

第6章　研修のPRと事前コミュニケーション戦略　**165**

巻き込むためには、そうしたところまで気を配る必要があるわけです。

どこまで工夫を凝らすかというのは、ケースバイケースですが、単なる事前連絡メールであっても、それは非常に有効な研修広報メディアであり、工夫次第で研修効果を高めることができる、ということを意識していただきたいと思います。

4.2　事前課題とアンケートを出す

日常業務に支障をきたさない程度で、事前課題や事前アンケートを出すというのも、効果の高い研修をする上で、非常に重要です。理由は２点あります。

最大の理由は、**事前課題や事前アンケートから、受講者について多くのことを知ることができるからです**。研修講師は、事前課題やアンケートを通して受講者の知識レベルや関心の所在を知ることができますので、何を扱って、何を扱わないかを決め、学習内容を絞り込むことができます。例えば、アンケートに「あなたの業務経験に照らしてどうですか？」といった設問を問いかけ、本人の経験を引き出しておくことで、受講者の経験やスキルについて詳しく知ることができます。また、事前課題やアンケートに取り組む姿勢、書き込んである字数から、やる気を測ることもできます。

事前課題やアンケートを用いる第２の理由は、**研修の学習効果を上げるため**です。研修という貴重な時間を最大限活用するためには、リアルに顔を合わせる研修の場でしかできないことを優先したいものです。リアルの場でしかできないこととは、対面のインタラクションです。そう考えると、内容に関する知識の獲得はできる限り事前課題で行うという工夫を考えたいものです。

例えば、マーケティングについての研修であれば、マーケティングについての基本的知識については、ある程度、事前課題に出されたe-Learningや動画の授業で先に学んでおき、当日は「我が社の商品についてマーケティングの手法を使って分析をしてみましょう」といったワークを中心に行うようなやり方を取ることで、より効果的な研修を行うことができます。

このように、効果的な研修を実施していく上で大切な事前課題やアンケート

ですが、問題は、どのようなタイミングで、どのくらい出すか、ということです。

タイミングに関して、ある実務家は、**研修の1カ月前ごろに研修についての説明と共に事前課題や事前アンケートを出し、研修実施日10日前頃には回収。回収と同時に、すぐに当日のタイムテーブルなど細かな情報を伝える**といいます。

その上で、研修2日前ごろには、「事前課題の特にこの点について、疑問を感じている人が多かったので、研修では、そのあたりの解説もじっくりと行います。では、当日お待ちしています」などとリマインドメールを送るそうです。こうしたところまで行えるのであれば、受講者の意識は自然と研修に向かっていくことでしょう。

事前課題やアンケートをどの程度出すかですが、これは「無理のない範囲」に置く方が無難です。研修冒頭部で必要なのは、自己効力感(やればできる感覚)を高め、学習不安（学ぶことに関する不安や負担感）を減少することです。あまり負荷が高いと、これらのコントロールに失敗し、学習者がモチベーションを持てない場合があります。

最も多い失敗事例は、「多すぎる事前課題とアンケート」です。研修をする側の立場に立てば、ついつい、「あれも、これも、それも」盛り込みたくなるものですが、研修冒頭部では、まずは自信を持っていただくことを優先した方がよいと言う実務家が多いように思います。

| column | 反転授業

　研修の事前学習として最もスタンダードなのは「課題図書の購読」です。実際に研修に来る前に、研修内容に関連した書籍を読んできてもらい、それに対する感想などを書いてもらうのが一般的です。しかし、昨今ではITを用いた事前学習が注目を浴びています。「反転授業(フリップドクラスルーム：Flipped Classroom)」と呼ばれるものです。「反転授業」においては、知識について解説する動画を事前に見てもらいます。先に授業を見ることで、知識を先に得ておき、対面状況下では、討議やエクササイズなど、対面状況でなくてはできない、より高次な学習活動を行います。

講義の動画を撮影

動画をタブレット端末で見て予習

研修では話し合い、教え合いをする

4.3　研修前から勝負は始まっている

　さて本章では、研修のPRや研修前の事前コミュニケーションという2つの視点から、研修前に事務局が取り組んでおきたいことについて論じてきました。

　PRという視点は、旧来の人事・人材開発の仕事とは、なかなか相容れないことかもしれませんが、研修にふさわしい人を現場から送ってもらい、経営や現場にインパクトをもたらすためには、非常に大切な視点になります。どんなに良い研修を開発しても、そこに人が集わなければ、経営への貢献価値はゼロです。そのことの重さを考えれば、PRにもう少し労力をかけてもよいかもしれません。

　また、本章で論じた事前コミュニケーションという視点にも、そこまでやるのか、という感想をお持ちの読者の方もいらっしゃるかもしれません。しかし、ここで大切なことは、**研修の学習効果とは、研修前から勝負が始まっている**ということです。なぜなら、研修の学習効果に最大の影響を与えるのは、研修参加者のモチベーションや効力感といった個人要因です。そして、この要因は、研修に来る前に規定されることが少なくありません。「やらされ感」を漂わせて研修室に来るのと、「自分は歓迎されているのだ」と思って研修室にくるのでは、おのずと研修の学習効果は変わってきます。

　研修開発というと、すぐに話題になるのは、研修のデリバー（インストラクションやファシリテーションのうまさ）ですが、意外に大切なのは「研修の前」であることに留意ください。

| column | 良い研修だけど、人が集まらない事態

　研修などを企画しておりますと、例えば一生懸命考えて練りに練ってつくったプログラムに対して、人が思ったように集まらない、という「残念な事態」が生じる場合があります。要するに「コンテンツのクオリティとしては申し分ないんだけど、人が集まらない」という事態です。
　ここで問題になるのは、そういう事態が生じた場合に、企画者側が、どのように意味付けをするかです。ごくまれにですが、研修企画担当者の中には「コンテンツはいいんだけど、興味を持つ人がいない」のは、「興味をもたない人が悪い」のだ、と意味付ける場合があるようです。別の言葉で言うならば、「コンテンツのクオリティが高ければ、人が集まろうが、集まらなかろうが、別に気にしない」という態度です。
　しかし、第1章で述べてきたように、組織の人材育成（研修を含む）の目的とは、「他者の学習を組織化することで、組織の戦略・目標達成に資すること」です。もし仮に、この定義を認めるとしたら、学習は言わば「戦略・目標達成のための手段」です。
　コンテンツや学習としてのクオリティは申し分なかったのだけれども、それが「人に届かない事態」は、その先にある「戦略・目標達成」もままならないのですから、そもそも「人材育成」の位置付けの観点からすれば「戦略・目標達成への貢献価値がゼロ」ということになります。
　このことは、商品開発に例えるとわかりやすくなるかもしれません。
　例えば、今、「高機能な商品をつくったのだけれども、誰も買わない」とします。そのときに「高機能な製品ができたんだから、いいのでは

ないですか？」と開き直るマーケティング担当者がいたら、あなたが経営者なら、どのように答えるでしょうか。おそらく、その担当者の認識を改めさせた上で、「売り上げはゼロ」という事態に頭を悩ませるでしょう。

　研修を開発するとは「クオリティが高いコンテンツ」を生み出すことではありません。そうしたコンテンツをいかに魅力的に見せ、適切な人に集まってもらい、経営にインパクトをもたらすのか。そこまでを含み込んで、初めて、研修開発ということになります。

第6章まとめ
Summary

研修のPRと研修参加者―事務局の事前コミュニケーションは、なぜ必要か
①企画した研修を知ってもらい、多くの人に受講してもらうため
②適切な受講者を派遣してもらい、目的意識が明瞭な状態で参加してもらうため

研修のPR
- PRのためのメディアを考える
 （パンフレット、メール、SNSなど、現場マネジャーによる周知、個別PR）
- 伝えるべきこと
 （日時、場所、対象者、受講人数、講師、申し込み方法など）
　★ただし「魅力を伝える」ことが大事　→例：旅行パンフレット

受講者との事前コミュニケーション
- 事前連絡メール　→招待状のように
- 事前課題とアンケート　→受講者について多くのことを知ることができるメリット
　　　　　　　　　★ただし、「無理のない範囲」で（負荷をかけない）

第7章 研修準備
研修直前のデザイン

❖本章のねらい
受付、学習空間、研修ツールの準備をします

❖キーワード
学習空間デザイン | 支援する事務局 | ディレンマ・マネージング | ドキュメンテーション

1 はじめに

前章まで、私たちは研修の目的を精緻化しつつ、カリキュラムをデザインし、参加者を募り、事前コミュニケーションを行ってきました。かくして、カリキュラムは完成し、そこに人が集い始めました。

第7章では、いよいよ研修直前に私たちがなすべきことに入ります。研修直前のデザインでは、**「学習者が快適、かつ、効果的に学ぶための環境をつくり上げること」**に力点が置かれます。研修当日の教える内容や教え方も重要ですが、それ以前に、学習者が安心して学ぶことのできる環境を整えることもまた重要なのです。

第7章ではそうした環境を整えるためのポイントを紹介していきますが、実際に配慮すべきポイントは現場によって異なります。**教育や学習の手法というものは、その現場における状況と対象者と教授者と学習内容によって変わるもの**です。そうした意味では、この章で紹介する内容は、どの現場でも当てはまるというものではなく、あくまで辞書的に、状況に応じて参考にしていただけ

ればと思います。また、第7章の最後では、研修を裏で支える「事務局」のあり方について考えます。

2 受付のロジスティクス

2.1 受付の人的リソースの確保

　研修は多くの場合、学習者が受付に来るところから始まります。そして、**学習者を受付で迎え入れる、この瞬間から勝負は始まっている**と考えることが大切です。受付は、参加者と最初に出会う場面です。受付の第一印象によって、研修の成否も左右されます。参加者の期待を裏切ることのないよう、受付業務はスムーズに行い、「きちんと準備されているな」「歓迎されているな」という印象を与えることが重要です。

　受付のラインは、30人規模であれば、1～2本で済みますが、50人以上の規模の場合は、2～3本用意する必要があるでしょう。多くの場合、受付が集中するのは、開始直前の5分間です。集中する時間帯には、受付業務が滞ることがないよう、状況を見ながら、受付のラインを増やすなど臨機応変に対応したいものです。

　とはいえ、どれだけ準備を行っても、受付では予測不可能なことが起こるものです。想定しうる範囲内での準備はしっかりすると同時に、何があっても臨

写真7.1 受付

機応変、前向きに対処してください。

　建物から受付への案内も大切です。動線を確認した上で、適切な場所に案内板等を出してください。

2.2　名簿づくり

　参加者の氏名をチェックする名簿は、できれば、「**受付用の名簿**」、「**講師用の名簿**」、「**参加者向けの名簿**」の3種類を用意します。

❶受付のための名簿

　名前、読み仮名、所属などを記載します。ここで大切なのは読み仮名を振ってもらうことです。こうすると、参加者氏名をあいうえお順にソートすることができますので、受付に来た参加者から名前を聞くだけで、スムーズな対応を行うことができます。

❷講師用の名簿

　この名簿は講師に渡しておきます。名前、読み仮名、年齢、性別、所属の他、過去のキャリアなどが記載してあるとよいと思います。講師に伝えたい特記事項を記入なさっている実務家の方もいらっしゃいます。講師には、参加者についてのできる限り多様な情報を与えることが望まれます。

写真7.2　名簿

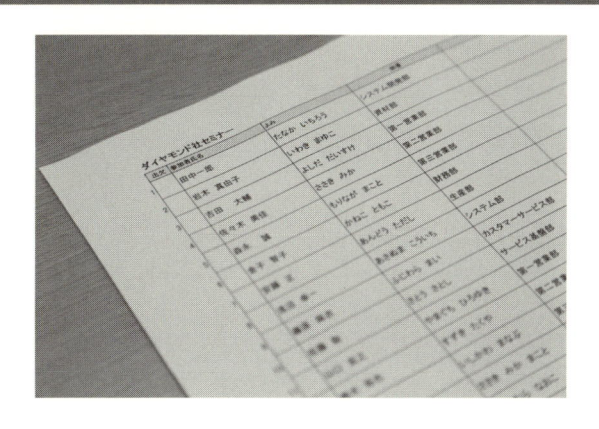

❸ 参加者向けの名簿

　名前、所属などを記載します。個人情報はあまり出さない方がいいでしょう。研修の冒頭で、それぞれ本人同士で名刺交換するなどして、自己紹介し合うのが望ましい方法です。

2.3　名札づくり

　受付では多くの場合、名札が手渡されることが多いはずです。名札は「参加者分を事前に事務局が用意しておく」場合と、「呼ばれたい名前を参加者がその場で書く」場合などがあります。前者の場合には、事務局がつくるのであまり問題が起こらないケースが多いのですが、後者の場合には、講師が名札を見て指名する際に見やすいものとなるように、あらかじめ**太いマジックペン**を用意するなど、工夫してください。太いペンで書かせることで、視認性が高い名札ができあがります。

　名札の貼り付けは「タックシールを使ってシールを直接服に貼り付ける方法」と、「名札ホルダーに入れる」場合などがあります。後者の場合、服に針を刺さなければならない名札は、女性に忌避される傾向がありますので、注意が必要です。なお、ケースバイケースですが、名札は研修中になくされる方が出やすい傾向があります。当日足りなくならないように、予備をいくつか用意しておくようにします。

写真7.3 | 名札

2.4 教材・資料の手渡し

配布教材や資料は、可能であれば**ナンバリングしておきます**。ナンバリングしておくことで、講師、事務局が、いちいち受付名簿を見て受付した人物の数を数えなくても、出席人数を素早く把握することができ、研修をスタートさせるための目安として使うことができます。

また、参加者が全員そろわない段階で研修を始める場合も、人数を的確に把握し、「あと2人遅れていらっしゃる方がいます」と、参加者に伝えておけば、参加者は落ち着いて研修を受けることができます。

配布資料が多い場合は、研修の始まる前に、「本日の資料は5点あります。1点目は……」といった具合に、参加者に対して配布資料の確認を行うと、スムーズに研修を進めることができます。

2.5 座席の案内

座席を事前に指定する場合は、「今日は座席が決まっておりますので、XさんはY番の座席に座ってください」などとインストラクションします。座席表を示しつつ、わかりやすく誘導します。多くの場合には、席ごとに番号や記号が並べられる傾向があるようです。

冬などは、座席に座るときに、「コートをどこに掛けたらよいか」という質問が来ることが少なくありません。クロークを用意できない場合は、教室の後

写真7.4 配布資料(ナンバリング)

にハンガーなどを設けておくと、非常に便利です。また、床に鞄を置くことをためらわれる女性もいますので、鞄などをかけるフックなども重宝します。

2.6 連絡事項の紙

会場の案内や、タイムテーブル、研修の進め方についての案内などは、A4

写真7.5 座席(番号付き)

図7.1 連絡事項はA4 1枚にまとめて受講者に渡すとスマート

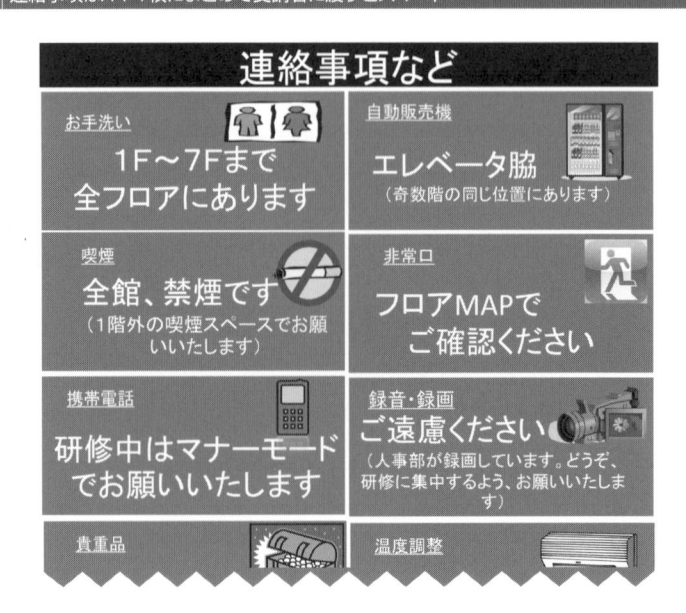

用紙1枚にまとめて受付で受講者に渡すのが、誤解がなくスマートなやり方です。記載項目としては、温度調整、パソコン、携帯電話、録音・録画、貴重品、講師へのご質問、ご留意事項（勧誘）、インフルエンザ対応、マップ（お手洗い、喫煙ルーム、自動販売機、非常口）などが挙げられます。

2.7　お金の徴収

　企業内の研修では、参加者からの金銭徴収はあまり発生しないかもしれません。しかし、懇親会費用などを別途参加者から徴収する場合に、受付で集金をする必要が生じます。この場合は、**人数分のおつりと領収書**を用意しておくようにします。

　特におつりは、余分に準備しておかなければ、受付はすぐに処理不能におちいってしまいます。集金額は、1000円単位、500円単位など、区切りのいい金額にすると集金がスムーズです。もし参加者に事前メールを送るのであれば、なるべくおつりをなくしたい旨をお願いしておくことも有効です。

　領収書は事前に書き込んでおき、その場で宛先を書くだけで済むように用意しておくとスムーズです。

写真7.6 | 受付セット

3 学習空間のデザイン

3.1 学習空間で学習者をゆるくコントロールする

次に、学習空間の工夫に話題を変えます。学習内容、学習方法、活動内容に最適な空間のデザインを行い、学習空間を整えるということは、研修効果を高めるために必要不可欠なことです。

もし、グループで対話を重ねていくワークショップ型の研修プログラムなのに、席が固定され、グループでの話し合いが難しいような席のレイアウトになっていたら、どうなるでしょうか。無理やり身体を向けて議論することもできますが、長時間、それを行うことは難しくなります。

また、学習空間のデザインとは、学習者が快適に学ぶことができる空間をつくる、というだけでなく、**外部環境を整えることで、学習者をゆるやかにコントロールする**ということでもあります。直接、インストラクション（指示）を行わなくても、「学習環境のあり方」で、うまく人を動かすのです。

例えば、よくある会議室のコの字の机配置で、「さぁ、皆さんリラックスして、本音で話してください」と言われても、いきなりリラックスすることは難しいものです。ですが、照明を落とした「カーペットの空間」で、思い思い自由に

直接統制　　　　　　　　**間接統制**

指示してコントロール　　　環境でコントロール

外部環境が学習者を統制する

地べたに座ってもらい、静かな音楽をかけておけば、先ほどよりはリラックスしてきます。学習者が意識・意図せず、自然とそうなってしまうよう、外部環境を整えることが大切です。

3.2 使いやすい空間

実務家に意見を聞くと、研修を行う上で、**一番使いやすいのは、3：4程度の縦長の長方形の教室**です。どの参加者からも前面のホワイトボードやスクリーンが見やすく、講師の声も届きやすい形態です。あまりにも縦に長い空間だと、後部席の人は前面のスクリーンや講師の姿が見えません。そのような場合は、途中に前面のスクリーンと同じものを映すモニターを置く、スピーカーを置く、といった配慮が必要になることあります。正方形の教室というのはあまりありませんが、意外に多くの人数が入らず、参加者にやや狭苦しい印象を与えます。

研修にあまり向かないのが、横に長い教室です。講師は左右の参加者に声が届くよう、左右に動き回る必要があります。左右の端の方の参加者のために、スクリーンも左右に同じものを映し出す配慮も必要でしょう。横に長ければ、今度は、両側に座った人のホワイトボードへの視認性が低く、注意が削がれてしまいます。

しかし、そうはいっても、コストの側面、施設の側面から、多くの場合、学習空間は、なかなか選べないものです。そういうときには、与えられた学習空

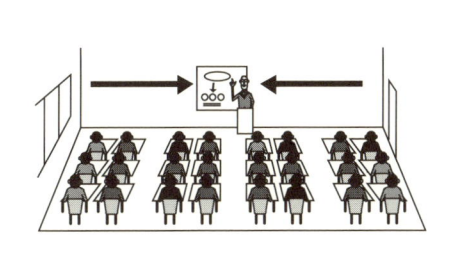

3:4程度の縦長の長方形の教室がベスト

間を「所与」と考え、いかに制約の中で、最大限の工夫を行うかを考えます。

　例えば、かつて、筆者はある組織でワークショップを行う際、楕円形の役員テーブルが鎮座している、非常に重苦しい空間を与えられたことがあります。どのような空間を利用できるかを知ったのは、ワークショップ開始1時間前だったので、もう絶体絶命でした。しかし、そういうときに不平不満を言っても仕方がありません。まずは楕円形のテーブルを崩し、グループワークができるようにテーブルを4つ並べます。事務局の方には、近くの100円ショップに行ってもらい、なるべく原色に近い模造紙を買ってきてもらいます。模造紙でテーブルクロスをつくって、グループワークのテーブルに並べます。これで、何とかワークショップをすることが可能な空間ができあがりました。

　もちろん、それは学習に「最適な空間」ではないかもしれません。しかし、「理想的な空間」を与えられることは、なかなか期待できないものです。「制約」を逆手に取って、**クリエィティビティを発揮して、学習空間を「よりベター」に楽しみつつ仕立て上げる工夫が必要です**。[1]

3.3　机と椅子の配置

　学びの空間づくりで一番大きな要素を占めているのが、机と椅子の配置です。同じ研修室でも、机と椅子の配置を変えるだけで、学習内容、学習スタイルに合った空間づくりが可能です。ひとつの形式にとらわれず、目的に合わせて空間に変化をつけていくことで、より効果的な研修にすることができます。

　ここでは研修でよく用いられる代表的な形式をご紹介します。

❶スクール形式

　いわゆる学校の教室のような形式。**講師の方に注意を向けるような大人数に向けて、教授をする講義形式の授業に向いています**。企業の研修室、セミナールームなどでは、3人掛けほどの長机が並んでいることも多いようです。その

---

1 Montgomery, T.(2008) "Space Matters: Experiences of Managing Static Formal Learning Spaces." *Active Learning in Higher Education*. Vol.9 No.2 pp.122-138

場合、近くの人と話し合う、といっても3名程度が限界なので、対話型の研修には不向きです。また、3人掛けの真ん中は、長時間座っていると苦しいものです。時折休憩をはさむ、席替えを行うなどの配慮がほしいところです。

❷島形式

　数名でひとつの島（テーブル）を囲んで座る形式。**作業を伴うワークショップやグループ討議などに向いています**。ひと島何人がベストか、というのは考え方が分かれますが、4〜6人程度が一般的です。ただ、6人であれば、対話や作業などを2人、3人そして6人と、3段階での組み合わせで分けて行うこ

写真7.7 机の配置、3つの形式

①スクール形式 　　　②島形式

③円陣形式

第7章　研修準備：研修直前のデザイン | 183

とが可能ということで、実務家には、比較的6人ひと島が好まれているようです。

❸円陣形式

　部屋の中央に向けて椅子を輪のように並べる形式。30人〜40人でも可能。一体感が得られ、全員でひとつの活動に集中しやすく、対話型のワークショップ、ホールシステムアプローチと呼ばれる組織開発などで多く用いられます。椅子が可動なので、少人数グループに分かれるなど、活動に変化をつけやすいメリットも。ただ、中心に立つ人は、全員の視線が集まり、また、逃げ場がないので、ファシリテーションの力量が問われる形式ともいえます。椅子でなく、ラグや座布団などを用いて床で行うことも可能です。

❹シアター形式

　シアター形式は、エモーションに訴えかけるようなコンテンツデリバリーを行う際に、効果的です。筆者が関係した研修では、あるアクシデントをケースに取り上げ、その際に、どのように振る舞うべきかを解釈し合うような場面で、シアター形式を用いたことがあります。

　なお、どの座席配置にしても、必ずセットをし終わったら、**参加者が自由に**

動線を確保する

動くことができるかどうか「動線を確認」してください。多数の参加者が集まる研修では、参加者の「動線」をしっかりと確保しておかないと、全員が受付を済ませ、席に着くまでの時間がかかりすぎ、開始時間が遅れてしまう、ということもあります。研修運営をスムーズに行うためには、参加者が滞りなく動けるような動線を確保するということにも、気を遣いたいものです。

　動線には、❶受付からの動線、❷教室内を移動する際の動線の２つがあります。

　❶受付からの動線に関して言えば、事前に一度は、参加者になったつもりで、受付をして、コートハンガーにコートを掛け、決められた座席に座る、講師になったつもりで教室内を歩き回る、など一連の動きをシミュレーションしてみるといいと思います。

　❷教室内を移動する際の動線については、後の座席の人が前に移動するのはスムーズであるかを確かめます。多いのは、座席の間隔が狭いために、人が座ったあとでは移動が困難になることです。実際に現場で動いてみると、想定していたよりも通路が狭かった、受付の位置が悪くて移動の妨げになっていた、といったことがわかり、事前に修正しておくことができます。

3.4　着座とインタラクション

「誰をどこに座らせ、誰と誰を組み合わせるか」、参加者がどこに座るかを配慮するということは、**その場で起こる相互作用、コミュニケーションをデザインするということに他なりません**。その場で参加者同士にどんな相互作用が起こることを期待するのか、その相互作用を通して何を学ぶのか、といったことをしっかりと意識して座席をデザインしたいものです。

　特に、対話やグループワークなどを中心とした研修を行う際には、その目的に合わせた座席のデザインが必要です。例えば、**部署の壁を越えて会社の将来について話し合わせたい**、ということであれば、**多様な部署の人同士がひとつのグループになるような座席にすることが考えられます**。ちなみに、話が長い

人、声の大きい人、反応の良さそうな人、男女、年齢、職位など、研修の目的に合わせた組み合わせを慎重に考えたいものです。
　着座の形式には、いくつかのアプローチがあります。

❶ランダムアプローチ
　あえて参加者に自由に席を選択してもらう方法です。自己選択型の場合は、着席までの時間をかけず、参加者も比較的気楽に参加できるというメリットがあります。ただ、知り合い同士、好きな人同士で座ってしまうことで、メンバーが偏ってしまうというデメリットもあります。

❷固定型アプローチ
　あらかじめ席を決めておく形式です。グループ内のメンバーの仲を深めたり、議論や対話を深めたり、最後に発表などを行うような比較的長時間取り組む研修の場合には、固定型の方が向いています。できるだけ、男女比、年齢、部署、職種、話の長い人が固まっていないか、といったことに配慮して慎重に配置します。

❸変動型アプローチ
　途中で１回〜複数回、席替えを行う形式です。最初はランダム型、固定型どちらでもかまいませんが、途中でメンバーをシャッフルすることで、多様な人との出会いをセットすることができます。実務家によれば、成人を対象にしたワークショップや研修の場合、**座席替えは多くの場合喜ばれる**といいます。研修の評価アンケートでは「ふだん会わない人と会い、話せてよかった」という感想が散見されます。

3.5　照明のコントロール
　照明をコントロールするだけでも、空間に変化をつけることができます。例えば、対話を行う際、照明を落とし、人の輪の中央にキャンドルなどの間接照

明を入れると、深くじっくりと語り合う雰囲気をつくり出すことができます。また、動きのあるアクティブな活動の後に、照明をぐっと落とすことで、活動を内省する場に変える、ということもできます。講演者に対する上部からのスポットライトは、リーダーの語りを、よりドラマティックに演出します。スティーブ・ジョブズのプレゼンテーションをよく観察すると、照明と自分の立ち位置をよく配慮して、壇上を移動していることがわかります。

3.6　食べ物と飲み物の準備

　研修冒頭部ではサプライズが必要です。その場合、食べ物や飲み物を用いることもできます。学びの空間においては、あらゆるものが学習を促進・媒介するための「メディア」として機能します。

　例えば、共にものを食べたり、飲んだりすることで、人と人との距離はぐっと近くなるものです。「アイスブレイクしてください」とやや気恥ずかしいアクティビティをするよりも、研修の最初にちょっとしたお菓子とコーヒー、お茶などを振る舞うだけで、参加者同士が打ち解け、アイスブレイクになってしまう可能性もあります。また、研修と研修の間にコーヒーブレイクを入れることで、雰囲気やテンションを変えることもできます。

　一般的に、研修の場では、飲食をしたり、楽しんだりすることはタブー視されているように思います。一方で、研修中は、食べたり、飲んだりすること以外に、楽しみがないことも事実です。そんな研修の場だからこそ、あえて**食べ物、飲み物を効果的に活用することで、「おもてなし感」や非日常感を演出す**ることができ、学習効果の高い、より印象に残る研修のデザインが可能になるように思います。

　例えば、研修中に提供するフードやドリンクには下記のようなものがあります。

❶キャンディ、チョコレート、フィンガーフード
　用意する食べ物は、手が汚れないもの、ゴミが少ないもの、小分けに包装さ

れているものがおすすめです。食べるために、ナイフでカットすることを必要とするものは、準備も大変ですし、忌避される傾向があります。

❷コンセプチュアルフード

　もし予算があるのなら、フードスタイリストを雇用するというのも一案です。フードスタイリストの中には、「テーマ」や「コンセプト」を伝えることで、フードをチョイスしたり、当日のケータリングを実施してくれる方がいます。筆者が最近実践しているのは、クイズ付きのコンセプチュアルフードのケータリングの利用です。

　例えば、今、「次世代リーダー」がテーマの研修を、筆者が引き受けたとします。その場合、筆者は「次世代」というテーマをフードスタイリストの方に伝え、それで当日のケータリングを実施してもらいます。「次世代」がテーマになったお料理が、当日、参加者全員に供されますが、参加者にはそのテーマは伝えず、お料理をまず食べてもらいます。その上で、筆者はこう問いかけます

「今、私たちは、3つの食べ物を食べました。この食べ物は、ひとつのテーマで料理されています。隠されたテーマを、お近くの方と話し合いながら、当ててみてください」

　参加者の方々は、食べ物に隠されたテーマを近くの参加者と話し合います。
　その上で、頃合いを見て、こう言います

「正解は、Aさん、何だと思いますか？　Bさんはどうですか？　正解は、これらの料理のテーマは『次世代』というテーマで、料理されているのです。フードスタイリストさんに、この料理がなぜ、次世代を表現しているのかを、謎解きしてもらいましょう」

　などと言います。

　このように**フードにコンセプトをつけて研修に盛り込むことで、サプライズを演出することができます**。

❸コーヒーブレイク

　ケータリングコーヒーを依頼し、研修の合間に「コーヒーをご自由にお飲みください」といった形で、振る舞われるケースも多いようです。しかし、せっかくコーヒーを用意するのであれば、講義型研修後、グループ研修に入る前のタイミングで、**同じグループの人と共にコーヒーを飲むことができるように活動をデザインしてみましょう**。それだけの工夫で、自然と対話が生まれ、次の活動にも入りやすくなるなど、コーヒーブレイクが研修の質を高める効果的なツールとなります。

| column | 「共に食べ、共に飲む」のがコミュニティ!?

　語源学的にも、「一緒に飲食をする経験」、いわゆる「共に食べる・共に飲む（共食・共飲）」の経験は、「集団形成・維持」に少なくない影響を持っているといわれています。

　例えば、コミュニティ（Community）、カンパニー（Company）などの用語の接頭語、「Com」は「共に」の意味です。それは、人と人とが「共にあること」「つながっていること」を暗示しています。そして、Communion（コミュニオン）は、「パンと葡萄酒を共食する霊的な絆・集団」を表現していました。そこで営まれる情報のやり通りが、Communication（コミュニケーション）です。そして、これがさらに発展し、外縁を成すまで発展したのが、Community（コミュニティ）となります。

　Communityとは、よく知られているように、職業・利害・宗教・血縁・地縁を共にする人々の集団です。これがさらに発展し、共同出資して、産業を興し、利潤を配当する集団として発展するのがCompany（カンパニー）なのです。「共に食べる・共に飲むこと」は、このように「Company」ともつながっているのです。

3.7　AV機器の設置

　研修室内のAV機器の設備環境によって、研修のデザインは大きく変わってきます。当日、研修室に入ってみたら、プロジェクターが小さく、入念に準備した研修用プレゼン資料の文字が参加者から読めない、といったこともありえます。研修室の設備については、事前に細かく確認し、その環境に合わせた準備を行いましょう。

　また、マイクやスピーカー、プロジェクターなど、AV機器はトラブル発生

の原因になりやすいもの。講師のPCから動画を映したものの、なぜかスピーカーがつながらず、音声だけが出てこない……などといったこともよくあります。**研修前に念入りにチェックし、万全の状態で臨みたいものです。**

❶音声

講師の使うマイクには有線、ワイヤレス、手持ちマイク、ピンマイク、インカムなど、いくつか種類があります。マイクの種類によって、プレゼンスタイル、参加者とのコミュニケーションスタイルが大きく変わってしまうことを意識したいものです。

ワイヤレスマイクであれば、講師は動き回れますが、有線マイクでは可動域は大きく制限されます。**「マイクを選ぶ」**ということは、その日の**「講師の動き（可動域）を決めること」**でもあります。特に、ワークショップなどファシリテーションを必要とする研修では気をつける必要があります。また、手持ちマイクでは、片手しか使えなくなります。

また、最後部の席まで声が届いているかどうかも重要です。事前にマイクチェックをしっかりと行うか、研修の冒頭に、「一番後ろの方、声は聞こえますか？」と、確認するとよいでしょう。

写真7.8 | AV機器

❷提示装置

　昨今の研修は、プロジェクターとスクリーンを利用して、いわゆるプレゼンテーションのスタイルで行われることが多くなっています。この場合、まず注意したいことは、プロジェクター、スクリーンとPCを接続する際のトラブルです。事前の接続チェックは必ずやっておきましょう。最悪の場合、他のPCを使うことも想定して、USBメモリー等に研修プレゼン内容のバックアップを用意しておくと安心です。USBメモリーは、各テーブルからファイルを集める際などにも重宝します。

　次にもしスクリーンの提示位置や演台を変えることができるのならば、「スクリーン」と「自分」と「演台に置いたPC」の位置を、自分が最もプレゼンテーションをしやすいように調整します。プロジェクターの前に立って、自分の影がスクリーンに映り込まないようにすることが基本です。

❸映像

　映像を利用する場合は、DVDから出力するのかPCから出力するのかによって違いますが、特にPCから出力する場合、PC上では映像が再生されているのに、プロジェクターには出ないなどのトラブルが多くあります。接続チェックは必須です。それでも不安な場合は、DVDでも用意しておきましょう。

プロジェクターの前に立って、自分の影がスクリーンに映り込まないように

❹ワイヤレスポインター

　プレゼンテーションを無線操作するもので、ワイヤレスポインターあるいは、プレゼンテーションマウスと呼ばれています。通常、プレゼンを前後に送る機能、レーザーポインター、ブラックアウト・ホワイトアウト機能などがついています。講師が**ワイヤレスポインター**を使うと、講師の可動域がぐんと広がり、各テーブルを歩き回りながらプレゼンテーションを行うような研修スタイルが可能になります。また、ブラックアウト（暗転）やホワイトアウト（白転）の機能を用いると、一時的に受講者の注目を集めることができます。

❺スピーカー

　会場のAV機器がPCからの音声出力ができる場合はよいのですが、そうでない場合にはスピーカーを持ち込む必要があります。最近のスピーカーは、小型のものでも音質がよく、かつ、配線がいらないものもあります。

❻ネットへの接続

　施設、会社によっては、外部からの訪問者のネット接続を認めていないところもあります。ネットへ接続できるかどうかは、会場に入る前に済ませておくほうが無難です。

写真7.9　ワイヤレスポインター

3.8　音楽を選択する

　音楽、BGMは、「場の雰囲気」や「学びの時間」をコントロールできる「メディア」です。場の雰囲気に関して、講義中にBGMを流すということはあまりないと思いますが、グループ討議、対話の時間などに、活動内容に合わせた音楽を流すことで、それを変えることができます。また、自己紹介や、ひとりで1日の活動を振り返る時間に、BGMを流すことによって沈黙の気まずさを和らげる、といった使い方もできます。

　学びの時間に関しては、2つの可能性があります。まず、エクササイズなどの場合、学習者に「作業に集中して急いで取り組んでほしいとき」には、ピッチの速い曲をかけると自然とそうなることが多いように思います。また、ここはゆっくりと内省を深めてほしいときなどには、スローでしっとりした曲をかけると、それが実現する可能性が上がります。なお、かける**曲の長さによってタイムマネジメント**を行うことも可能です。3分、5分、15分、20分と、時間の異なる曲を用意しておけば、時計を見なくても曲を聴くだけで、時間管理ができます。

　どのような音楽がいいのか、というのは一概には言えません。さまざまなやり方を自ら実験してみるとよいでしょう。しかし、多くの実務家が口にするのは、基本的には、短調ではなく、**長調の明るいイメージの曲**、そして、できれば思考、会話の妨げにならないよう、**歌詞のないもの**がいいということです。

　講師や事務局を務める方は、さまざまな音楽を試しつつ、それぞれの活動に合わせた曲調、長さのBGM集を持っておくとよいでしょう。なお、著作権が気になる場合は著作権フリーのものも多くありますので、それらを利用するといいでしょう。参加者の年代に合わせた選曲も重要です。筆者の場合は、参加者が40代のときは80年代に流行した曲をかけたり、30代の参加者が多いならば90年代の曲を中心にかけるようにしています。

3.9　講師席のセッティング

　特に決まりはありませんが、一般的に講師席に用意してあるとよいものを下

記に挙げます。

❶タイムスケジュール表
　第4章で説明したものです。10分単位くらいで、当日のスケジュールが明示してあると、便利です。

❷参加者名簿・座席表
　研修講師の仕事のひとつに、参加者の名前を覚えることがあります。しかし、研修を実施しながら、参加者の氏名を確認するのは、非常に認知的負荷が高い作業です。座席表に名前が書いてあると、非常に楽になります。

❸研修に関する関連する資料
　連続した研修の一部である場合は、それ以前の講座がどのような内容だったのか、といったカリキュラムを俯瞰できる資料が用意されていると、講師はこれから行う研修の位置付けを確認することができます。例えば、前日にビジネスマナー研修が行われたということがわかれば、「昨日のビジネスマナー研修では、名刺交換のやり方を練習したかと思いますが、今日は名刺交換後、どのように営業活動を行うのか、について研修を行いたいと思います」などと、研修間の関連を示すこともできます。

写真7.10 講師席

第7章　研修準備：研修直前のデザイン

❹当日の資料
　参加者と同じものを用意するようにすると、講師は、それを指さしながら、参加者にインストラクションを行うことができます。

❺水などの飲み物

4　研修ツールを準備する

　グループワークを中心とした研修の場合、アイディア出しをしたり、話し合った内容をまとめて発表する際に欠かせないのがポストイットや模造紙などのツール類です。オフィスにあるような定番の研修ツールでもよいのですが、遊び心のあるグッズを用意するなど、少し工夫してみることをおすすめします。些細なことと思われるかもしれませんが、**研修のために準備されている素材は、すべて「メディア」です**。それは主催者からのメッセージを暗に伝え、さまざまな活動を媒介します。

　いつもとは違うカラフルなペンや、明るい色の模造紙などがあれば、それだけで場の雰囲気が明るくなりますし、そうしたちょっとした工夫が、参加者のモチベーションを高めたり、アウトプットの質を高めることにつながります。また、研修内容や目的に合った研修ツールを用意することで、より学習効率を高めたり、独創的なアイディアを引き出す効果も得られやすくなります。

　ここでは定番の研修ツールと共に、少し遊び心のある研修ツールのアイディアをご紹介していきますが、多くの実務家が口にするように、実はどんなものでもアイディア次第でオリジナルな研修ツールにすることができます。ある実務家は「**100円ショップは、ワークショップツールの宝庫**」であると語っておられました。意識を持って、そうした雑貨屋に出向けば、研修で利用可能なものは、数多く見つかるということだと思います。ぜひ、自らのレパートリーをお持ちください。世阿弥の『風姿花伝』にも「物数を究めて、工夫を尽して後、花の失せぬ所をば知るべし」とあります。レパートリーをたくさん持ち、工夫

を重ねていくことと、「花」を失わずにいることは無縁ではありません。読者の皆さんは、ここに挙げたアイディアを参考に、ぜひご自身で工夫を重ねて、新たな研修ツールを開発し、さらにこのリストを埋めていってください。

4.1 アイディアをアウトプットするためのツール

　頭に思い浮かんだこと、考えたことを外に出す、表現するための代表的なツール類を紹介します。

ポストイット
　オフィス用の四角いものではなく、カラフルなもの、形がカットしてあるものなどを使うと、研修が盛り上がる。

マスキングテープ
　自由に切った紙や資料を貼ることができる。貼ったり剥がしたりが手軽。カラフルなものがそろっていて見た目もよい。

はさみ
　通常のはさみに加えて、紙をギザギザに切ることができるはさみなどもあると、変化が生まれる。

写真7.11 ポストイット

ホワイトボード

　ほとんどの研修室にある。高機能なホワイトボードは、書いた内容を印刷する機能がついている。ホワイトボードのマーカーは、最低限、赤・黒・青があるとよい。最も大切なことは、インクがきちんと出るかどうかを確認すること。

イーゼルパッド、フリップチャート

　模造紙を壁に貼ることができない場合、ポスターセッションなどの際に重宝。ホワイトボードと違って、書いた内容を残しておくことができるので、2日、3日と続く研修の際に、前日の内容を貼っておき、朝に振り返ってもらう、といった使い方ができる。

写真7.12 マスキングテープ

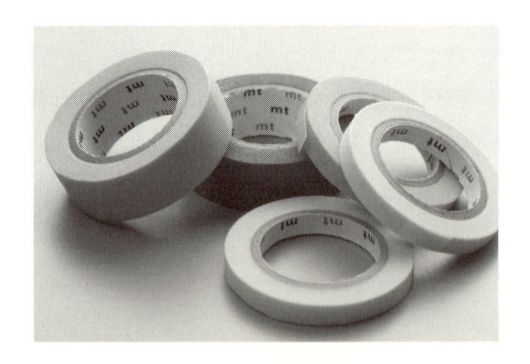

写真7.13 イーゼルパッド

ロッケンロール（命名は同志社女子大学・上田信行先生）
　切っていないロール状の模造紙。時間の経過と共に、横に移動しながら作業過程、対話の過程を書き込み、後から振り返ってみたり、床に長く広げて、大人数で一斉に作業することも可能。

コーワライティングシート
　静電気で壁に張りつけられるホワイトボード。書いたり消したりできる。ホワイトボードのない研修室、ホワイトボードが小さい場合などに重宝。

4.2　ライティングツール
　巧拙が出ないように、誰が書いてもうまく見えるライティングツールを用意するようにすることで、グループワークなどのときに、字が下手、絵が下手という心理的ハードルを下げることができます。できれば使って楽しいもの、思わず手に取って書いてみたくなるようなツールだと、なおよいと思います。

ポスカ、プロッキー
　カラフルで発色が良い。マジックペンできれいに書くコツは、ペンの先端部と紙を平行に書くこと。こうしたTipsを研修内で紹介してあげてもよい。

写真7.14 ポスカ

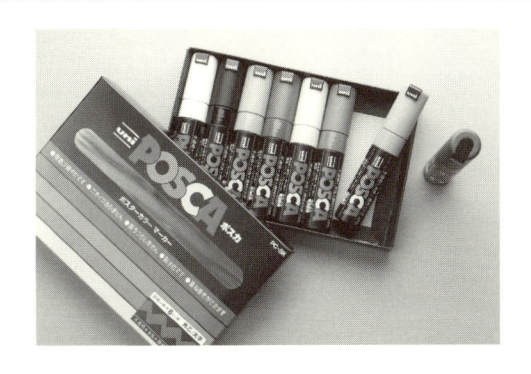

ゲルマーカー

　クレヨンのような書き味が楽しい。

ダーマトグラフ

　書き味が柔らかく、誰が書いても味のある文字になる。

4.3　ファシリテーションツール

　グループでのディスカッションや対話の際、発言権を管理したり、場を持ち上げたりするときに用います。グループでディスカッションなどを行うと、ごくまれに、一方向的に自分のことだけを語る参加者が出てきたり、何も発言できない人が出てきたりします。このような状況を打破するのは、講師のファシリテーション技術であることは言うまでもないことですが、ツールによっても、ある程度は、そうした事態を抑制することができます。

クッシュボール

　パスをして発言をつなげていくための指名ツール。ボールを投げて受け取った人が発言し、次の人にパスする、といった使い方をする。お手玉でも、柔らかいボールでも可能。パスできるもの。

写真7.15　ダーマトグラフ

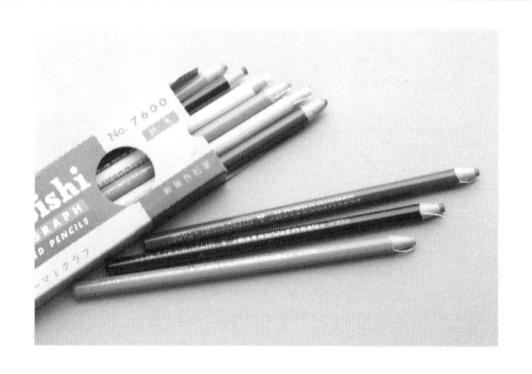

LEGOブロック

「あなたの職場を表現してみましょう」「新人時代の自分を振り返ってレゴで表現してみましょう」など、表現しにくいもの、形を持たないものを表現するツールとして有効。まずは、発言内容をブロックで表現させておいて、それを「指示」しながら、発言・対話をしてもらう。レゴブロックは、誰にでもつくれて、なかなか巧拙が出ない。ある程度の抽象度があるので、見るだけではわからない。よって、それを指示して説明して語ることで、他者とのコミュニケーションツールとなる。

4.4 タイムキーピングツール

キッチンタイマー、ストップウォッチ

　講師の中には、キッチンタイマーやストップウォッチを用いて時間管理を行う人もいる。

タイマーアプリケーション

　PC上で動くタイマーアプリケーション。スクリーンに表示できるので、参加者に時間を伝えながら、タイムマネジメントを行うときには便利。

　Win用：http://hp.vector.co.jp/authors/VA015390/ktimer/index.html
　Mac用：http://www.apimac.com/mac/timer/

写真7.16 LEGOブロック

ベル

会場全体に音を響かせて、時間管理をしたいときには便利。音が高周波のものは、大会場でも後ろまで音が届きやすい。

5 事務局の役割──「内職事務局」から「支援する事務局」へ

5.1 壁事務局、内職事務局からの脱却

本章の最後では、研修における事務局の役割を述べます。事務局というと、一般的には、研修のロジスティクスを回す裏方仕事と考えられています。中には、研修に参加していても、後ろで内職をしている事務局も散見されます。

写真7.17 キッチンタイマー

写真7.18 ベル

実際、研修講師の方に「事務局には何を望みますか？」と聞くと、「一緒に研修づくりにかかわってやってほしい」という人から、「後ろにいて見守ってもらえればいい」という人までさまざまです。中にはチェックをされているように感じるので、事務局には同席してほしくない、というプロフェッショナル講師もいます。このように研修講師のニーズすら多様なことから、事務局の役割とは何か、はあまり論じられることはありません。

　しかし、この問題に関する本書のスタンスは明確です。本書では、**事務局の役割とは「研修講師を支援することを通して高い付加価値を発揮すること」**と考えます。事務局の役割とは「内職をすること」でも、「研修のチェックをする」だけでもありません。事務局という独自のスタンスを生かして「研修に対して、**高い付加価値を発揮すること」**が、その役割です。このスタンスの上で、以下の考察を行います。

　それでは、なぜ、本書は、このようなスタンスを取るのでしょうか？

　それは、**事務局というのは、積極的に関与するかしないかにかかわらず、その場にいるというだけで影響力を持ってしまうからです**。研修中、事務局が壁に張りついて存在感を消していたり、後ろで内職ばかりしていたり、途中で姿を消してしまったりしていれば、参加者からは「あ、事務局はこの研修につい

事務局は参加者から見られている

て興味がないんだな」と思われ、どこか緊張感がなくなってしまいます。事務局は、研修で「参加者」を見ているつもりかもしれません。しかし、事務局は、参加者から「見られている」のです。このことを忘れてはいけません。

　すなわち、事務局とは、望もうと望まないにせよ、自らはすでに「研修の構成要素の一部」なのです。自らも「研修の構成要素」の一部ということは、事務局も「研修を通じて経営に資する活動」をしなくてはなりません。本書では「壁事務局」「内職事務局」から脱却し、少しでも研修効果を高めるために事務局として何ができるか考えて実行する「**支援する事務局**」を、理想と掲げます。

　くどいようですが、本書は「事務局」を「裏方」とは見なしません。そうではなく、本書の記述の底流にあるのは「**研修は、講師と事務局がコラボレーションしながらつくり上げていくもの**」という「信念」であり、「**どんな制約がある研修でも工夫はできるのだ**」、という「思い」であり、また「**研修を通じて学びを提供する側こそが、学ぶのだ**」という「覚悟」です。そうした「信念」と「思い」と「覚悟」を共有する事務局を「支援する事務局」と呼びます。

　それでは、具体的に「支援」とはどういうことでしょうか。それは、事務局しか持ちえない情報や役割を生かして、いかに研修を活性化するかということです。

　例えば、多くの外部講師にとって、社内の裏事情・政治は未知の事柄です。研修のテーマについては精通している外部講師であっても、組織内独特の考え方や用語、特に組織内の政治的な部分などは、全くわからないものです。そういう意味で、良い研修をつくり上げるためには、事務局と講師とのコラボレーションが欠かせません。

　また、研修講師はよく「ディレンマ・マネージング（Dilemma Managing）」の状況に置かれがちです。研修やワークショップにおける学習への支援とは、いつも同時多発的に起こるもので、一部の参加者にかかわりすぎていると、全体には関与できなくなります。一方、全体に関与しようとすると、対応が必要な一部の参加者には関与できなくなってしまうのです。その点、事務局は、全体と部分を常に見渡すことのできる特権的立場にいます。全体と部分を見渡し

ながら、下記のような支援を行っていくことが求められます。事務局が行っていきたい支援を4つに分けて述べます。4つとは「**ホスピタリティ**」「**ドキュメンテーション**」「**ウィスパリング**」「**タイムコントロール**」です。

5.2 ホスピタリティ

　事務局の仕事は、**研修前に笑顔で名乗って挨拶をすること、明るく元気に振る舞うことから始まります**。自らは「場の構成要素」であり、研修の一部なのです。参加者をホスピタリティと笑顔をもって迎え、モティベーションを上げていくことは、事務局の最も基本的な仕事です。

　ある実務家は「**顔の見える事務局**」として働くことを願っていました。顔の見える事務局とは「事務局さん」として働くのではなく、「(事務局役の)中原さん」として場にかかわるということです。そうした「人間的かかわり」が、この業務にはどうしても必要です。

　しかし、「人間的かかわり」が役割の一部として入り込んでいるということは、2つの意味があります。

　ひとつは、事務局の仕事にはそもそも「向き不向き」がある、という当たり前の事実です。事務局になってから、事務局に必要な資質を経験を通じて鍛錬することも可能ですが、人間的かかわりが本来不得手な人は、なかなか変わりません。よって、事務局は「育成」もさることながら、「採用」が極めて重要である、ということです。

　第2に、仕事をしていく上で「人間的かかわり」が必須であり、その仕事にはホスピタリティの発揮すらが求められる、ということは、事務局の仕事は「感情労働化」しやすいので注意が必要である、ということです。感情労働とは「公的に観察可能な表情と身体的表現をつくるために行う感情の管理」のことを指す概念です。この場合で言いますと、どんなに困った参加者が研修に来たとしても、最初は、ホスピタリティを発揮しなければならない。困った事態が生まれても、自分の感情を押し殺して対処する必要がある、ということです。事務局の仕事のこうした負の側面は、ふだんはあまり意識されることはないかもし

れませんが、肥大化していくと、過剰なストレスにつながりがちなので、注意が必要です。[2]

5.3 ドキュメンテーション

　事務局の大切な役割のひとつは研修のドキュメンテーション(Documentation)です。ドキュメンテーションとは「**記録を残す**」ということです。ドキュメンテーションの手法としては、記録者がメモなどに書き取って記録する、ICレコーダーなどで音声を記録する、写真を撮影して記録する、映像に残すなど、さまざまな方法があります。では、なぜ研修内容を記録しておく必要があるのでしょうか。その理由はいくつかあります。

❶次の研修のための参考資料として
　研修は一度で終わり、というものではありません。ドキュメンテーションに残し、見返すことにより、**次の研修企画を行う際に改善する**ことができます。また、自社内で講師育成を行っている場合は、ドキュメンテーションを残し、講師と共に研修を振り返ることで、**講師の熟達**につなげることができます。

研修の記録を残す＝ドキュメンテーション

---

2 Hochchild K.（著）・石川准、室伏亜紀（訳）（2000）『管理される心：感情が商品になるとき』世界思想社

❷説明のため（アカウンタビリティ）

　どんな研修を行い、何が起こったのかを、経営トップや現場マネジャーなどステークホルダー向けに説明する際に有効です。参加者の気になるコメントを上長やOJT担当者、育成担当者にフィードバックする、といったこともできます。

❸アセスメントのため

　ドキュメンテーションをアセスメントに使用することもできます。例えば、リーダー育成研修で事業シミュレーションを行った際、**誰がどんな発言をしたのかを記録**しておき、リーダー選抜の参考資料とする、といったやり方があります。

❹参加者へのフォローアップのため

　ドキュメンテーションは参加者へのフォローアップにも役立ちます。研修内容について整理したものを、後から参加者に配布すれば、リフレクションを促すことになり、参加者の理解は深まります。

　ある人材育成担当者の方は、新入社員研修の際に、各部署で行われた**研修内容の文字起こしをして、数カ月後に、フォローアップとして新入社員向けに送付**しているそうです。入社したばかりの時期には、社内の各部署でどんな仕事をしているのか、どんな商品を扱っているのか、などを次々と説明され詰め込まれても、なかなかうまく飲み込めないものです。そこで、配属後しばらくして、仕事内容が見えてきたときに、再度、研修内容についてのドキュメンテーションを送ることで、より深く内容を理解できるというわけです。

5.4　ウィスパリング

　支援する事務局に求められることの2つ目は、研修の現場で何が起こっているのかを詳細に観察（Observation）し、必要に応じて研修講師に伝えることを通して、場の活性化に寄与することです。特に参加者に人知れず、講師に情

報をさりげなく講師に耳打ちやメモで伝えることを、ウィスパリング（Whispering）と呼びます。場で起こっている出来事、学習者の反応を把握することは講師も行うのですが、これに事務局も加わることで、正確なインストラクションやファシリテーションが可能になります。

　例えば、今、参加者がグループディスカッションをしている場面があるとします。その際、一般的な研修において、事務局は何をしているでしょうか。内職する事務局であるならば、グループディスカッションが始まろうがおかまいなしに、そのまま作業を継続するかもしれません。

　しかし、支援する事務局は、**グループディスカッションの進捗の様子を観察し、その中で、どのような出来事が起こっているかを探索します**。作業の進捗をじっと見詰めていると、さまざまなことがわかっています。例えば、
「あのグループは、結論をなかなか出せていない。おしゃべりのAさんとBさんを一緒の班にしたからかもしれないぞ」
「あのグループは声の大きいCさんだけがワークをやっていて、残りの人はあまりかかわっていないな」

　といったようなことが見えてきて、改善すべきポイント、介入すべきポイントなどがわかってくるはずです。それら事務局がとらえた問題の中には、クリティカルなものも含まれるかもしれません。ただちに、講師に伝えて、ファシリテーションの際に生かしてもらえるような点も含まれるかもしれません。

　また、講師の話題が、どの程度、学習者に理解されているかは、学習者を観察していれば、わかることもあります。もちろん、こうしたことを把握するのは講師の責任なのですが、刻一刻と変わる状況の中で、講師だけの力では、それが難しくなる事態が生まれがちです。そうした場合に貢献するのが、支援する事務局です。学習者の顔やうなずきを観察し、講師の話の内容が把握できていないと判断されるものがあれば、そうした情報も伝えます。例えば、「あの辺の人たちは、今の部分ちょっと理解できていないみたいですよ」「あの話は今日の参加者たちにはわかりにくいみたいです。補足説明をお願いします」といった**情報をさりげなく講師に耳打ちやメモで伝えて**もらえると、講師はあり

がたいものです。

　特に大規模な研修を行う場合などは、講師は後ろの方まで目が行き届かないので、事務局の方が何人か手分けして、会場を見回りながら、「後ろのテーブルでは話し合いがまだ終わっていないので、少し待ってください」といった情報を適宜講師に伝えるというようなサポートが欠かせません。

　ただし、ここで注意点があります。何でも「やりすぎ」はよくないということです。この場合で言うと、どんな問題でも講師に伝えてくる、という事務局も困りものです。情報の中には、講師が知らなくてもよい情報もあるのです。余計な情報を伝えられて、かえって、気になってしまい、効果の高いインストラクションやファシリテーションができないといった問題も生じがちです。「**どの情報を伝えるか、いつ伝えるか**」を、その場の状況を見ながら**瞬時に判断**できるかどうかは、事務局の力量が試されるところだと思います。

5.5　タイムコントロール

　時間管理は事務局の重要な仕事です。タイムスケジュール通りに進んでいるかどうかの確認を行い、「5分押しています」「あと10分です」といったサインを出すなどさりげなく伝えてもらえると、心強いものです。また、参加者の様子を見ながら「皆さん、疲れているようなので、ここでいったん、休憩を入

研修進行に欠かせないタイムコントロール

れましょう」などと、フレキシブルに対応できるとなおよいと思います。

　事務局経験の長い、ある実務家は、研修のときは、タイムスケジュール表を見ながら、押してしまった時間をどこで元に戻すか、タイムスケジュール表を常に更新しながら、講師に、その後の進行を提案する、といいます。こうした事務局に支えられ、講師は学習者と真正面から対峙することができます。

5.6　ルーティン化を防ぐ努力

　以上、事務局の仕事について論じてきました。事務局が高い付加価値を発揮して研修成果の向上に貢献するためには、上記に述べたように、いくつかの留意点がありますが、大切なことは、それ以外の可能性を自ら探っていくことではないか、と思います。願わくば、「さらなる付加価値の発揮の仕方」を、このリストに加えていただければよいと思います。

　多くの実務家が指摘するのは、事務局の仕事は、ともすれば「ルーティン化」しやすい傾向があるということです。いつもと同じような場で、いつもと同じような研修講師とつき合い、いつもと同じような仕切りを繰り返していれば、次第に仕事を「こなすこと」はできるようになるでしょうし、場合によっては「やりすごすこと」もできるようになります。しかし、そこには、事務局の力量形成の契機はありません。

　事務局は、学習者に「学べ」「変われ」と明に暗に言います。参加者が「学ぶこと」「変わること」をよしとする、研修という場を自ら準備しているからです。それなのに、**事務局自身の仕事が「ルーティン」に堕し、「学べない」し、「変われない」のならば、それは論理矛盾です。そして、そういう論理矛盾は、多くの場合、参加者には見通される可能性が高い**ということです。

　事務局とは、あらゆる雑務を包摂する、まことに便利な言葉です。しかし、事務局の仕事がいわゆる雑務を超え、場への貢献を内包するとき、事務局という言葉は「死語」になり、「新たな仕事」が生まれる瞬間なのかもしれません。

第7章まとめ
Summary

受付のロジスティクス
- 名簿……受付用、講師用、参加者用の３種類を用意する
- 名札……予備を用意しておく
- 教材、資料の手渡し……ナンバリングしておく、配布資料の確認を行う
- 座席の案内……わかりやすく誘導する
- お金の徴収……集金は区切りのいい数字に。領収書を用意しておく

空間のデザイン
- 机と椅子の配置
  ①スクール形式　②島形式　③円陣形式
- 座席のデザイン
  ①ランダムアプローチ　②固定型アプローチ　③変動型アプローチ
- 動線の確認
- 食べ物と飲み物のデザイン……おもてなし感、非日常感を演出
- 講師席のセッティング
  ①タイムスケジュール表　②参加者名簿・座席表　③それまでの研修に関する資料
  ④当日の資料　⑤水などの飲み物
- ドキュメンテーション……撮影、録音については予め断っておく

研修ツールのアイディア
①アイディアをアウトプットするためのツール
②ライティングツール
③ファシリテーションツール
④タイムキーピングツール

事務局の役割
①ホスピタリティ
②ドキュメンテーション
③ウィスパリング
④タイムコントロール

……「内職事務局」から「支援する事務局」へ

第8章
研修実施
「教えること」の技法①
～オープニング編

❖本章のねらい
研修冒頭部をデザインします

❖キーワード
プロービング｜OARR｜ステータス管理

1 はじめに

　さて、私たちは、これまで研修のカリキュラムをデザインし、人を集め、いよいよ研修当日を迎えることができました。第8章から第10章では、研修当日のコンテンツデリバリー、すなわち「教えることの技法」について、述べていきたいと思います。

　「教えること」というのは、昨今、「教え込み」という言葉でイメージされるように、どちらかというと忌避されるような傾向があるように思います。第1章でも少し触れたように、教育、人材育成の歴史は振り子のように右、左、右、左と振れ続けていくものです。そして現在、振り子の先は、OJTなどに代表される「現場での仕事経験」の重視、そして、ワークショップなどの「体験型の学習活動」重視に傾き、「経験」の極に振れているように感じます。一般に、この「経験」の極は「教えること」とは「対極」に位置付けられることが多いので、ともすれば「教えることはいけない」という風潮が過度に広まる可能性があるのです。具体的に言うと、人材開発の言説空間には、「教室では、人は

学べない。経験から気づかせることが重要だ。教えてはいけない」といったムードが漂っているように思います。

　しかし、そもそもの議論から始めますが、「教えること」とはいったいなんでしょうか。「教える」とは決して「一方的に何かを伝える」ということではありません。戦後を代表する教育者であり『教えるということ』の著書もある大村はまさんの言葉に、こんなものがあります[1]。

「**子どもに考えさせるということをした人が、一番教師としてすぐれている。**できるようになったか、ならなかったかはどちらでもよろしい。けれども、**考えるということをさせた事実**——"考えなさいといった人"ではなくて、"**考えるということを本気でさせた人**"が一番えらい」

　畢竟、「**教えること**」とは「**考えさせること**」なのです。そして、「考えさせること」の果てに存在するものが「学ぶこと」です。そして、そうした「学び」の先には、学習者が「行動を変えること」があります。

　「教えること」は「特定の手法」に束縛されません。「話し合う」「活動する」「体験する」などの多種多様な活動を通して、要するに、学習者に「考えさせること」ができればいいのです。「一方向的に話をすること」も、「考えさせること」のために用いられるならば、問題ありません。大切なことは、**教えた結果、「学習者が考えること」**であり、「**学ぶこと**」であり、「**行動が変わること**」なのです。

　第8章から第10章までは、学習者に効果的に「考えさせる」ためには、すなわち「教えること」ためには、具体的にどのような留意点があるのか、ということを説明していきたいと思います。本章第8章は、研修冒頭部のオープニング、続く第9章は研修のメインアクティビティ、第10章において研修最終場面のクロージングについて説明していきます。

1　苅谷夏子（2012）『大村はま　優劣のかなたに：遺された60のことば』ちくま学芸文庫

2 プロービング

　研修当日、オープニングの場面でまず留意することは、学習者を見きわめる探索行動、プロービングです。プロービングは、講義開始よりももっと早く、参加者が会場に到着する前、出席名簿を手にしたときから始まっています。

　まず、参加者が来場する前に、可能であれば出席者名簿を見せてもらい、**参加者がどんな人たちなのか、イメージ**してみましょう。ここでつくったイメージは、必ず現実とはズレますが、あとでそれが裏切られることがあるにせよ、参加者のイメージを予想しておくことは、「教えること」にとって大切なことです。

　ある研修講師の方は「職種や業務経験によって、どの程度、しゃべるのが得意かには違いがある」ので、研修開始前に参加者名簿を見て、そのイメージをまとめるのだそうです。ただ、同時に「こだわりすぎると、本番、大切なことを見失う」ので、研修が始まったら「ありのままの参加者の姿を見るようにしています」と話していました。

　プロービングは、さらに続きます。最も大切なのは、研修参加者が来場した

学習者を見きわめるプロービング（探索行動）

そのあと、**直接、参加者を見ること**です。世阿弥が著した『風姿花伝』の中に、能を演じることについて具体的な方法を説いた「問答條々」という章があります。世阿弥に対するＱ＆Ａコーナーのような部分なのですが、そこに「**まづ、その日の『庭を見る』に、今日は、能、よく出で来べき、あしく出で来べき、瑞相あるべし**」とあります。つまり、その日の一番最初に庭、つまり会場を見て、どんな人が集まっていて、どんな様子なのかということを見る。すると、その日の能がうまくいくかいかないか、という予兆がある、というようなことを言っているのです。

　世阿弥の言う「庭を見る」はプロービングの重要性を述べています。プロービングは、現場に居合わせ、現場の空気感を感じるところから始まります。そのためには、研修講師の中には、講師控室にこもってしまうのではなく、**参加者が来場する時間から会場内にいて様子を見ている人もいます**。

　座席が自由の場合、早めに来場し、研修室の前方に座る参加者は、大抵やる気のある人たちです。後方に座る人は少し講師との距離を置きたい、という心理が働きます。ギリギリに入ってきたり、携帯を握りしめて入ってくる人は、仕事が忙しく、研修どころではないのかもしれません。集合研修の２日目などは、特に眠そうに目をこすりながら入ってくる人もいます。また、参加者同士は誰と誰が挨拶をしているのか、どのような会話をしているのか、あるいは、ほとんど会話もなく静まり返っているのか、といったことも見ておきます。見ているうちに、みんなから挨拶をされるキーマンのような人が見えてくることもあります。

　他には、腕組みをしている人はいないでしょうか。また椅子に座っているときに、前傾姿勢や後に反り返っている人はいないでしょうか。こうした身体動作は、本研修に対する心理を表現していることが多いものです。言うまでもなく、腕組みや後に反り返る動作は拒否の姿勢を、前傾姿勢はポジティブな様子を表現していることが多いものです。

---

2 世阿弥（2011）『風姿花伝』講談社学術文庫

結局、「庭を見る」とは、「人を見ること」です。「フィールドワーカー」になったつもりで、会場を異邦人の目で観察してみましょう[3]。毎回何かの発見があるわけではありませんが、**研修に参加する人々の人物模様や、社会的ネットワークが見えてくる瞬間があります**。場合によっては、例えば、あまり集められた仲間同士がよそよそしい場合などには、

「お互いにご存じない方が多いようなので、まずはお近くの方と名刺交換をお願いします」

といった具合に、その場に合ったオープニングを行うことができます。

　プロービングはなおも続きます。その間行うことは、**レスポンシビリティ（反応可能性）のある人を探すこと**です。研修講師にとって、最も緊張する瞬間のひとつは、研修冒頭部での一番最初の発問や指名です。研修の最初で「いかがですか？」と指名して意見を求め、答えが返ってこないと気まずい雰囲気になりますが、それを防ぐことができます。1人目に指名した人の反応が良ければ、次に発言できそうな人を、その人自身に指名してもらう、といったテクニックもあります。

　他にも、**少し意見が多そうな人、キーマン的な人、やる気がなさそうな人など、気になる人がいたら、研修開始前に個人的に話しかけ、味方につけておく**、というのもスムーズに研修を進めるためのコツです。研修講師の中には、会場に先乗りして、会場にいち早く来ている参加者と名刺交換をする人も少なくありません。

3 自己紹介

3.1　研修講師の自己紹介——ステータスの管理

　研修冒頭部では、まず、研修講師自身の自己紹介から研修が始まることが一般的です。ここで重要になるのが、研修講師自らのステータス（社会的位置・

3　佐藤郁哉（1992）『フィールドワーク：書を持って街へ出よう』新曜社

立場)の管理です。研修冒頭部で研修講師は、一方で「自分が教えるに足る人物」であることを主張し、同時に、縁の下の力持ちとなって「受講者を最大限支援すること」も表明します。すなわち、自分のステータスを上下させながら、参加者の信頼を勝ち取る必要があります。

といいますのは、研修講師は、いわゆる教員と異なり、公的な教授資格を有した人物ではないことが一般的であり、そうした人物が、多くの場合、初めて学習者に相対します。よって、研修講師は、参加者に「この人は学ぶ価値のある何かを持っている」と思わせ、信頼を勝ち取らなければなりません。そのためには、自分が何者なのか、自身の経歴やその場にいる意味を明確にし、講師としてきちんと伝えるべき内容知や経験知を持っている、ということを感じてもらう必要があります。このとき、研修講師のステータスは、参加者よりも「上」になります。

ただし、一方で研修講師は、ステータスを参加者よりも「下」にすることも求められます。「自分には経験とコンテンツがある」ということを強調しすぎますと、権威的になりすぎる傾向があります。そのために参加者が質問ひとつ口にできないような研修になってしまっては問題です。よって優れた研修講師は常に、現場の状況をモニタリングした上で、自身のステータスの管理を行い

研修講師は自らのステータスを上げ下げする必要がある

ます。換言すれば、「**自分の社会的立場を、意図的に、参加者の上に持ち上げたり、参加者よりも下に下げたりする**」のです。

　ある研修講師は、「研修最初の仕切りでは、『この講師は専門性を持っている人だな』『でも、この講師は自分たちの言葉を拾ってくれるし、大事にしてくれる』『だから、自分も安心して話していいんだな』と、いう3点をわかってもらえるようにします」と話します。

　要するに講師の自己紹介は、「自分は皆さんに伝えるべき何かを持っている人物ですよ」ということを伝えつつ、だけれども、「皆さんの話もしっかり聞きますよ」という傾聴の態度を示すことです。

　この状況は、さしずめ、いわゆるサーバントリーダーシップの状況に似ています。サーバントリーダーシップは、「ビジョンや目標の実現に向かっている人々を"支援"すること」を強調したリーダーシップのあり方です[4]。この考え方に従いますと、優れたリーダーは、リーダーでありながらも、サーバント（召使い）である。サーバントとして尽くしながらも、リーダーである、ということになります。リーダーとしての態度が行きすぎると、リーディングリーダー（権威的リーダー）になってしまいますし、サーバントとしての立場が行きすぎると、サーバントサーバント（奴隷）になってしまいますので注意が必要です。

3.2　参加者同士の自己紹介

　研修講師の自己紹介が終わったら、参加者同士の自己紹介を行うこともあるでしょう。参加者同士の自己紹介で注意したいのは長くなりがちだということです。筆者も研修の参与観察をしていた頃、参加者全員がひとりひとり自己紹介し、延々と30分も40分も続く研修に遭遇したことがあります。同じような自己紹介が続くうち、一人二人と居眠りをする方が現れました。

　こうしたことを避けるためには、まず自己紹介を行うためのグループサイズ

4　サーバントリーダーシップについては、以下の書籍に詳しいです。
　Greenleaf, R. K. and Spears. L. C.（著）、金井壽宏（監修）、金井真弓（翻訳）(2008)『サーバントリーダーシップ』英治出版
　金井壽宏・池田守男（2007）『サーバントリーダーシップ入門』かんき出版

（1グループの人数）をより小さくすることです。研修の内容にもよりますが、参加者の自己紹介はグループごとなど少人数で行い、あらかじめ話す内容を絞るようにするとよいでしょう。

　自己紹介の際に気に留めたいのは、自然に打ち解け、アイスブレイクできるような話題を選ぶことです。例えば、自己紹介と共に「先週の日曜日に何をしていたか教えてください」「最近のマイブームを教えてください」「私とつき合うとイイコト、ワルイコトを教えてください」など、誰でも答えられ、その人の人となりが垣間見えるようなコメントを言ってもらうようにするだけで、場はずいぶん和みます。

「では、皆さんアイスブレイクのためにちょっとしたゲームをしましょう」と、改まってやや気恥ずかしい思いでゲームをするよりも、「アイスブレイクと意識させず、ちょっとしたコメント付きの自己紹介をしていると、気づかないうちに自然と場が和むんです」と言う方が、筆者がヒアリングした実務家には多い印象を受けました。

3.3　自己紹介は学習者を知るチャンス！

　一方、自己紹介の時間というのは、プロービングに最適な時間です。参加者自らが、初めて言葉を口にする瞬間であり、参加者について知る最大のチャンスです。高圧的な態度の人、話が長い人、小さな声でぼそぼそ話す人、あるい

写真8.1　自己紹介から学習者を見きわめる

（写真：見木久夫）

は一目置かれていそうな人やムードメーカーなど、参加者がどんな人なのかを知るために、研修講師は、この時間を活用することができます。座席表に名前が明示されていないときには、名前などを書き込み、参加者の顔と名前を一致させる時間とします。

また、研修テーマについての経験があるかどうか、ということも聞いておくと、研修中に「こんな経験があると言っていたＡさん、いかがですか？」と、話を振ることができます。

各グループの特徴について把握しておくことも大切です。ある研修講師の方は、自己紹介の際に各グループにボールを渡し「このボールを持った人が自己紹介し、次の人に回してください」といったことをして、ボールを回すのが早いグループ、遅いグループを把握する、と話していました。ボールが回るのが遅いグループには、話の長い人が集まっている可能性があり、その場合は、席替えをする際に話の長い人同士を離すように配慮するそうです。自己紹介の時間は、学習者を見きわめる貴重なプロービングの機会でもあるとも言えます。

4 モチベーションの管理

研修直後、参加者はさまざまな不安に包まれています。参加者の抱える不安は多岐にわたりますが、「内容が難しいのではないか」といったものであったり（学習不安）、「参加者同士うまくやれるだろうか」（対人不安）といったものであったりいろいろです。**オープニングの目的は、そうした参加者の不安を解消しつつ、学習に対するモチベーションを高めることにあります。**

そのためには、これから展開していく研修について、**その意義を伝える「価値付け」、自分でもできそうだという自己効力を与える「効力付け」、講師から支援が得られるという「支援付け」を行います**[5]。

これら３つの観点から研修を意味付けることによって、**研修に対する有意味**

---

5 これらの意識付けは、第４章で紹介した学びの原理である目的の原理（P.105）、研修の意味付け（P.112）に関連しています。

感・安心感を与えることで、やってみよう、という気持ちに向けるようにすることがポイントとなります。

❶価値付け

特に大人が学ぶ場合には「仕事との関連性」をきちんと示すことが必要です。現場での活用イメージを伝えて、**研修内容が「仕事の現場で活用できそうだ」「自分の仕事に関係ありそうだ」と価値あるものと思ってもらえる**ようにします。ある実務家は、「**研修にはお土産か見返りが大切だ**」と言います。「この内容を知らなければ損をする」「この研修を受ければ仕事がうまくいく」といったメリットを相手に響く言葉で伝えるようにします。

第4章（P.110）で見たように意味付けは、個人、職場レベル、ないしは、組織レベルで行っておくとよい結果を生むことがあります。第2章で見たように、ニーズが、職場レベル、組織レベルで存在するとき、**経営陣、現場トップなどのステークホルダーから「この研修の組織的な位置付け、意味」を話してもらうことも奏功する可能性があります。**

研修の職場的な位置付け、組織的な位置付け、意味を話すことは、外部講師には難しく、また効果も薄いため、参加者に合わせて、社内のしかるべき職位の人に行ってもらうようにします。

図8.1 学習者のモチベーションを高める3つの意味付け

❶価値付け	研修内容が「仕事の現場で活用できそうだ」「自分の仕事に関係ありそうだ」と価値あるものと思ってもらえるようにする
❷効力付け	学ぶことに対する負担感や不安を軽減し、「比較的簡単に学べていいことがありそうだ」「やればできそうだ」と思ってもらえるようにする
❸支援付け	学習者に対し、自ら学ぼうとするのであれば最大限支援する、という、意思を示す

❷効力付け

「学ぶ」ということの中には、実際「かったるいこと」「面倒なこと」を含んでいる場合もあります。また、「難しそう……できるかな？」とか「間違ってしまうと恥ずかしい」という負の感情もつきまとうこともあります。そんな学ぶことに対する負担感や不安、**学習する不安（Learning Anxiety）」を軽減**し、「比較的簡単に学べていいことがありそうだ」「やればできそうだ」と思ってもらえるようにします。

人材開発業界でよく流布している「参加者の動機付けプロセス」を語るアクロナム（頭字語）に、「ARCS」というものがあります。[6] Aとは「Attention（注意）」、まず参加者が動機付けられるためには、注意（おっ、これは何だ？）と思ってもらう必要があります。その次に必要なのは、前項の「価値付け」のところで語った「この研修は自分の仕事に関連がありそうだ」という「R」、すなわち「Relevance（関連性）」です。そして、前半ARと後半CSの間には大きな「死の谷」があります。自らが動くか、動かぬべきか、その判断が、このARとCSの狭間にあるのです。この「死の谷」を乗り越えるのが、「C」、すなわち「Confidence（自信：やればできそうだ）」であり、これがまさしく「効力付け」そのものです。3つの意識付けのうち、ここが最も大切な部分です。ちなみに、最後の「S」とは「Satisfaction（満足：やってよかった）」です。

❸支援付け

「支援付け」とは、「もしあなたが、自ら学ぼうとするのであれば、私は最大限支援します。最大限あなたを受容して、研修を進めます」という、意思を示すことです。学ぶことの価値を感じ、さらには「やれそうだ」と感じた個人の背中を最後に押すのは、**「もし自分がやるのであれば」、支援が受けられる、という感覚**です。研修の冒頭部では、学習者にそのような感覚を感じてもらえる

---

6 ARCSはJohn Kellerによって提唱された動機付けモデルです。
　Keller, J. M.（著）、鈴木克明（訳）（2010）『学習意欲をデザインする──ARCSモデルによるインストラクショナルデザイン』北大路書房

よう、講師が雰囲気をつくることが求められます。

5 学びの契約をする

5.1 OARRを握る

　その上で、次になすべきことは、学習者と学習に関する契約を行うことです。大人の場合（子どもも基本的には同じですが）、無理やり「学びなさい」と言ってやらせようとしても、学びの場をつくり出すことはできません。「何をどのように学ぶのか」について、講師と参加者双方で「合意すること」で、言わば、契約を行うことで、初めて場をつくることができます。

　そこで第4章（P.112）ですでに述べたように、この研修が目指すものは何で、なぜ目指すのか？　学ぶことで、どんなメリットがあるのか？　といった研修を受ける意味や意義と共に、研修のスケジュールやカリキュラムの全体像、場のルール等を伝え、それらの「契約」に合意してもらう必要があります。より具体的には、参加者といわゆる **"OARR（オール）を握る"** ことが大切であるといわれています[7]。オールとは、小型の船で用いられる櫂のことです。この櫂をみんなで握り、航海に出ることが求められます。OARRとは具体的には下記のような内容です。

O：Outcome（アウトカム）　目標／ゴール／メリット ⎫ 研修の
A：Agenda（アジェンダ）　スケジュール／時間進行　⎭ 全体像の提示
R：Role（ロール）　ファシリテーターの役割／参加者の役割
R：Rule（ルール）　場への参加ルール（グラウンドルール）

O：Outcome（アウトカム）　目標／ゴール／メリット
　講師は、参加者に学習内容に関する全体像、枠とともに目標、ゴール、学ぶ

---
[7] 中野民夫・森雅浩・鈴木まり子・冨岡武・大枝奈美（2009）『ファシリテーション　実践から学ぶスキルとこころ』岩波書店

ことによるメリットを示し、学習内容に関しての契約（コントラクト）を結んでおく必要があります。**この研修では何を扱い、何を学ぶことをゴールとするのかということについて、参加者との間で共有**できていないと、参加者が期待していた内容と異なっていた場合に、大きな不満が残ってしまいます。

　それを防ぐためにも、研修の扱う射程を明確にしておくことが大切です。「研修テーマは"新入社員のOJTについて"ですので、今回は中堅社員の問題については扱いません」といったように、研修で扱えるものと扱えないものをきちんと分けておくことが重要です。

　研修講師の中には、事前に、参加者に扱ってほしい内容についてアンケートを行って、それを用いて、あらかじめ研修の中で扱えるもの、扱えないものを峻別しておく方もいます。その場合は、まず参加者が学びたいトピックを知った上で、その内容を押さえた研修内容にカスタマイズをします。その上で、参加者のニーズはあっても、今回の研修では扱えない内容を参加者に示し、理解を求める、といったこともなさっているそうです。

A：Agenda（アジェンダ）　スケジュール／時間進行

　研修全体のカリキュラム内容やタイムスケジュールについて、参加者に知らせておらず、研修講師、事務局側しか知らない、といった場合が意外に多くあります。特に**食事の時間、トイレ休憩**については、不安、不満につながりやすいので、きちんと伝えておくべきです。人間の生理的欲求は、より高次のモチ

OARRを握る

第8章　研修実施：「教えること」の技法①〜オープニング編　**225**

ベーションの基盤となりますので、常に気にかけておくことが必要です。

　また、実務の現場では、参加者が意外に気にするのは、**席替えやグループ組成をどのようなスケジュールで行うのか、行わないのか**、ということだそうです。ある程度長時間の研修になると、「いつまでこの席に座っているのか」、「このメンバーとは最後まで一緒なのか、変わるのか」といったことが気になってくるものです。特にウマが合わないメンバーとのコラボレーションが続くことは、避けたい事態でしょう。このようなニーズを低次なものとせず、向き合うことが大切です。「午後になったら席替えします」「午後になったらグループの組み換えをします」などと知らせておくとよいでしょう。

R：Role（ロール）　ファシリテーターの役割／参加者の役割

　講師、ファシリテーターの役割や、参加者にはどんな役割を担ってほしいのか、といった方針を示します。「私はファシリテーター役として皆さんの意見をできる限り取り入れてこの場をつくっていきたい」「疑問点があれば、どんな些細なものでも結構ですので、ぜひ、その場で述べてほしい」など、どのように振る舞ってほしいのかを具体的に伝えるとよいでしょう。

　参加者は一般的に「下手な意見を言って、きりきり絞られるのではないか、恥ずかしい思いをするのではないか」といった不安から、積極的に参加することをためらうものです。役割を明示することで、そうした不安を払拭することができます。

R：Rule（ルール）　場への参加ルール

　オープニングにおいて大切なことのひとつに、研修中に全員（講師も）が守るルールについて理解を得ることがあります。伝えておくべきルールは、❶会場・時間に関するルール、❷学習に関するルールです。下記のようなものがあるでしょう。

❶会場・時間に関するルール

⑴ 会場に関するルール
　・飲食可能なのか？
　・トイレはどこを利用するのか？
　・喫煙ができるのか？
　・地震などの天災があったときの対処法
　・発熱など体調が悪いときの対処法

⑵ 時間に関するルール
　・スケジュールはどのように進むのか？
　・研修開始と終了時間はいつか？
　・トイレ休憩の間隔などはどのように取るか？

⑶ 座席のルール
　・座席の座り方や席替えに関するルール
　・グループ替えの有無など

⑷ メディアに関するルール
　・携帯電話などの利用に関するルール

　これらのうち、特に、会場、時間、座席に関するルールは、基本的なことですが、研修をスムーズに進めていく上で非常に重要です。

　まず、会場に関してですが、研修提供側は、会場についてよく理解しているかもしれませんが、参加者側は、必ずしもそうではありません。また、研修開発側は、この研修が、どのように進むかを熟知していますが、参加者側にとっては、これから何が起こるかは、必ずしも自明ではありません。参加者の側は意外と「トイレ休憩はまだかな」「次の休憩のタイミングで職場に電話を入れたいが、いつ終わるんだろう？」などと、時間に関することで、やきもきするものです。

　座席に関してもトラブルになることがあります。先に「学習者共同体の原理」を述べましたが、学びには他者が必要である一方で、それがきっかけで、学習

を阻害してしまうことがままあります。例えば、同じグループにどうも気が合わない人がいるので、席替えしてほしい、などというクレームが寄せられることがあります。これに対する安全策としては、何かあった場合には、それとなく座席を替えることができるよう、「座席をなるべく固定せずに、例えば「午前、午後で席替えをします」としておくことだと思います。

　このように研修をスムーズに進めていくためには、これらの基礎的なルールをしっかり共有する必要があります。もし時間が不足しているようでしたら、これらの基本的な情報は、口頭だけでなく、掲示や文書などであらかじめ伝えておくという方法もあります。

「会場・時間のルール」に続いて、次に大切なことは「学習に関するルール」です。例えば学習に関するルールには、下記のようなものがあるでしょう。

❷学習に関するルール
(1) 質疑応答のルール
　・疑問が生まれたら、すぐにその場で講師におたずねください
　・質疑は研修中ではなく、休憩中に、講師に直接おたずねください
　・疑問が生まれたら、挙手をお願いします
(2) 対話のルール
　・相手の意見に耳を傾けましょう
　・相手がしゃべり終わってから、意見を言いましょう
　・ボールを持っている人だけお話ししましょう
　・善悪や評価を行わずに、多様な意見を出しましょう
(3) グループワークのルール
　・アウトプットはグループで合意の上、つくりましょう
　・グループワークの際は、役割を決めましょう
(4) 助言のルール
　・相手のアイディアを否定せず、尊重しましょう
　・他者が「一歩先行く」お手伝いをしましょう

(5) 情報秘匿のルール
- 研修中知りえた情報は、この「研修室限り」にしましょう
- 研修中に知りえた情報は、ソーシャルメディアなどに書き込まないようにしましょう

　もちろんルールは、研修を行う側も当然守らなくてはなりません。
　場合によっては、研修講師としては、この研修において、何を約束するのか、参加者に対して提示する場合もあります。図8.2は、筆者が、ある研修で用いたスライドです。ここで筆者は参加者の方々に、研修の目的を踏み外さない限り、最大限、受講生の皆さんの意見を尊重すること、安心して参加者が話ができる環境をつくることなどを約束しています。

　このように、オープニング部分では、十分な時間をかけて、研修の目的、そして研修の全体像、そして研修中に守らなければならないルールについて理解

図8.2 学習に関するルールの例

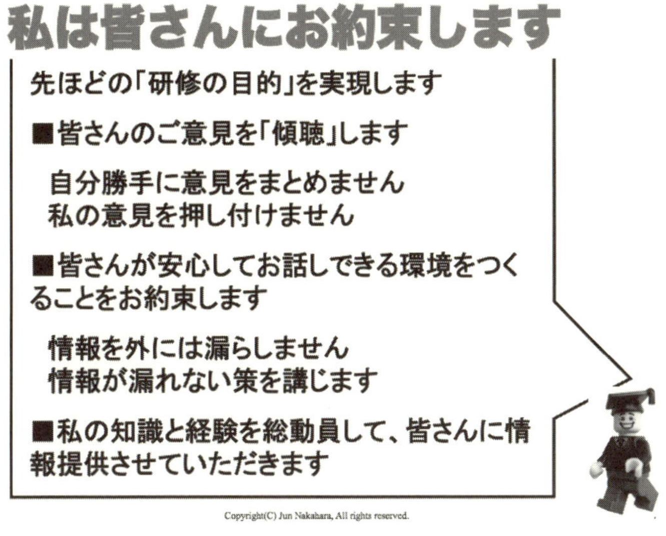

私は皆さんにお約束します
- 先ほどの「研修の目的」を実現します
- ■皆さんのご意見を「傾聴」します
  - 自分勝手に意見をまとめません
  - 私の意見を押し付けません
- ■皆さんが安心してお話しできる環境をつくることをお約束します
  - 情報を外には漏らしません
  - 情報が漏れない策を講じます
- ■私の知識と経験を総動員して、皆さんに情報提供させていただきます

Copyright(C) Jun Nakahara, All rights reserved.

を求めます。これらの理解が十分に深まったら、最後はこう問いかけます。
「最後に、ここまでを振り返って質問がございますか？」
（5秒）
「質問がないようでしたら、以上のことは、私と皆さんの間で十分合意できたということでよろしいですね。それでは、早速、研修に入っていきましょう」
　かくして講師と受講者の間の「契約」が成立です。

5.2　OARRを握るコツ

　オープニングで"OARRを握る"ことは、研修を成功させる最大のポイントと言っても過言ではありません。最初にしっかりと"OARRを握る"ことをしておけば、講師も参加者も安心感と覚悟を持って、研修に入ることができるからです。しっかりと"OARRを握る"ためのポイントは　❶参加者への共感を示す　❷OARRを繰り返す　の2つです。

❶参加者への共感を示す
　参加者に安心感を持ってもらい、納得した上で"OARRを握る"ためには、今この場に参加している参加者の立場に、研修講師自らが「共感」を示す、ということです。「皆さん、お忙しいでしょうから、今回時間をかけて研修に参加するのは、ためらいや不安があるかと思います」「今回の研修は悉皆(しっかい)研修なので、今の段階では、まだ気が乗らない、という方もいらっしゃるかもしれませんね」など、参加者の立場に対する共感を示します。参加者が今抱えている負の感情に対して「研修をする私も、わかっていますよ」と、共感を示すことが大切です。
　OARRについても、単に説明をするだけではなく、「このように進めていきたいと思いますが、皆さん、いかがですか？」「質問疑問があれば、ぜひ言ってください」「本当によろしいですね？　それでは始めましょう」と、**共感、納得が得られるまできちんと説明、確認する**ようにします。そこまでして初めて「納得して契約を結んだ」という印象を与えることができるのです。

❷OARRを繰り返す

　研修が始まり、盛り上がってくると、ついつい研修の最初に結んだ学習契約のことも忘れがちです。特に、途中で、何かのグループワークやアクティビティが入ってくると、その目的や位置付けを忘れ、「やっていて楽しいけど、今何をやっているのだっけ？」「活動は楽しかったけど、何のためにやったのだろう？」といったことになりがちです。これはグループワークなどのアクティビティに集中してしまったときに起こりがちな出来事です。

　特にOARRのOに当たる学習内容についての全体像は、**最初だけでなくセッションごとに**、**何度もくどいほど繰り返し伝える**ようにします。この研修は何を扱っていて、どういうカリキュラムになっていて、今どこの何をやっているかという「枠」を繰り返し明示することが重要です。

6 サプライズをつくる

　研修の初めに、サプライズがあると、学習者の「ネガティブな予想」を良い意味で「裏切り」、研修が盛り上がることがあります。例えば、筆者の場合ですと、研修冒頭部では、あえて「エクササイズから始める」といったことをします。どのような工夫でもよいのですが、**研修冒頭部には「ちょっとしたサプライズ」**があると、「いつもの研修とは違う」という期待感、ワクワク感を演出できます。これは、先ほど述べたARCSの「A」すなわち「Attention（注意）」の確保に関係してくるものです。

　もちろん、オープニングに「サプライズ」は絶対必要、というわけではありません。ただ、研修というのは、概してあまり良いイメージを持たれていないものです。特に、一定年齢以上の方にとっては、「研修というのはつらいもの」という悪いイメージを持たれている場合も多いようです。そうしたイメージを、研修冒頭部で、「いい意味で裏切ること」で「この研修は面白いかもしれない」「楽しいかもしれない」と思ってもらえれば、研修に対するやる気も変わってくるものです。

ちなみに筆者が研修をやる場合、第7章の「コンセプチュアルフード」(P.188)で紹介したように「サプライズ」として「フード」や「スイーツ」を利用することもあります。学ぶ前にはまず食べる。食べ物があることで、楽しい気分にならない人はいませんし、隣同士、自然と会話が生まれ、改まって「アイスブレイク」のゲームなどをする必要もなくなります。

　さて、以上、第8章ではオープニングを述べてきました。オープニングでは、目的を伝え、参加者との間で合意をつくりつつ、スムーズな研修スタートを切ることが大切になります。しかし、こちらがどんなに意図をしていても、なかなか思い通りのスタートを切ることは難しいものです。プランとは、そのまま実行されるものではなく、その都度その都度、人が状況的判断を行っていくためのリソースです。プランが、そのまま現実になることはありません。ぜひ、研修内部で起こるハプニングを楽しんでください。中には厳しいハプニングもありますが、いかにここをHard funの精神で乗り越えられるかが大切です。

　実務家の方々の中には「終わり良ければすべてよし」とおっしゃる方もいます。オープニングがうまくいかなかったからといって、くよくよしたり、慌てたりせず、気持ちを切り替え、研修を長いスパンでとらえ、落ち着いて進めてください。優れた研修講師の方々が、よく口にするのは、「研修冒頭部は大切であることは言うまでもないが、もし、それでうまくいかなくても、**研修の終**

写真8.2 フードによるサプライズの演出

わりまでに場を盛り上げればよい」ということです。まさに終わりが良ければ、それでよしです。うまくいかない場合には、「今、ちょっと厳しい立場に自分は置かれているな」と正確かつ冷静に場をモニタリングした上で、「そういうこともある、中長期的に盛り上げていこう」と考えていくことが大切かもしれません。

第8章まとめ
Summary

オープニングのデザイン
- プロービング（探索行動）……参加者を観察する
- オープニングでは参加者への　①価値付け　②効力付け　③支援付け　を意識
- 学習契約

自己紹介
- 参加者の自己紹介は学習者を知るチャンス
- 講師は自身の立場、ステータスを状況に応じて上下させる

学びの契約をする〜OARRを握る
- O：Outcome……目標／ゴール／メリット
- A：Agenda……スケジュール／時間進行
- R：Role……ファシリテーターの役割／参加者の役割
- R：Rule……場への参加ルール

サプライズをつくる

第 9 章

研修実施
「教えること」の技法②
～メインアクティビティ編

❖本章のねらい
研修のメインアクティビティをデザインします

❖キーワード
プレゼンテーション｜著作権｜ファシリテーション｜グループワーク｜アクティブラーニング

1 はじめに

　第8章では、研修のオープニングについて述べました。オープニングで、研修講師は、自らのステータスを管理しながら、自己紹介を行い、その上で研修の目的を明瞭に伝え、参加者との間で合意をつくっていきます。その様相は、さしずめ建築物の「基礎」をつくっていく作業に似ています。この「基礎」ができてしまえば、それからあとは、かなり容易に研修を進めることができます。一方、この「基礎」が揺らいでしまいますと、その上部にどんなに華美な上物を立てたとしても、揺らぎが生じてしまいます。

　さて、その上で、いよいよ第9章では、研修のメインアクティビティを取り扱います。メインアクティビティといっても、研修によって教えられる内容はさまざまであり、製造業などで行われる研修中には、運動実技や精密な作業を伴うものもありますが、そうした特殊性が高い要素は、本書では扱いません。

　本書のメインアクティビティとして扱うのは、教材づくり、教える身体技法、板書、質疑応答の仕方、話し合いの促し方、グループワークなどでのアウトプ

ットの仕方などです。以下、これらについて順に解説していきましょう。

2 教材（プレゼンテーション）づくりの技法

2.1　ビジネス用プレゼンテーションと研修用プレゼンテーションの違い

　さて、いよいよ研修が始まりました。一般的に最近の研修で用いられる教材は、パワーポイントやキーノートなどの「プレゼンテーション」などの配布資料であることが多いものです。以下では、研修に用いられる教材を「プレゼンテーション資料」であると仮定して、お話を続けることにしましょう。

　ところで、研修でプレゼンテーションを作成する際に、一番気をつけたいことは、いったい何でしょうか。それは第5章で既述した通り、普段、仕事をする中で行うパワーポイントを使ったビジネス用のプレゼンテーションと研修用のプレゼンテーションは違うということを理解することです。それは同じパワーポイント、キーノートというソフトウェアを使ってつくられますが、ビジネスで用いられているものを、そのまま研修資料にしたのでは、なかなか効果的な教授を実現することはできません。なぜなら、プレゼンテーションが用いられる目的や文脈が異なるからです。

　一般に、営業や企画提案など、ビジネスで使われるプレゼンテーション資料というものは、情報提供のための「ビジネス書類」です。配布する際は、持ち帰って検討してもらったり、そのまま上長に決裁を仰ぐための添付資料となることが多いと思いますので、内容も細かくモレなくダブりなく、小さな文字でぎっしりと情報と詰め込んだ詳細なものが中心ではないでしょうか。

　また、特にBtoBの関係で用いられるビジネス資料は、お互いの仕事について熟知している人々が利用することを想定していますので、専門用語などが多用されていることが少なくありません。

　一方、研修用のプレゼンテーション資料とは、「ビジネス資料」ではなく、学習のための「教材」です。**教材というものは、根本的には「何もわかっていない人」に「学ばせること」が目的です。**第4章で見たように、学ばせるため

には「学習者の既存の経験や知識レベル」に根差した記述がなされていなければなりませんし、ときにグループで話し合わせたり、問いかけたり、多種多様な活動に従事させつつ、理解を向上させなければなりません。必然的にその記述は、先ほどの「ビジネス書類」とは異なってくるはずです。研修でプレゼンテーションを作成するときには、まず、この最も基礎的な違いを把握しておくことが大切です。

2.2　研修用プレゼンテーションのつくり方

それでは、次に具体的な研修用プレゼンテーションのつくり方をご紹介します。

プレゼンテーションの作成方法は、それだけで1冊、2冊の書籍が書けてしまうほどの内容を含むものなので、ここでは、多くの実務家が取り入れている最もスタンダードでベーシックな教材づくりのやり方について紹介します。また、プレゼンテーション作成ソフトウェアの具体的な操作方法などについては、本書ではカバーしませんので、それについては別の書籍をご参考になさってください。

プレゼンテーションの作成に当たり最も大切なことは、伝えたい内容に合わせて、プレゼンテーションに「構造」をつくり、学習者を理解に導くことです。

構造は、下記のようにつくります。

写真9.1　設問・記入欄のある研修資料の例

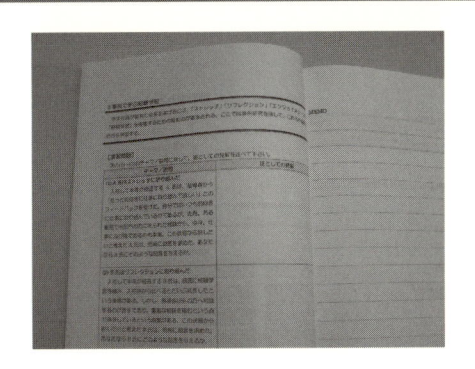

❶Unplugged Thinking：まずはPCの電源を落として考える

　研修の教材をつくるときは、まずPCから離れることです。パワーポイント資料をつくり始める前に、まずはPCの前から離れ、研修参加者をイメージし、一番伝えたいメインメッセージ、導きたい結論は何かを考えます。

　筆者は、プレゼンテーションを行うとき、「One Presentation, One Problem, One Conclusion（ひとつのプレゼンテーションは、ひとつの課題、ひとつの結論）」を意識します。何かの課題を掲げ、それを解決するひとつの結論を導く。もちろん、結論に至る道筋や方法論は複数あってもよいのですが、そのプレゼンテーションにおいて伝えたいメッセージは焦点を絞って、あえてひとつに設定します。

　例えば、第3章で用いたソリューション営業への営業スタイルの転換を事例として、ここでも用いるのならば、One Problemは、「A地域において他社営業部員との競争激化が起こっていることを解消したい」、そしてOne Conclusionは「営業社員が顧客本位のソリューション営業スタイルを身につけ、成果達成に寄与すること」として掲げられるのかもしれません。

❷Writing Elements：要素を書き出す

　メインメッセージが決まったら、そのメインメッセージを伝えるために必要な要素、踏まえなければならない知識などを書き出して、配置します。場合によっては、**ひとつのアイデアにつき1枚の付箋紙を使って、構造をつくりながら、プレゼンテーションを並べてみるとよいでしょう。**

　第3章で用いたソリューション営業を事例にするのなら、挙げておきたい要素はナレッジ、プラクティス、バリューに、それぞれ対応し、「多種多様な商品知識とその特徴を説明できること（ナレッジ）」「模擬顧客を相手にソリューション営業を実践するワーク（プラクティス）」「顧客の問題解決を優先し、顧客に傾聴すること（バリュー）」といった風に挙げることもできるでしょう。ともかく、結論に至るまでの、要素を書き出してみることをおすすめします。

　特にこの際、実務家の中には、要素の中に「ストーリー」を盛り込むとよい

という方がいらっしゃいます。ここでいうストーリーとは「聴衆に伝えたい内容に関連する講師自身の経験」や「聴衆に伝えたい内容を現場で実践するときのヒント事例」のことです。

ある実務家は、これを「マイストーリー」と「フック（物を引っかける器具のこと：ここでは聴衆を引っかけるためのストーリーということです）」と呼んでいました。「マイストーリー」では自身の経験に基づく、さまざまなストーリーを語って共感を呼んだり、イメージを膨らませてもらいます。一方、「フック」では適用事例、実際に現場で活用するときのヒント事例を、なるべく多く提供する。いずれにしても、多様な学習者を相手にしなければならない企業研修では、これらの要素によって学習者を魅了していくことが求められます。

❸Making Structure：構造を書き出す

次に❷で書き出した要素に「構造」をつけていきます。付箋紙を用いているのなら、これを並べたり、つなげたりしていきながら、聴衆が思い浮かべやす

写真9.2　メインメッセージを伝えるために必要な要素、知識を書き出し、構造化する

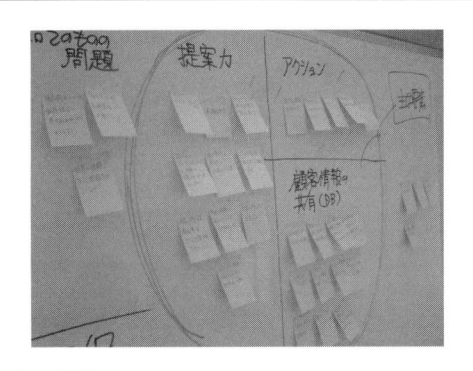

---

1 経営におけるストーリーの効用については、下記の書籍に詳しいです。
　Denning, S.（著）、高橋正・高井俊次（訳）（2012）『ストーリーテリングのリーダーシップ』白桃書房
　Brown, J. S., Groh, K., Prusak, L. and Denning, S.（著）、高橋正泰・高井俊次（訳）（2007）『ストーリーテリングが経営を変える──組織変革の新しい鍵』同文舘出版
　Grant, D. Hardy, C., Oswick, C. and Putnum, L. L.（eds.）、高橋正泰・清宮徹（訳）（2012）『ハンドブック 組織ディスコース研究』同文舘出版

いように「配置＝形」をつくっていきましょう。「形」の作り方は、さまざまありますが、よく企業研修で用いられる「形＝プレゼン配置」は下記の４つです。

(1)エッセイ法

1．	【結論】	最初に結論を述べる
2．	【要素】	（結論）を支持する理由・根拠・方法などを３～５つ述べる
3．	【結論】	最後に結論を繰り返す

　最も基礎的な構造です。最初と最後に結論を述べることがその特徴です。

(2)PREP法（エッセイ法の拡張版）

1．	【結論：Point】	最初に結論を述べる
2．	【理由：Reason】	結論を支持する理由を述べる
3．	【事例：Example】	結論に該当する事例や具体例を述べる
4．	【結論：Point】	結論を繰り返す

　エッセイ法に、事例や具体例を加えたバージョンです。こちらも最も基礎的なプレゼンテーション配置になります。事例や具体例の部分では「マイストーリー」や「フック」を述べます。

(3)問題解決プロセス法

1．	【問題】	最初に問題や課題、問題が生まれた背景を述べる
2．	【手段の提示】	問題を解決する諸手段を述べる
3．	【練習】	問題を解決する諸手段を練習させる
4．	【総括・振り返り】	問題解決プロセスを総括する

　手段を学習する場合などに用いられます。最初は結論から入るのではなく、問題の背景などを述べる点が先の方法とは異なります。聴衆が理屈っぽい場合

などは、1を踏まえていないと、2に至れないケースがあります。そこで、この方法を用います。

(4)ストーリーテリング法

1.【ストーリー】	事例・ストーリーの提示
2.【結論】	結論の提示
3.【手段・要素】	手段や要素の提示
4.【結論】	結論の再提示

ストーリーテリング法は、エッセイ法やPREP法の変形で、聴衆を魅了するようなストーリーを冒頭部に持ってきます。普通にしゃべっても聴衆の中に抵抗が生じたり、イメージが喚起できない場合に、これを用いますが、ストーリーテリングの力量が試されます。

以上、研修で用いられることの多い典型的な4つの手法を紹介しましたが、これ以外にも、さまざまなものがありえます。手法を所与のものとして模倣するだけでなく、ある程度、慣れてきたら、自分で智慧を絞って、マイメソドジーを創ってみてください。このページに、読者の皆さんの多種多様な手法が、並ぶことを願います。

❹Repeating Structure：構造を繰り返す

さて、次にプレゼン資料に「構造のアクセント」をつけます。「構造のアクセント」とは、「聴衆に伝えたい内容の構造を、プレゼンの中で、折に触れて繰り返し述べること」です。といいますのは、プレゼンというのは、ただそのまま並べていくと、紙芝居のように直線的に流れていき、構造を伝えることが難しくなります。そこで、**プレゼンを配置する際のコツは、「構造を繰り返す」**ところにあります。最初と最後にプレゼンテーション全体の構造を伝えるだけでなく、ひとつひとつの要素について話をしたあとに必ず全体の構

造を見せることで、全体の構造をしっかりとつかんでもらうようにします。

❺Creating Questioning and Dialogue：発問と対話を盛り込む

　最後に行うべきことは、プレゼンに「発問」を盛り込むことです。プレゼンテーションでは、単に説明を施すだけでなく、ときに聴衆に「発問」したり、場合によっては、「対話」を促すことで学習効果を上げることができます。既述しました通り、教えることの原点は「考えさせること」です。とすると、プレゼンテーションは、学習者に「考えさせるもの」でなくてはなりません。考えさせるための手法は、これも枚挙に暇がありませんが、**最も大切なことは「説明」や「発問」のバランスを取ることです**。

　ここで「説明」とは「参加者に情報を提供すること」です。「発問」とは、参加者に「問い」を投げかけ、思考を促すことをいいます。

　説明と発問のバランスを考慮して、プレゼンテーションを構成すると、プレゼンはあたかも「講師と学習者が対話をしているかのように」進行していきます。場合によっては、発問を通じて、参加者同士を対話させることもできます。

　例えば講師が「事業の目的は顧客の創造である」ということを、1枚目のスライドで説明したとします。2枚目のスライドでは、説明を続けるのではなく、あえて1枚目のスライドを見たときに参加者が持つであろう疑問を提示します。

　例えば、「でも、まずは製品の創造からじゃないの？　と思う人もいますよね、皆さん、どのように思われましたか？　意見を聞かせてください」といった発問をするのです。その後、参加者とのやりとりを踏まえた上で、3枚目では「事業の目的が製品の創造ではなく、顧客の創造である理由」といった内容を説明するといった具合です。しばらくプレゼンを続けたあとで、参加者同士で対話をさせることも可能です。「それでは、皆さん、ご自身の経験の中で、顧客を創造したことがおありでしょうか？　お近くの2名から3名の方々で、ご自身の事業の中で、顧客を創造した事例について話し合ってみましょう」という風にインストラクションを行うことができます。

　結局、プレゼンテーションに発問を盛り込むコツは、「**この内容を話したら、**

参加者はきっとこう考えるだろう」と、その思考を想定することです。だから、第2章で筆者は「学習者を知ること」はすべての教育の基本になる、と述べました。この意味で、プレゼンテーションを作成するとは、「参加者の思考や考えを頭に思い浮かべること」、頭の中の参加者と「仮想対話」を行いながら、コンテンツをつくっていくことに似ています[2]。

---

2 鈴木栄幸・加藤浩（2008）「社会的ネットワーキングに着目したプレゼンテーション教育手法『マンガ表現法』の提案」『科学教育研究』32（3），pp.196-215

| column | 研修満足度を高める配布資料

　配布資料なしでプレゼンテーションを行うと、必ずといっていいほど「プレゼンテーション内容についての配布資料はありませんか？」と聞かれます。筆者は、配布資料はできる限り用意した方がよいと考えています。

　配布資料がない場合、学習者はどうしても内容をメモする作業に追われてしまい、理解が追いつきません。また、メモするための時間を設けなければならず、時間内に終わらない、といった事態につながる可能性もあります。

　配布資料があれば、研修中のメモとしても使えますし、プレゼンテーションが見にくかったり、聞き取れなかったりした場合にも確認することもできます。また、後で研修内容を振り返ることもでき、研修の満足度を高める大きな要因のひとつでもあります。

　ただ、配布資料にもいくつか注意点があります。まず、**プレゼンテーション内容と全く同じ配布資料にしない**、ということです。プレゼンテーションと全く同じものを配ると、どうしても先がわかってしまうためか、ダレてしまいがちです。「あなたの職場の課題を3つ書き込んでください」という設問の下に解答欄を設け、自分なりの答えを書き込めるようにするなど、問いかけや穴空きなどを残し、適度に資料に書き込みながら研修を受けることができると、いいようです。

　とはいえ、「プレゼンテーション内容と全く同じ配布資料が欲しい」と言われるケースもありますので、その場合はプレゼンテーション用資料はPDF化して、あとから配布する、といったことも検討する必要があります。

　また、通常、配布資料は最初に渡しておくものですが、**配布のタイ**

ミングを工夫することで、効果的に学習者の注意を引きつける、という方法もあります。例えば、研修の途中で「ここで抜き打ちチェックを行います」などといって、チェックテストを配布すると、学習者の注意を引きつけるちょっとしたサプライズになります。ただし、あまり途中で何度も資料の配布があると、時間がかかってしまいますので、ご注意ください。

図9.1 穴空きを残した資料の例

研修用プレゼンテーションのポイント

◆ビジネスで使われるプレゼンテーション資料というものは、情報提供のための[A]

◆研修用のプレゼンテーション資料は学習のための[B]である。[B]というのは「[C]中心主義」で作られていなければならない。

◆研修用プレゼンテーションで最も大切なことは、プレゼンテーションの「[D]」をつくり、学習者に理解させ、行動を変えることに導くことである。

Copyright(C) Jun Nakahara, All rights reserved.

第9章 研修実施:「教えること」の技法②〜メインアクティビティ編 **245**

|column| プレゼンテーションや配布資料における著作権

　配布資料やプレゼンテーションを作成する際、注意したいのが、書籍や論文などから引用した文章やデータ、図、イラストなどを使用した際の著作権の扱いです。この件については、著作権に関するワークショップを開催した際、著作権処理の分野でご活躍の弁護士・福井健策先生にうかがった内容が参考になります。福井先生によると、そもそも「著作物」とは広く「創作的な表現」という定義になります。一般に、

1．ありふれた表現、定石的な表現
2．事実・データ
3．アイデア（企画案、着想、コンセプト、技法）
4．題名・名称
5．実用品のデザイン

　については、著作物ではない可能性が高くなります。

　では、もし研修用の配布資料やプレゼンテーションに「著作物」が含まれていたら、どうすればよいのでしょうか。その際は「適切な引用」をすればよいのです。「適切な引用」をするために気をつけたいのが、下記の6つの原則です。

■引用の6つの原則
1．公表作品からの引用であること
2．明瞭区別されていること
　自分の作品と他人の作品を混ぜない形で、明瞭に境界が設けられ、引用されていること
3．主従関係：自分の作品が「主」で、引用されるものが「従」であること

質量ともに自分の作品が主であり、引用されるものが「従」であること。

4．必要性／必然性のある場面で引用がなされていること
　必要性や必然性のない引用がされていないこと。

5．改変がなされていないこと
　引用されているものが、改変されていないこと。省略がある場合は、その旨明記する。

6．出典が明示されていること
　作家名・作品名は最低限書くこと
　（学術ルール例：中原淳（2010）『職場学習論』東京大学出版会）

　こうしたルールを守れば、引用する際、法的には著者や出版社に断る必要はありません。ただ、引用元の著作者が知人で、あとから「引用するなら、一言教えてほしかった」などと問題になりそうであれば、あらかじめ断っておく、といった配慮はあった方が人間関係的にはいいように思います。

　以上が原則論です。ここで、2つの事例を取り上げます。研修における著作権の取り扱いについて、考えてみてください。法律家による見解を章末にまとめておきます。

<u>ケーススタディ1</u>
　ワークショップの手法を使うのに許諾は必要か？
　（内製化・ワークショップ開発のときに起こりうる問題）

　あなたは、ファシリテーターのAさんが有料で実施しているワークショップに、参加者として参加しました。
　ワークショップ冒頭では、Aさんが考案したという「効果的なアイ

スブレイクの手法：かちわり君」のアクティビティを参加者全員で経験しました。この手法を使うと、参加者の間にあった「氷山」がみごとに「トロケる」のです。あなたは、すっかり「かちわり君」に魅了されました。

「かちわり君」は、Ａさんが「考案した」と言っており、ご本人のホームページにもそう書いてありました。手順の記載はありません。また、勝手に使ってはいけない、とは書いてありません。事実、「かちわり君」と全く同じではないですが、似たような手法「カリカリ君」が、ある本に載っていました。これについて、Ａさんが抗議した、ということもないようです。

あなたは、ある日、上司に呼ばれました。

「今度、顧客相手に、自社のサービスを理解してもらうためのワークショップをするように」とのことでした。ワークショップには、さまざまな会社から担当者が出席するので、いかに集団の緊張をほぐすかが問題になりそうです。

あなたは、自分がやるセミナーで、できれば「かちわり君」を使いたいと思います。ただ、「かちわり君」はＡさんが考案し、有料のワークショップを実施しているだけに、引っかかるものがありました。

上司に相談したところ、「許諾なんていらないんじゃないの？　やっちゃえよ」と言います。一方、同僚に相談すると、「名称を変更して、アイスブレイカー君にして使っちゃえば？」と言われます。次に先輩に相談したところ「やっぱり許諾を取るべきだよ」と言われます。

さて、あなたなら、どうしますか？

この場合、法的にはどう考えることができるでしょうか？

ケーススタディ２
オリジナルの研修ワークシートを流用してもかまわないか？
（事業会社と研修会社の契約：教材の利用と著作権）

　あなたは、マネジャー教育を行う民間の教育ベンダー（研修会社）に勤務しています。あなたの会社では、研修で使用するワークシートは、すべて自社開発しています。あなたと、部下の「しずかちゃん」は、いつも苦労して学習者に最もフィットする研修ワークシートをつくっています。開発に当たっては、クライアントの会社の担当者からコメントや意見をもらうことはありますが、基本的には、あなたとしずかちゃんのオリジナルです。

　最近、企業の人事・人材開発部門の多くが、研修終了後に、研修で使用した素材をデジタルデータで送ってほしい、と要請します。流用されたらいやだな、と思いつつ、あなたとしずかちゃんは、これまでは快く、このリクエストに応じています。

　ところが、最近、びっくりするような出来事がありました。自社のクライアントで、去年まで、マネジャー向けの研修をさせてもらっていたIT企業のＡ社が、今年から自社で研修を内製化すると通告してきたのですが、そのＡ社で実施されている内製化研修の教材の一部が、あなたのつくったワークシートに酷似していました。ほぼ同じ、と言ってよいものです。おそらく、先日渡したデジタルデータに少しだけ手を加えてつくられたもの、と思われます。

　すでにＡ社とあなたの会社との契約関係は切れています。また、特に教材の利用に関して、研修の契約時に取り決めや申し合わせはありません。このような場合、あなたの会社は、教材の権利を主張し、Ａ社に対して費用を請求できるのでしょうか。

> 　上司に相談したところ、「やめとけ、やめとけ、Ａ社とは取引が復活する可能性がある」と言います。同僚に相談したところ、「Ａ社の担当者に、それとなく聞いてみるといいのではないか」と言われました。
> 　一方、しずかちゃんは、大激怒です。「あんなに苦労して、先輩とわたしで、つくったんですよ！　費用を請求すべきですよ、先輩！」と言います。他の教育会社のＢさんに相談すると、「そのワークシートは、Ａ社の担当者にも意見を聞いてつくったんだろ？　微妙じゃないか？」
>
> 　さて、あなたなら、どうしますか？
> 　この場合、法的にはどう考えることができるでしょうか？
> 　　　　　　　　　　　　　　※法律家による回答は294ページにあります。

3 | 教えることの身体技法

3.1　研修講師の身体は語る

　これまで教えることについて、さまざまな観点から考察してきましたが、ここに至るまでに意図的に見逃してきた大切なポイントがあります。いったい、それは何でしょうか。

　そのひとつは「教える者の身体」の問題です。

　「教えること」に関する既存の言説においては、とかく、認知的な内容、ないしは伝達するべき知識や概念などに焦点が当てられがちです。それらをいかに構造化し、洗練するかについて、既存の理論は饒舌です。

　しかし、教えることは、教える主体の「身体」を通じて行われることを、私たちは見逃すわけにはいきません。講師として受講生の前に立つこと、声を使って話しかけること、学習者に目配りをすること、手を使って指名すること。それぞれの身体的所作は、教育効果に少なくない影響を与えます。

講師とは、本人が意図するにせよ、しないにせよ、学習者から常に「まなざし」を浴びています。また、**講師とは自らが「メディア」となって、言語的情報のみならず、さまざまな情報を発信・受信しています**。そういう意味では、**研修講師の声や身体、視線、ボディランゲージや、服装なども、あなたについて雄弁に語り、かつ研修に少なくない影響を与えます**。

　さて、こうした身体についての知見は、主に「演劇教育」や「演劇」の知から学ぶことができます。古くは演出家の竹内敏晴氏、現在では劇作家・演出家の鴻上尚史氏などが、演劇とコミュニケーションの問題を扱った専門書を著しています。[3]近年では、パブリックスピーキング、演技技術等の専門書も出版されるようになってきました。[4]

　詳しくはこれらの著書をお読みいただくとして、ここでは、これらの専門書を適宜引用しつつ、研修講師として特に知っておきたい考え方やテクニックをいくつかご紹介したいと思います。

3.2　立ち方

　立つことは、研修講師の最も基本的なことです。留意するべき点は以下の3点です。

❶背筋をまっすぐ伸ばし、あごは少し引いてください
❷腕は力を少し抜いて、リラックスして構えます。腕組みは「自信がない」か「威張っている」印象を与えてしまうので、禁物です
❸足は、肩幅よりも少し大きいくらいの開き方にします

　こう書いてしまうと、「良い立ち方というのは非常に簡単だ」と思われるか

3　竹内敏晴（1990）『からだとことばのレッスン』講談社現代新書
　　鴻上尚史（2005）『表現力のレッスン』講談社
　　鴻上尚史（2012）『発声と身体のレッスン』白水社
4　現代演劇協会（監修）・三輪えり花（著）（2013）『英国の演技技術』玉川大学出版
　　蔭山洋介（著）（2013）『パブリックスピーキング』NTT出版
　　Hughes, S. L.（2011）*How to Be Brriant at Public Speaking*. Peason Education

もしれません。しかし、意外なことに、「立つこと」ができていない講師は多いものです。

　チェックの方法は、研修中横からビデオカメラで撮影して、それをあとで視聴してみましょう。正面から撮影してもよいのですが、横から撮影した方が、姿勢の乱れはよくわかります。ともすれば、研修を進めるうちに、あごが前に出てきて、背中が丸くなってしまったり、つい腕組みをしてしまっていたり、前後右左に身体が揺れていたりするので、注意が必要です。また、長い時間研修をしていると、だんだんと姿勢が崩れてきます。演台にべったりと手をついたり、身体の後ろ側で手を組むなど、姿勢が崩れていくので、注意が必要です。

　また、よく起こるのは前後左右に身体が揺れることです。前後左右に身体が揺れるのは、落ち着きがない印象を与えてしまうので、なるべく避けたいところです。この場合、プレゼンテーションをしていると、ポインティングデバイスが揺れたりします。

3.3　アピアランス（服装）

　服装は、ビジネスパーソンとして常識の範囲であるので、あまり詳細には述べません。ネクタイをしっかりとしめる。スーツのフラップは外に出しておく。ボタンは1個は最低とめる。ズボンはよれよれのものを用いない。靴には気を

横から撮影し、姿勢をチェックする

配る。髪の毛はこぎれいにする、など細かいことをいうとキリがありません。

ただ、1点、研修には独特の留意するべきポイントがあります。それは、研修講師の格好も、組織文化や研修のカルチュアに合わせるようにする、ということです。

ある実務家は、「うちの会社は、研修はスエットなどでリラックスして参加するのが慣例になっている」と述べておられました。そうした場合、講師が、あまりにもカッチリと決めたスーツを着ていると、周りの雰囲気に合わなくなる可能性があります。

そうかと思えば、逆も存在します。ある研修講師の方は、「研修には、カジュアルな服装で着てほしい」と言われたので、くだけた格好で出かけたら、参加者は全くカジュアルではなく、ひとり浮いたことがある」とおっしゃっていました。

3.4 声

本格的な発声法を習得するには、専門的なトレーニングを受ける必要がありますが、少し意識を変えるだけでも声も変わりますし、伝わりやすくなります。ここでは、取り入れやすいテクニックをいくつか、先行文献を引用することでご紹介します。

服装もまた、学習者に見られている

❶腹から声を出す[5]

　講師として長時間話し続けていると、どうしても声帯を痛めます。しかし、声帯を痛めてしまうのは、「のど」で声を出そうとしていることが多いからです。むしろ「**腹から声を出すイメージ**」で、のどに負担をかけずに、**通る声を出す**ことができます。

　では、「腹から声を出すイメージ」とは、具体的には、どのようなものでしょうか？　よく紹介されているのは「臍下丹田」です。「臍下丹田」は、へそから指3本分ほど下あたりの部位をいいます。そして、腹から声を出すイメージとは、臍下丹田に力を入れて声を出すというのがポイントです。きちんと「腹から声を出す」ためには専門のトレーニングが必要ですが、例えば、演出家の鴻上尚史氏が紹介しているエクササイズなどが参考になります。研修前に壁を両腕でぐっと押しながら「アー」と声を出してみるといったことをするだけでも違ってくると思います。

壁を両腕で押しながら声を出す

5　鴻上尚史（2005）『表現力のレッスン』講談社
　鴻上尚史（2012）『発声と身体のレッスン』白水社

❷声を届ける

「腹から声を出すイメージ」を理解していただけたとしたら、次に考慮すべきは、「声を他者に届けるイメージを持つこと」です。そのためには何をすればいいでしょうか。演出家の鴻上尚史氏は「**自分の声が届く幅と奥行き、方向を意識しなさい**」と言っています[6]。

自分の声というのは自分が思っているほど、遠くまでは届かないものです。それには自分の声が届く範囲を、常に意識することが重要です。教室が広くて後ろの方まで届いていなければ、自分が中央部分まで動いて再度声かけをする必要がありますし、幅が広ければ、方向を変えて何度か声を出す必要があります。

❸感情を声に乗せる

同じ言葉でも、言い方によって印象はがらりと変わります。**研修中に参加者に語りかけるさまざまな言葉に、感情を乗せていくことで、全体のムード、雰**

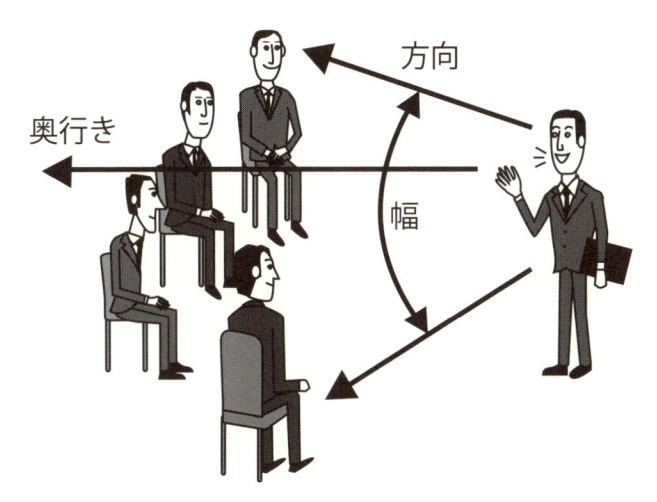

声が届く幅と奥行き、方向を意識する

---

6 鴻上尚史（2005）『表現力のレッスン』講談社
　鴻上尚史（2012）『発声と身体のレッスン』白水社

囲気も変えることができます。

　研修の場合、「さあ、皆さん今日も一日がんばりましょう」と楽しく快活な感じで呼びかけてテンションを高める、「皆さんは果たして普段の業務きちんとできているでしょうか？」と厳しく問いかけ真剣な雰囲気をつくり出す、あるいは「では皆さん、席について今日の振り返りをしてみましょう」と穏やかな口調で促してクールダウンさせる、といったように、声のトーンを変えれば、場の雰囲気が変わります。声に感情を乗せることで、場をコントロールすることを意識してみましょう。

❹間を使う

「問いかけ」を行った後に、間を効果的に使うことで、学習者に「考えさせる」ことができます。しかし、慣れないと、どうしても沈黙を恐れるあまり、すぐに答えを言ってしまいがちです。ですが、問いかけられてすぐに答えを言ってしまうと、その「答え」は印象に残りません。自分なりに思考し、答えを出した後に答えを聞くことで、初めて「なぜだろう？」と興味が湧き、注意を集めることができます。沈黙は怖いものです。だから経験の浅い講師ほど、問いかけのあとに、すぐに答えを出してしまいます。「問いかけ」を行ったら、最低5秒は待ってから次の発話を行うようにしてください。そのくらい開けて初めて、問いかけられている、と実感できるものです。

3.5　視線

　研修中視線をどこに向けるべきかという問いに対して「ひとりを見つめるべき」「一番後ろの席を見るべき」「少し上を見るべき」など、いろんなことがいわれています。実務家の中には「最も反応がよい人」を見つけて、そこに視線を合わせるという方もいらっしゃいました。

　しかし、本書では、なるべくならば**「全体に満遍なく目配りを行うこと」**をおすすめします。ひとりにつき3秒くらいずつ視線を合わせて、ひとりひとりに視線を「届けていく」ようなイメージです。最初は難しいかもしれませんが、

トレーニングしていくとできるようになります。

　なぜこのような方法を取るのか、というと、視線とは「センサー」であり、「メッセージ」だからです。

　既述した通り、あらゆる教育にとって「学習者の様子・変化を見ること」、すなわち学習者の変化をセンシング（センサー）することは基本中の基本です。学習者を見ることなく効果の高い研修を行うことはできません。研修は一方的に、ただ内容を伝える場ではなく、学習者の変化を見てフィードバックを返しながら進めていくものです。よって、視線を「届け」、確実に学習者を見る必要があります。また、視線とは「メッセージ」でもあります。例えば、「私は、あなたのことを見ていますよ」ということを暗に伝えていけば、研修中の睡眠やダレを防ぐことも可能です。

3.6　動き

　研修中、研修講師が不用意に身体を揺らしたりすることは、とても落ち着きなく見えたり、みっともなく見えるものです。教えることにとって「講師の動き」はとても大切な要素です。常に、**自らの身体を学習者に向け、学習者に相対するように、身体を動かす**というのが、鉄則です。

　例えば、古くからよくいわれる教育技術に「**四分六分の法則**」というのがあります。これは、板書の際、文字を黒板に書かなければならない場合においても、身体は黒板に四分集中させ、それ以外の半身（六分）開き、常に会場を見

全体に満遍なく目配りを行う

第9章　研修実施：「教えること」の技法②〜メインアクティビティ編　**257**

渡すということです。

　このことは、ひとりの学習者に指名をして、彼・彼女に答えを言わせているときにも同じです。講師は、自分の身体の四分をひとりの学習者に合わせ、残りの六分に関しては、他の参加者に合わせなくてはなりません。大切なことは、自らの身体が学習者に向くように、計算して動くことです。

　例えば、下のイラストのケースで、あなたはグループディスカッションのあと、AさんをXの場所で指名しました。さて、あなたは、この後、どこに自分の身体を動かすでしょうか。Aさんを指名したのだから、Aさんに近づいていく、というのもひとつです。また、壇上に戻るというのもひとつです。しかし、おそらく優れた実務家ならば、Yの場所に自分の身体を持っていくと思います。指名したAさんと自分の間に多くの他の参加者を挟み、自分に対して発せられたAさんの意見が、全体に届くように、また、あなた自身が他の参加者と相対できる場所に動きたいからです。

　このように研修講師は、効果的に身体を動かし、優れた実践を編み出していきます。

ひとりの意見が全体に届くような講師の動き

|column| 人前で話すPublic Speakingの技術

　誰でも話をすることはできますが、慣れていなければ、人前でうまく話すことはできません。また、普段からの話し方の癖のために、聞き取りにくいものになってしまう可能性もあります。

　しかしながら、人前で話すPublic Speakingの技術を、きちんと習う機会はほとんどありません。では、自分自身で話し方を改善するためには、どうすればいいのでしょうか。ここでは、Hughesらの先行論文を参考に考えてみましょう。[7]

「話し方の癖」を直し、人前で話すPublic Speakingの技術を習得するためには、

1.「Recording　記録」自分の話す声、映像を記録する
2.「Realizing　自覚」自分の話し方の癖、欠点を自覚する
3.「Accepting　受容」自分の話し方の癖、欠点を受け入れる
4.「Learning　学習」自分の話し方の改善方法を学ぶ

　というステップを繰り返し行っていくことが大切です。

　話し方の癖を自覚し、改善していく際にポイントとなるのが以下の7項目だといいます。

❶視線　Eye Contact

　人前で話す際、一番発症しやすいのが、視線が固定化する「資料を見続ける症候群」と「天井を見続ける症候群」です。話し方を改善する最初のステップは視線の固定化からいかに自由になるか、ということです。会場のある一定の人を3人決めて、視線を一定期間ずつ等配分するなど、視線を意識して動かすようにしてみてください。

---

7 Hughes, S. L. (2011) *How to Be Brriant at Public Speaking.* Peason Education

❷声量　Volume

　人前で話す際に一番大切なのはやはり声です。声が小さくて聞き取れないのは論外ですが、声が常に大きすぎるのもまた聞きづらいものです。どこまで届いているかを確認し、声が小さい場合はマイクで調整する方法もあります。また、声を大きくしたり、小さくしたり、早くしたり遅くしたり、と変化をつけると、メリハリが生まれます。

❸間・区切り　Silence

　焦りからか、すごい速さでまくしたてるように話す人がいますが、とても聞きづらいものです。適度なスピードで適度な間を入れながら話しましょう。また、学習内容の区切りの部分や、考えさせたいときなどに間を入れるなど、間を効果的に活用することを意識しましょう。

❹抑揚をつける　Intonation

「やってみましょう！」と言うときに、棒読みでは伝わりません。言い方に抑揚をつけることで、伝わり方はぐんと変わります。

❺明確さ　Clarity

「えーと」「……みたいな」「……と思われますが」などといった曖昧な口癖に気をつけましょう。人前で話す場合、はっきりと言い切る方が伝わります。

❻熱　Energy

　淡々と冷めた調子で話していては、どんなにいい話も伝わりません。やはり「伝えたい」という熱を持って話すようにしましょう。といっても、最初から最後まで熱っぽく語るのではなく、強調したい部分に熱量を上げる、最初と最後は熱量を下げる、といったコントロールをして盛り上がりを演出できるとよいでしょう。

❼仕草　Posture

　気恥かしさや緊張からか、話しながら、真っすぐ立っていることが

できず、もじもじしたり、常ににょろにょろと動いている人がいます。あるいは、常に鼻を掻いていたり、腕を組んでいたりする場合も。話している時の姿勢、思わずしてしまう仕草について意識してみましょう。

❽動き　Motion

　演台、舞台の上での動き方も重要です。右、左どちらか一方でずっと話していると、どうしても、反対側の人の緊張感が薄れてきます。左右に動いて変化をつけるとよいでしょう。

|column| 緊張しないようにするには

　しばしば、「どうしたら緊張しないですみますか？」といった質問を受けます。誰しも人前で話す時は、緊張しますし、不安で怖いものです。ですので、結論から申しますと生理的現象である「緊張」をなくすことはできません。そうではなく、緊張している自分をいったん受容して、冷静にモニタリングしてみましょう。緊張、不安、恐怖は無理になくそうとせず、「ああ、自分は緊張しているな」「ああ、不安だな、怖いな」と受け入れ、見つめてみるようにしてみては、どうでしょうか。

　特に緊張している自分自身を観察してみると、どんなことに緊張するのか、例えば「多くの人の目が苦手」なのか「間違えたらどうしようという不安」なのか、といったことがわかるようになります。すると、自分の中で対策を考えられるようにもなり、徐々に自己コントロール感を得ることができるようになってきます。

話している自分をモニタリングする

4 板書のテクニック

研修では、プレゼンテーションだけでなく、ホワイトボードを使って板書をする、という機会も多いかと思います。何も板書にまで気を配らなくても……、とお思いかもしれませんが、**読みにくい板書は学習者にストレスを与えます**。板書中心の教師教育の世界には、板書の方法についてのさまざまな方法論があります。ここでは、板書の基本と取り入れやすいテクニックをご紹介します。

4.1 板書の目的

まず、そもそもなぜ板書をするのでしょうか。板書の目的は主に下記の3点だといわれています。

❶**学習内容を整理・構造化し、理解を促す**

今何を話題にしているのか、授業中出てきた複数の事実や概念を整理し、それらの関係を板書によってわかりやすく示すことができます。どのような意見があるのか、どこにポイントがあるのか、といったことを整理して板書することで、全員に共通理解を求めることができます。

❷**学習内容を反芻させ、記憶の定着を図る**

ノートテイキング（ノートを取る行為）は記憶の定着を図ることにつながります。単純に、講師の話を聞いているだけよりも、書いた方が記憶の定着が図られます。

❸**注意を集中させ、飽きさせない**

パワーポイント資料だけだと、見るだけで手を動かすことをしなくなるので、眠くなります。板書を交えることで、注意を引いたり、ノートを取らせたりすることで、活動にメリハリが生まれ、飽きを防ぐ効果もあります。

このような板書の目的を理解することで、研修の中で板書を使う場面を効果的に挟み込むことができるのではないでしょうか。

4.2　板書のポイント

板書は、単に思いついたことを黒板にただ書きつければいい、というものではありません。板書をする際に知っておきたいポイントがいくつかあります。以下では4点を紹介します。

❶スペースを分割する

まず板書を行う際には、どこに何を書けばよいのか、大まかにスペースを割り振ってきます。よく用いられるのは、2分割、3分割、4分割の手法です。

2分割:「問題とその解決法」「賛成意見と反対意見」「失敗要因と成功要因」「現状（As is）となりたい姿（To be）」など、ビジネスで多用される枠組みを表現することに優れています。

3分割：3分割で用いられるのは**「問題―解決―結果」「過去・現在・未来」**などで要点を整理する場合です。

4分割：**2軸を設けて、4つの象限にわけて事象を整理する**ことに長けています。

板書のポイント

❷板書の表記ルールをつくる

　板書の際に大切なことは、「**表記ルールの一貫性**」を維持することです。「大事なポイントには赤ペンを用いる」「関連性のあるものは青のペンで結ぶ」「大項目は1）、2）と記す」など、どんなルールでもよいのですが、自分なりのルールを崩さないようにする、というのが大原則です。ルールがなく重要なワードだけを黒板のあちこちに書き殴る、といった板書をなさる方もいらっしゃいますが、これでは物事の重要度、順序などがわからなくなってしまいます。

❸背中を見せない

　先ほど述べましたように、板書の際には「黒板4：学習者6」程度の姿勢で行い、学習者に「背中を見せないように」ということも、よくいわれます。背中を見せることがいけない、というよりも、正確には板書に夢中になるあまり、学習者の方を見ないようになってしまってはいけない、ということです。あくまでも**意識は学習者の方に残しながら素早く書く**、というのがコツです。

❹文字の大きさ・角度

　当然ながら、教室の大きさにより、**文字の大きさ**を変える必要があります。大教室の場合、黒板の字はほとんど見えない、という可能性もあります。教室の後ろから見ても読み取れる程度の字の大きさはどの程度なのか、知っておくとよいでしょう。

「四分六分の法則」　　　　文字は「右斜め15度」

板書のポイント

ちなみに、教育技術の実践知においては、「板書は右斜め15度」といわれることがあります。確かに少し右上がりで書くと、文字がきれいに見えます。

❺意見をまとめる際の注意点

研修などでは、参加者からの意見を聞いて、短くまとめて、板書していく、といったことがよくあります。その際に最も注意したいのは、**参加者の意見をまとめる際に必ず「これでいいですか？」と同意を求めるようにする**、ということです。参加者の意見を講師が誤解し、不本意な書かれ方をすると、参加者は嫌な気分になります。そして、このことに関するトラブルやクレームが、ままあります。

5 指名・質疑のテクニック

研修では、指名をして、誰かに意見を述べてもらったりする局面が出てきます。また、説明を終えた後や、講義の最中など、適宜、参加者から質問を受け付ける場合があります。

ここでは、参加者をどのように指名して、質問を受け付け、さらにはどのように回答を行うかを考察してみましょう。

一見、指名や質疑は、「指名―質問の聴取―回答の提示」というプロセスで進みます。非常にシンプルなプロセスなのですが、案外、ここで、まごつく講師は多いものです。

なぜなら、質疑の時間は、場がオープンになりますので、誰がどのようなことを言ってくるのか、予想がつかないためです。また、通常、講師はこれらの質疑に対して、その場で、衆人環視のもとで答える必要があります。

5.1 指名

研修中に、参加者のひとりに意見や疑問を述べてもらったり、発問をして答えを言ってもらうことを指名といいますが、この際に、いくつか留意点があり

ます。

❶偏りを避ける

指名する人があまり固まらないようにすることです。通常、名前で話しかける時は、男女関係なく「○○さん」と、呼びかけるようにします。「○○課長」などのように肩書きを述べることは一般的ではありません。

特に注意したいのは、内製化の研修では、指名をしやすい人に、ついつい指名をしたがる傾向が出てきます。また、特に仲のよい参加者が、学習者に含まれる場合には、ついつい、ひとりだけ、○○ちゃん、○○君などと親しげに呼んでしまったりすることがあります。「えこひいき」や「特別扱い」は、最も参加者が忌避することです。

❷確実に発言権を渡す

指名する際に最も大切なのは、誰を指したのかが相手に伝わるように、きちんと指名することです。小さな教室であれば、近づいて「いかがですか？」と言って目線を合わせる。大きな教室であれば「5列目の左から3番目のメガネをかけた方」といったように指示したり、手振りをつけて、指名したことを明らかに伝えます。

指名は偏らないように

❸指名の流れをつくる

❷と矛盾するようですが、最初の指名は反応の良さそうな人にして、必ず発言してもらえるようにするというのも手です。その後は、徐々に発言しやすい人に当てていき、「発言の流れやムード」ができたら、全体に開いていくこともできます。緊張感を高めるために、最初の指名は講師から一番遠い人にする、という研修講師もいます。

❹考える時間をつくる

突然指名されると、誰しも、緊張感が高まります。「何を言ってよいか、頭の中が真っ白になってしまう人」も出てきます。よって、指名の際には、突然指名し、答えをただちに求めるのではなく、学習者に「考える時間」を与えることも、テクニックのひとつです。

例えば、問いなどをリピートしたり、言い換えたりして、回答までの時間をつくってあげるのです。「それでは、○○さん、ご意見はいかがでしょうか？ 今、うかがっているのは……ということですが、これには、□□さんは……と回答していましたね。○○さんの場合は、いかがですか？」のように、答えるまでに時間を与えてあげます。

5.2　質問聴取と回答

質疑の場合、指名された参加者は質問を述べます。この質問に対して、講師は、ただちに衆人環視のもと、返答を行う必要があります。ここでは質問を聴取するテクニック、回答を行う技術に触れてみましょう。

❶リピーティングとリフレーズ

まず、参加者の質問に謝意を述べた上で、質問を繰り返し述べたり、適宜、他の言葉に言い換えたりして、質問を回答するまでの時間をつくります。

「○○さん、ご質問ありがとうございます。○○に関してですが……というご

疑問をお持ちになったのですよね。それは、先ほどのことから考えると……こうも言えそうですね。さて、お答えですが……」

という感じです。
　大切なことは、**参加者の質問を正確に把握すること**と、**時間をつくること**です。どんな質問が来ようとも、「自信」を持って「冷静に」対応することが大切です。答えにくい質問が来ても、嫌な顔をしたり、怒ったりせず、冷静に受け止め、感謝して回答します。

❷判別

　リピーティングとリフレーズで時間をつくりつつ、いよいよ質問を判別します。ここで大切なことは、まず**質問が「答えられること」なのか「答えられない」のか、を判定する**ことです。「答えられる」場合には、そのまま、誠実に回答をします。
　回答は、多くの場合、まず結論を最初に述べた方がよいでしょう。先のエッセイ法に見たように、最初に結論を述べ、その根拠を指摘して、もう一度結論を述べると参加者の印象に残ります。答えにくい質問ほど、最初に言い訳をしてしまいがちですが、最初にまず結論を述べる癖をつけてください。
　質問に「答えられない」場合には、「答えられません」と言って、その場を打ち切ってしまうことは極力、避けます。いったん、質問を「受容」した上で、自分に可能な限り、常にアディショナルな情報を付加するのです。

「この質問には答えにくいのですが、これに関連して、私は……の経験があります」
「この質問の直接の答えにはならないかもしれませんが……ということは言えるのではないでしょうか」

　といった話法がありえます。

❸確認

　最後に、質問をしてくれた方に、再度感謝をして、「こんなお答えでよろしいでしょうか？」と聞きます。たいていの参加者は、ここまでくると、食ってかかってはこないものです。

　万が一、対応に困る参加者がいる場合は、いくつかの方法があります。ひとつは、個別対応に持っていくケースです。「時間がないので、貴重なご質問ですが、休憩時間に話させてください。お願いします」として打ち切ります。もうひとつは、研修の趣旨とのズレを指摘して、やんわりと元の話題に戻すことです。「大変貴重なご指摘ですが、この研修の範囲を少し超えておりますので、あとで、またお話ししましょう」とか「大変貴重なご指摘ですが、あとで、また同じケースが出てきますので、まとめてそちらで議論しましょう」という形で対応できます。

6 話し合いのテクニック

6.1 悪い「話し合いの癖」をつけない

　昨今の研修では、「話し合い＝グループディスカッション」などが導入されるケースが多くなっています。1990年代以降、協調学習（共同学習）と呼ばれる学習のスタイルが注目され、学習者同士がコミュニケーションを営みながら、知識を深化させたり、統合したりする研究・実践が盛んになったことが、その背景のひとつでもあるでしょう。[8]

　しかし昨今、このことに問題がないわけでもありません。「**安易な話し合い**」**が、研修に導入され、学習効果につながらない事態が散見される**のです。実際、研修講師の中にも「では、皆さん話し合ってみてください」と安易に指示を行う人も少なくありません。

　話し合いをさせる際は、それなりの「覚悟」を決めなければなりません。第

---

[8] 中原淳（2006）「学習のメカニズム」中原淳（編）『企業内人材育成入門』ダイヤモンド社　pp.12-62

8章で引用した大村はまさんの言葉にも、次のようなものがあります。[9]

話し合いは「悪い癖」がついてしまいますと、まず直すことは不可能です。話し合いに対する興味を失い、その重要性を軽蔑するようになってしまいます。話し合いなんて時間つぶしでつまらない。みんな聞いてもきいても黙っていて、何も言わない人がいるとか、愉しく話せないとか、話し合っても、結局は、自分で考えたのと同じだ。話し合いがなくても、結局自分自分でやればいいんだ、とそういうふうになってしまいます。

話し合いというのは、中途半端にやるだけでは得るものがなく、話し合い自体がつまらなくなってしまいます。しかし、真剣な実のある話し合いは、とてもパワフルなものでもあります。話し合いが難しいのは、その効果が、話し合いに参加するメンバーの自発意思に大きく依存してしまうためです。

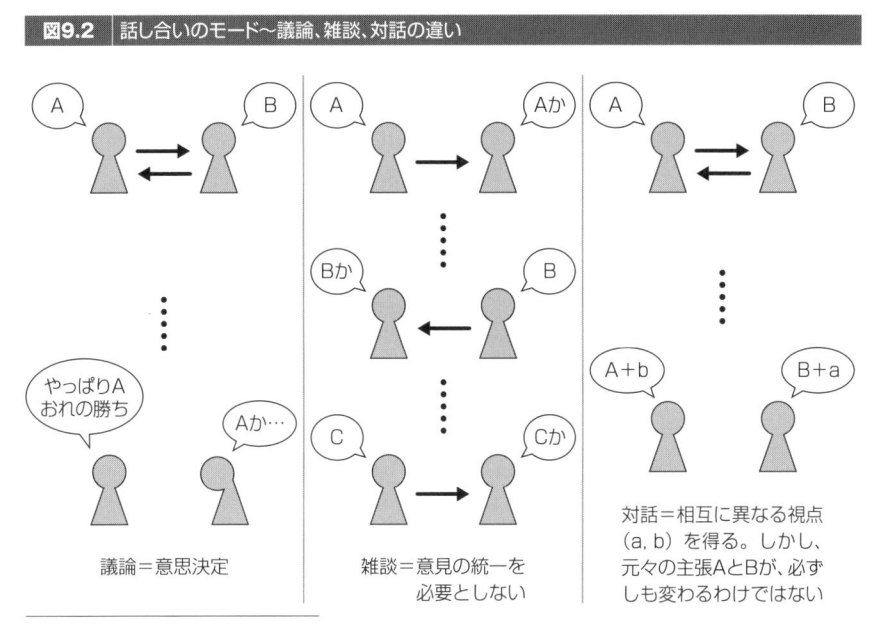

図9.2 話し合いのモード〜議論、雑談、対話の違い

議論＝意思決定

雑談＝意見の統一を必要としない

対話＝相互に異なる視点 (a, b) を得る。しかし、元々の主張AとBが、必ずしも変わるわけではない

---
9 苅谷夏子（2012）『大村はま　優劣のかなたに：遺された60のことば』ちくま学芸文庫

人は誰しも自分の話を聞いてもらいたい、と思っています。一見、もしや誰も口を開かないのではないか、というように見えた管理職研修で、自分の業務経験についての話が止まらない、といった光景を何度も見たことがあります。環境さえ整えば、話せない人はいない、というのが筆者の実感です。では、話し合いをする際は、どのような点に気をつけるべきでしょうか。

6.2　話し合いのモードとルールを決める

　ひとことで話し合いといっても、いくつかモード（様式）があります。AかBか、結論を出すための話し合いである「議論」をしたいのか？　テーマは特になくゆるゆると続く「雑談」がしたいのか？　話題は決まっているけれども、それぞれがそれぞれの立場から意見を言い、判断はいったん保留し、違いを確かめる「対話」がしたいのか？　そのモードとルールを決める必要があります。「話し合いをしてください」という場合は、目的を意識して、どんな話し合いをするのかモードを決めて、ルールを学習者に提示するのがよいでしょう。

6.3　良質な問いを投げかける

　雑談ならともかく、話し合いを有意義なものにするためには、参加者に考えさせる良質な問い（Driving Question）を投げかける必要があります。的外れな問いでは、的外れの話し合いにしかなりません。また、漠然と「○○について自由に話し合ってください」と言われても、見当違いの話し合いになってしまうことになりかねません。話し合うテーマはきちんと定め、その範囲内で自由に話す、ということが大切です。

　そのためには、**参加者全員に刺さる良質な問いをつくることが大切です。それも参加者全員が共有できる広さのある問いでなくてはなりません**。また、当たり前ですが、考えても答えの出ないような問いを出されても困りますから、思考可能であり、答えの出せる問いである必要もあります。話し合いの質を左右する「問い」づくりは、なかなか難しいものです。

　ここでは、問いづくりのコツのひとつを、❶Sharable（共有可能性）、❷

Talkable（話題性）、❸Contributble（貢献可能性）の3つの観点から考えます。

❶のSharable（共有可能性）とは、文字通り、**つくり上げた問いが、グループ全員で共有できるか、どうか**ということです。ある特定の人にしか刺さらない問い、ある特定の人の経験や知識にしか関係しない問いは、グループで盛り上がることはありません。

次に、❷Talkable（話題性）とは、**どれだけ話題になりやすいか**です。全員に刺さるような問いであっても、例えば、それに対する意見を表出することがリスクになってしまったり、また、社会的慣習に反したりしていれば、なかなか話題は盛り上がりません。

最後の❸Contributble（貢献可能性）とは、**グループの各メンバーが、自分の経験や知識を動員して話題に参加し、場への貢献ができるかどうか**です。せっかく重要で、話しやすい問いを与えられても、自分の過去の経験や知識が生きないような問いは、なかなか盛り上がりません。

その他、少し場は混乱するかもしれませんし、ファシリテーターの力量は必要ですが、「**揺さぶる問い**」というのも可能です。揺さぶる問いは、仮定法を利用して、ふだん考えないことに関する思考を学習者に迫ります。例えば、下記のようなものがあります。

事例1．自分の強み・弱みを考える局面における「揺さぶる問い」
「あなたが何を失えば、あなたはあなたではなくなってしまいますか？」
「もし、あなたが、この世界にいなかったとしたら、あなたの職場に何が起きますか？」

事例2．他者の立場に立たせて「揺さぶる問い」
「もし、あなたが、部下の立場だったら、この局面で、あなたにできることは、何かあるでしょうか？」
「もし、あなたが、上司の立場だったとしたら、この局面で、あなたは誰にどんな指示を与えますか？」

事例 3．時空間を移動させて「揺さぶる問い」
「もし、あなたが、あのアクシデントに偶然居合わせたとしたら、あなたはどんな順番で何をなしますか？」

事例 4．自分を俯瞰させて「揺さぶる問い」
「もし、あなたが社長だったら、あなたの仕事は会社にどんな貢献をしていると判断するだろう？」
「もし、あなたが、人材会社に行くのだとしたら、あなたにはどんな提供価値があると言われるだろう？」

　以上、仮定法を多用した「揺さぶる問い」を考察してみました。仮定法は、これ以外にもさまざまに利用することができますので、適宜利用してみてください。ただし、この問いは諸刃の剣でもあります。参加者を「揺さぶり」すぎると、話し合いに悪印象を持ったり、自信を失ったりしてしまいます。ここぞ、という局面で利用することをおすすめします。

6.4　セルフリフレクション
　参加者ひとりひとりが自分の考えを述べ、より深い話し合いを持つためには、話し合いの前に、考えを整理するためひとりで考える時間（Thinking Time）を設けてもいいでしょう。また、対話を深めるために、対話の前に自分自身の過去の経験を振り返る（Self Reflection）時間を設けるのも効果的です。場合によっては、ひとりで考えをまとめたり、振り返った内容を書きとめるためのワークシートなどを用意してもいいかもしれません。
　話し合いとは、決して、学習者同士のインタラクションだけから構成されるわけではありません。**話し合いには、ひとりで問いに向き合う時間も必要**なのです。

6.5　ファシリテーションする

　グループワーク、グループディスカッションの際、場合によっては、議論や対話を促進するため、ファシリテーターを介在させることもままあります。参加者同士の相互作用に入り込み、適宜、交通整理を行ったりするのです。ファシリテーションに関しては、これだけで数冊の本が書けるような内容です。専門書が多数あるので、詳細は、そちらをご覧いただきたいのですが、ファシリテーターに求められる主要な役割は次の5つが挙げられます[10]。

❶Awareness　気づかせる

　参加者に質問を投げかけ、参加者が何を感じ、何を考えているかを外化していくことです。問いには、明確な答えのない「オープンエンドクエスチョン（Open End Question）」と答えのある「クローズドエンドクエスチョン（Closed End Question）」の2つがあります。最初のうちは、答えのある「クローズドエンドクエスチョン」で、3択などで回答を用意しておくと答えやすいかと思います。

　とりわけ、質問に対して、参加者が自由に発言できるようにするためには、グループディスカッションが始まった瞬間に**「安心した雰囲気＝心理的安全」をグループ内に確保すること**です。

　この際に最も大切なことは、まず**ファシリテーターが「アクティブに聴く」**ということです。相手の発言をただ聞いているのではなく、うなずいたり、あいづちを打ったり、リフレーズするなどして**積極的に聴いていることを表現し**ましょう。

　大人の学習者は「聞いてもらうこと」に飢えています。といっても、最初は鎧を着ていて、なかなか本音を語らないものですが、信頼の置ける安全な場所だと感じてもらえた途端、堰を切ったように話し始める人は少なくありません。できれば、そうした本音を引き出してあげられる講師でありたいものです。

---

10 Gaw,B.A.(1979) "Processing Question – An Aid to Completing the Learning Cycle." *The Annual Handbook for Group Facilitator* pp.149-153

ちなみに、安心空間づくりについて、あるファシリテーターは、朝、研修が始まる前に参加者全員と名刺交換をして、全員と話すようにしている、と話していました。さらに、掲げられた問いに対してファシリテーター自身が、まずは積極的に自己開示していくことで、「この場はこんな風に自分のことを語ってもいいんだ」「この場はここまで語るのだ」と感じさせることができる、と言っていました。自己開示を通して、雰囲気づくり、話し合いの深さの基準づくりをしていることになります。

　別のファシリテーターは、安心空間づくりのため、「今日出た話は『この部屋だけの秘密』としましょう」という言葉をかけると言います。ある実務家は、昼食なども参加者も一緒に取って、積極的に声をかけ、話をしてみる、と語っていました。研修中の昼食時間には、つい本音が出ることもあります。

　このように、スキルのあるファシリテーターは、さまざまな手を尽くして、場を安全なものにしています。

❷Sharing　共有する

　ひとりの参加者の考えを全体で共有し、同じところや異なるところについて話し合うようにすることです。よくRelating（関連付け）プロセスとも形容されます。このプロセスは、個人に属していたアイデアを組織の中に共有させ、さらに高度な形にしていくために重要なことです。

研修中の昼食時間には、つい本音が出る

❸Interpreting　翻訳する

　参加者の言葉を、「それはつまり、こういうことですか?」と、別の言葉で言い換えることです。別の言葉で同じことを語り直すので、語られた本人の理解も進みます。また、他の学習者にとっても、多様なレパートリーを持つことができます。

❹Guarding　守る

　集団の規範を守ることです。研修でたまたま同じグループになった人ですら、数時間を過ごせば、そこには、さまざまな「でこぼこ」が生まれます。一般には「社会的手抜き(フリーライダー：参加しない人)」「独裁(声の大きい人が集団を仕切ってしまう)」「集団浅慮(集団の中にいて誰もが深く考えない)」「同調(集団に合わせた行動を取ってしまう)」といったことが起こりやすいので、これらを注意深くモニタリングすることが大切です。また、話の内容が研修内容とは異なる方向に行ったときにでも、「引き戻すこと」が大切です。ファシリテーションは、決して、参加者の自由気ままにさせることではありません。自由闊達に意見を交わすことは大切なことですが、それは研修の目的やOARRとずれないことが大切です。

❺Acting　変化の促進

　学んだことを行動につなげるために、アクションプランやアクションストーリーをつくってあげることです。その際には、グループで気づいたこと、学んだことに対して、講師の側から評価を行い、実際の行動や業務に落とし込むためのブレイクダウンを行ってあげる必要も出てきます。**評価を行う際には、ネガティブな部分に着目するのではなく、「一歩先に行くお手伝い」をするイメージで行ってください。**

　ちなみに、**ネガティブな評価を行うときには、一度ほめて受容しつつ突っ込む「ほめツッコミ」を入れるようにします。**「なるほど、○○さん、その点に着目したのはとてもいいですね。では、××についてはいかがですか?」とい

第9章　研修実施:「教えること」の技法②〜メインアクティビティ編 | **277**

った具合です。基本的に受講者には「受け入れられている」というメッセージを折に触れて伝えていくことが大切です。

　頭ではわかっているにもかかわらず、それを具体的なプランや戦略に落とし込めない人は、少なくないと思います。場合によっては、そうした方々を対象として、よりよい変化をつくり出せるよう、1対1でかかわる場合もあります。

　このようにファシリテーションが果たすべき役割は、多岐にわたります。そして、これらの役割を果たすために、ファシリテーターには、❶**中立性を保とうとすること**、❷**偏見を持たないこと**、❸**プロセスをよく見ること**、❹**個人を尊重すること**、❺**都合のよいように操作しないこと**、などの価値を持つことが求められます。

6.6　手続きに基づいて話し合いさせる

　どんなに問いを洗練しても、またファシリテーションしても、話し合い自体に参加者が慣れておらず、それがなかなか進まないことが予想される場合には、話し合いのやり方を手続きにしてしまい、それをペーパーで配布しながら、話し合いさせることもできます。次ページには、加藤雅則さんの開発した「智慧の車座」という手法を引用します。

　これは組織の中で同じ立場、同じ役割を担っている人同士が、チームで問題をほぐす対話を実践するための仕組みとして考案されたものです。

　具体的には、ひとりが相談者、ひとりは司会進行役、ほかのメンバー4、5人が支援者、というメンバー構成とし、7つのステップで対話を進めるものです。

---

11 加藤雅則（2011）『自分を立て直す対話』日本経済新聞出版社 p.151より引用

図9.3 智慧の車座[1] 7つの対話のステップ

whatの話

1	**セットアップ**（2分） 司会進行役（MC）は、コミュニケーションのルール、時間配分を再確認する。	
2	**問題提示**（3分） 相談者が、抱えている問題を共有する。	問題を物語る
3	**質問タイム**（15分） 支援メンバーが、順番に問題を明確にするための質問をする。質問は一度に1つに限定する。2～3ラウンドがメド。	異なる視点の提供
4	**直感を伝える**（3分） 支援メンバーは、問題の本質を直感で伝えてみる。	リフレクション
5	**テーマの再設定**（2分） 相談者が、自分のテーマを再設定する。	自己選択①

howの話

6	**解決案のブレインストーミング**（7分） 相談者は輪の外に抜ける。支援メンバーは、無責任かつ自由に、解決案を議論する。	自己の相対化
7	**解決案の選択＆振り返り**（3分） 相談者は輪の中に戻り、自ら納得のいく解決案を選択し（もしくは創り出し）、次回までの行動を約束する。	自己選択②

〈合計時間の目安：約35分程度〉

| column | マネジャーはグループディスカッションができない？

　研修開発を担当するKさんは、グループディスカッションなど話し合いを中心としたマネジャー向け研修を企画しました。「周囲からは『グループディスカッションをやっても、マネジャーたちは誰もしゃべらないのではないか』と心配されていたんです。参加するマネジャーたちも、『意見が出ないのではないか』、あるいは『ネガティブな意見しか出ないのではないか』、『まとまらなくなるのではないか』、といったことを不安に思っていました。ですが、マネジャーでも誰でも、話題と仕掛けと舞台があれば話せるようになるんですよ。グループでの話し合いが難しければ、最初は2人組にして話してもらうところからスタートします。2人だと絶対に話さざるをえなくなりますから。案の定、当日は活発な意見が交わされました。話題と仕掛けがあれば、必ず何か意見は出るし、ネガティブな意見が出てきたら、むしろ吐き出してしまった方が、より建設的な方向へ向かうことができる気がします。また、その時点でまとまらなくても、次につながるチャンスととらえ、継続的に話し合っていけばいいんじゃないかな、と思います」と話します。企業内研修だからこそ、研修を一度きりのものとせず継続して行う、という視点を持つことも重要なことです。

| column | グループワークの効能

　昨今の研修では、講義型の研修よりも、グループでの議論や対話、発表などを取り入れたグループワークで行われる研修が多くなってきました。しかし、講義型の研修を受けてきた世代からは、「講義型の研修の方が短時間で多くを詰め込むことができて効率がよい。昔は講義型の研修でもみんな集中してやっていた。時間のかかるグループワークなどをわざわざやらなくても、講義型で知識を伝えれば十分だ」といった声が出ることもあります。

　確かに知識を伝えるだけであれば、講義型の研修の方が短時間で効率的に教えることができそうです。しかし、実際に行われた、大学教育における達成度研究によると、「教師―学生」間の相互作用と共に、「学生―学生」の相互作用をいかに取り入れるかによって、教育の達成度に差ができる、という複数の研究結果が出ています。

❶Pascarella and Terenzini（2005）の研究等[12]
・大学生の変化／学習効果は「学生が教師や学生とクラス内でどの程度相互作用しているか」によって決定していることがわかった。

❷Astin（1997）の研究等[13]
・20,000 students, 25,000 faculty members, and 200 institutionsの大規模調査
・学業成績／満足度に影響を与えるのは「教員との相互作用」「学生同士の相互作用」であることがわかった

---

12 Pascarella, E. T. and Terenzini, P. T.(eds)(2005) *How College Affects Students: A Third Decade of Research.* Jossey-Bass
13 Astin, A. W. (1997) *What Matters in College: Four Critical Years Revisited.* Jossey-Bass

|column| アクティブラーニング手法

　アクティブラーニングとは、いわゆるアンブレラワードといわれるものです。つまり、「大きな傘」のように、すべてを丸ごと包括するような概念であるということです。アクティブラーニングは、伝統的な授業スタイル（一方向的に教員が学生に知識提供を行うスタイル）では「ない」ような「学生―学生間のインタラクション」「学生―教授者間のインタクラクション」を取り入れたあらゆる授業手法を総称して、そのように呼ばれています。

　アクティブラーニングの手法には枚挙に暇がありませんが、ここでは代表的なものを紹介します。詳細は専門書に当たってみてください。[14]

シンク＝ペア＝シェア　Think-Pair-Share
〈目的・目標〉
・クラス全体の話し合い前のウォーミングアップ、問いについて考える
・自分の考えを表現する、自分の考えとほかの考えを比較して意見をまとめる
〈手順〉
❶クラス全体に質問を提示する【講師】
❷質問に対してひとりで考える【参加者】
❸ペアの仲間と考えを共有する。最初は参加者Aが述べ、その後、参加者Bが述べる。考えが異なる場合は、どのように異なるのか、なぜ異なるのかを考えるよう意識する。【参加者】

---

14 Barkley, E. F.(2009) *Student Engagement Techniques: A Handbook for College Faculty*. Jossey-Bass
Barkley, E. F., Cross, P. K. and Major, C. H.(2003) *Collaborative Learning Techniques: A Handbook for College Faculty*. Jossey-Bass

> ❹必要であれば、互いの考えをもとにひとつの答えを導く【参加者】
> ❺全員もしくはいくつかのペアごとに話し合った考えを発表し、クラスで共有する

7 時間管理のテクニック

7.1 時間は参加者のものである

　時間管理、いわゆる、タイムマネジメントは当たり前のことのようでいて、他の何よりもきっちりと正確に行う必要があります。なぜなら**時間は「研修講師のもの」**ではありません。**時間は「参加者のもの」**です。研修講師は、研修の間に限り、参加者の時間を「管理する任」を担っているだけです。特に、クレームの中で、時間に関することはシビアな結果をもたらします。食事時間や終了時間が遅れることは、一番嫌われますし、それだけで満足度が下がります。時間管理は時計やタイマー、ストップウォッチを活用して、厳密に行うようにしましょう。

　それでも、どうしても、時間を延長せざるをえない場合はどうすればいいでしょうか？　参加者の中には、帰りの新幹線の予約を入れているなど、終了後すぐに帰らなくてはならない事情があるかもしれません。もし、どうしても遅れてしまったり、盛り上がってしまって延長したい、という場合は、「あと10分延長しようと思いますが、いかがでしょうか」などと、参加者から了承を取るようにします。

　また、研修の途中で予想外の問題が発覚し、「この問題についてもっと掘り下げて考えたい」といったムードに発展し、時間延長を迫られる、といったことが起きる可能性もあります。その場合も、基本的には「このままでは時間を大幅に延長せざるをえません、どうしますか？　話し合う案件にプライオリティをつけましょう」と参加者の意向をたずねるようにします。くどいようです

が、時間は「参加者」のものです。

7.2 バッファを設ける

とはいえ、研修は「生もの」です。参加者の発言や講師の振る舞いによって、何が起きるかわかりません。そのため、優れた実務家は、予定から多少遅れてしまっても回収できるよう、**カリキュラムを作成する際、研修の中に調整可能な時間をあらかじめ30分程度確保しておきます**。いわゆる「バッファ」を設ける行為です。

とにかく、研修の終わり方で一番後味が悪いのは「すみません、時間がなくなってしまったので、この件に関しては、後ほどテキストに目を通しておいてください」などと、予定していた内容に触れることができないまま尻切れトンボで終わってしまうことです。このような事態にならないよう、研修内容を詰め込みすぎず、常にバッファを設けましょう。

8 アウトプットのテクニック

8.1 グループのアウトプット

研修ではグループワークが行われ、その成果を発表する、いわゆる「アウトプットする」といったことが行われます。アウトプットでは、それまでに行った話し合いの成果として大切に吟味されなくてはなりませんが、これにも、さまざまなやり方があります。以下では、代表的なものを紹介します。

❶ポスターセッション

模造紙などにグループで行った活動をまとめ、クラス全員に向けて発表します。ホワイドボードで行われることもあります。ポスターセッションには、「**クラス共有型のポスターセッション**」と、参加者がグループになって順々にポスターを回っていく「**回遊型ポスターセッション**」があります。

クラス共有型ポスターセッションでは、グループの代表者ひとりがポスター

を簡潔に説明し、クラス全員から意見をもらうのが一般的です。

　回遊型ポスターセッションでは、まずグループ分けをします。クラスグループ内のメンバーを1から5までナンバーを振り、同じナンバーの人が集まり、各グループのポスターを順に回ります。自分のグループの内容は絶対に自分で発表しなくてはならないので、全員が発表者になれる方法です。

　ポスターセッションはホワイトボードと違って、そのままの形で残しておくことができるので、前日行った活動内容を2日目に振り返る際などにも便利です。

❷劇

　グループワークの活動内容を、ロールプレイ、寸劇で再現する、という方法もあります。例えば「こんな困った部下にどう対応しますか？」という課題に対して、グループで話し合い、部下役、上司役を決めて実演をするわけです。この形式の最も良いことは、言葉による発表とは異なり、**参加者間に自ずと駆動している権力が表面化することが少ないこと**です。演劇の経験がある方ならともかく、多くの人々は、人前で演じることに慣れていません。ですので、グループの中に役職が高い人や声の大きいリーダータイプの人がいても、全員が同じ立場で劇を組み立てる、ということになります。何より盛り上がりますし、配役を変えてやってみたりするのも効果的です。

写真9.3　クラス共有型のポスターセッション

寸劇をやるときには、「演じることの成功は、観客が喜ぶこと。そして、演じることの失敗で、観客は喜びますよ」などとインストラクションをして、失敗を許容する雰囲気をつくることに留意するべきだと思います。

❸オブジェをつくる

少し高等テクニックになりますが、グループワークの活動発表を、オブジェをつくって表現し、発表するという方法もあります。

例えば、「会社の未来について」をグループワークで話し合ってもらい、それをオブジェで表現して説明してもらうのです。オブジェの材料や道具が必要になりますが、イメージやビジョンなど、**言葉で表しにくい抽象的なものを表現する場合には効果的**です。

8.2　個人のアウトプット

多くの研修では、これらグループワークでの成果発表のあとに、個人に立ち返り、「個人としての成果」を発表させたり、表現させたりする場合があります。ここでは、これについても、典型的なものを2つ紹介します。

❶宣言（決意表明）

研修などで最も利用されている方法です。グループワークで気づいたこと、

写真9.4 | LEGOを使ったオブジェの例

その中で個人が考えたことを振り返り、最後に、今後、どのようにしていきたいかをメンバー全員の前で「宣言（個人発表）」させる形式です。宣言の内容にもよりますが、この場合、長くなる人もいるので、時間はひとりにつき、3分から5分程度取り、必要に応じて時間管理をします。

❷レポートやレター

　こちらも研修などで多用されているものです。さまざまな活動を通して、自ら考えたこと、気づいたことを紙のレポートにしてまとめます。レター（手紙）というのもよく用いられます。新人研修であれば、社会人としての決意表明を行う手紙を、親宛に書くなどのことが行われます。上司に対する手紙を書く場合もあります。

　なお、個人のアウトプットについては、いわゆる**アクションプラン**の体裁を取ることもあります。これについては、次章のクロージング編にて再度扱うことにします。

| column | TKFモデル：創って(T)、語って(K)、振り返る(F)

　研修やワークショップで、もはや定番と言われている学習文法が「TKFモデル」、すなわち「創って（T）、語って（K）、振り返る（F）」という学習モデルです。このモデルは、何らかのテーマに対して、グループで対話を行ったり、内省を促すときに用いられます。すなわち、対話や内省を行う前に、「表現（創る：T）」の学習活動を導入し、よりスムーズな対話や内省に導くことが目指されます。

　昨今の研修においては、対話や内省は不可欠ですが、ファシリテーターに、突然、「……のテーマに関して振り返って下さい」と言われても、なかなかできないものです。特に振り返るべき内容が、「仕事のあり方」「マネジメントのスタイル」「自分のキャリア」などの、いわゆる「形のないもの」である場合、それはさらに難しくなります。

　ですので、そんなときには、まず、形のないものに「カタチ」を与える。つまり「創る＝具象表現」することを学習者に求めます。その上で、そこでできた「カタチ」を指示しながら、語ることや、振り返ることを求めます。

　「具象表現で用いられる素材やメディア」は任意です。既述したようにLEGOブロックでも可能ですし、粘土細工づくりでもかまいません。学習者のスキルに応じて、無理なく素材やメディアを選ぶことが重要です。

　しかし、一般に突然、大人が「具象表現」に向かう場合、そこには「低くはない障壁」があります。なぜなら、ほとんどの大人は、学校教育で美術や芸術を履修したあとは、「具象表現」という活動から遠ざかっているからです。スムーズに表現活動を実現するためには、下記に示すようなポイントに留意することが重要です。

1．意義を理解させる

「創って（T）、語って（K）、振り返る（F）」の意義を説明し、参加者によく理解させることです。

これから行う活動が、表現の場合、大人の中には面食らってしまう人もいます。創ることの意義がわからないですし、表現の巧拙が出てしまうことを恐れてしまう人もいます。

ですので、冒頭では、「創って（T）、語って（K）、振り返る（F）」の意義をしっかり説明する必要があります。特に、語ること、振り返ることの重要性をしっかりと伝えた上で、「そのために」創ることが存在することを伝えることが大切でしょうか。「作品のうまい下手が問題ではないこと」も十分理解してもらいます。

2．孤独の時間を設ける

創る前には、少し、自分ひとりになって構想する時間、考える時間を与えます。「突然、創れ、表現しろ」と言われても、面食らってしまう人もいます。メタファをつくらせたり、テーマを考えさせたり、キャッチコピーを考えさせたり、創造につながる副次的な活動を前にさせることもあります。

3．巧拙が出ないようにする

「表現」の活動で最も大人が気にするのは、「こんな下手な作品つくっていいんだろうか」とか「私が一番下手なんじゃないだろうか？」ということです。つまり「作品のうまい下手」が気になるのです。

これへの対処はいくつかあります。まず「巧拙」が出ないように、素材で工夫する方法です。最も安易なのは、LEGOブロックなどの、短い創作時間では、あまり巧拙が出ない素材を用いることです。2つ

目は、「これを使って何かをつくれば、ある程度の見栄えのものは、どんなに適当に組み合わせてもできてしまう」というおしゃれな素材を最初から用意することです。素材そのものがおしゃれなので、適当に組み合わせても、あまり巧拙は出ません。

　絵画のワークショップなどでは、あえて「利き手」以外の手で作品をつくらせるなどの工夫も行われます。右利きの人が左手で描けば、表現した絵に巧拙は出ません。

4．下手な例を自ら見せて安心させる
　即興劇の演出家キース・ジョンストンは、大人を「萎縮した子ども」と呼んでいます。大人の中には、以上の3つのプロセスを踏んでも、どうしても、巧拙が気になる人もいます。そんな場合は、ファシリテーター自らが、自分のもっとも下手くそな作品を公開します。要するに「こんな（ヘタクソな）ものでもOKなのだ！」という作品を見せることで、参加者の中にある心理的障壁のバーを下げます。

5．時間を制約とする
　あまり長い時間を表現に充てると、人ごとの差がだんだんと出てきます。また、表現に乗れない人は、時間をもて余し気味になります。よって、表現に充てる時間は「腹八分目」を心がけます。足りないな、と受講生に思わせるくらいが、経験的にはちょうどよいような気がします。

6．語る時間と振り返る時間を十分確保する
　ともすれば、表現の時間というのは、長くなりがちです。そして、これが長くなる結果、最もメインの活動である「語る時間」「振り返

る時間」が少なくなる傾向があります。最も大切なことは、「語る時間と振り返る時間を十分確保すること」です。表現された作品を指示しながら、語る時間。振り返る時間を十分に取ることが大切だと思います。経験的には、表現に充てた時間の3倍から4倍は、それらに充てます。

7．表現を愉しむ
　言うまでもないことですが、最も大切なことは、ファシリテーター側も自ら表現を愉しむことではないか、と思います。そういう雰囲気をつくっていくことが大切です。いろいろなものが予想外、想定外に起こりますが、そういう出来事を愉しむマインドを持ちたいものです。

| column | **リアルタイムで実施される遠隔研修**

　近年、急速に増えているのが、「テレビ会議システムなどを用いて遠隔地同士をリアルタイムに結んで行われる研修」です。筆者も、かつて、合計250名の管理職の皆さんを対象に、東京・名古屋・大阪を結んで、東京の会場から研修を実施したことがあります。

　この背景には、デジタルテクノロジーの急速な進展による画質・音質の向上などがあります。筆者が行った事例でも、東京─名古屋─大阪の3地点の群間の平均値、すなわち、「遠隔で参加した場合」と「メイン会場で参加した場合」の評価データの差は小数点第2位の差でした。一般には「遠隔で参加した場合」と「メイン会場で参加した場合」には、後者の方が評価データは良くなると想像できますが、その差はあまり大きいものではありませんでした。このような背景もあり、今後、リアルタイム遠隔研修は、増えていくものと思います。

　しかし、リアルタイム遠隔研修にもいくつかのコツがあります。

　第1のコツは、事務局側が入念にリハーサルを繰り返し、動画像や音声のクオリティを確認し、チェックしていくことです。実際、筆者の研修を助けてくれた事務局の方々は、東京─名古屋─大阪の3地点の接続試験を3度にわたって実施し、並々ならぬ準備と堅牢な計画のもと、研修を実施していました。場合によっては、万が一のことも考え、接続方法を複数用意しておくことも一計でしょう。

　第2に大切なことは、研修内容を一方向のものとするのではなく、グループワークを含んだり、ペアワークを取り入れたりすることで、遠隔地の参加者がモニターを連続注視する時間を減らすことです。筆者の場合は、20分レクチャーをして、エクササイズ、また20分くらいレクチャーをして、エクササイズという感じで、ひとつひとつのコ

ンテンツを、なるべく小さく刻みバイトサイズ（Bite-size：一口で食べられるサイズ）とし、かつ、インタラクティブに研修を実施しました。

　Bite-sizeのコンテンツデリバーは、画面への注視時間を区切りますので、ストレスを軽減することができます。また、折に触れて、遠隔地からも意見を求めたりする局面を設けることで、学習効果を高めることができます。

　今後、こうした遠隔教育システムを用いた研修は、費用の面からも、さらに増えていくものと思われます。ひいては、研修講師には、遠隔同時双方向研修を可能にするような、プレゼンテーション技術、インストラクション技術、ファシリテーションスキルが求められてくるように思います。また、そういう研修が増えてくれば、事務局、ロジスティクスのスキルも新しいものが求められます。テクノロジーに関するスキル、調整スキルは、さらに高度なものを求められるようになると思います。

P.247〜のケーススタディに対する専門家の見解

【ケーススタディ１】
　ワークショップの手法は、「表現」というよりは「アイディア」であり、著作権の保護の対象とはならない可能性が高そうです。その場合、特に契約などがなければ、手法のみを自分のセミナーに取り入れることは可能でしょう。ただし、次の行為は違法となるおそれがあるので避けましょう。
・具体的なシナリオ、セリフ、ワークシートやビジュアルの流用（個別の著作権侵害）
・同一・類似する名称の使用（商標権侵害や不正競争防止法違反）

【ケーススタディ２】
　個別のワークシートには著作権が認められる場合があり、酷似したシートの使用は著作権侵害の可能性があります。著作権が認められない場合でも、時間・労力をかけたワークシートであれば、このケースならば民法上の「不法行為」となる可能性はあるでしょう。Ａ社の担当者とどんな共同作業をし、同社とどんな関係かにもよりますが、まずは、使用停止を依頼する選択肢もありそうです。今後は、事前の条件確認が鍵ですね。

　　　　（回答者：骨董通り法律事務所　弁護士・福井健策、永井幸輔）

第9章まとめ
Summary

教材（プレゼンテーション）づくりの技法
①Unplugged Thinking　まずはコンピュータの電源を落として考える
②Writing Element　要素を書き出す
③Making Structure　構造を書き出す
④Repeating Structure　構造を繰り返す
⑤Creating Questioning and Dialogue　発問と対話を盛り込む

教えることの身体技法
- 伝わりやすい声の工夫
    ①腹から声を出す　②声を届ける　③感情を声に乗せる　④間を使う
- 視線のテクニック
    常に学習者に向けていて、観察することが大切

板書の基本
- 板書の目的
    ①学習内容を整理・構造化し、理解を促す　②学習内容を反芻させ、記憶の定着を図る
    ③注意を集中させ、飽きさせない
- 板書のポイント
    ①スペースを分割する　②板書のルールをつくる　③背中を見せない
    ④文字の大きさ・角度に留意　⑤意見をまとめる際は、確認しながら板書

話し合いのテクニック
- 話し合いのモードとルールを決める
- 良質な問いを投げかける
- ファシリテーターに求められる主要な役割
    ……気づかせる、共有する、翻訳する、守る、変化の促進

アウトプットのテクニック
①ポスターセッション　②劇　③オブジェをつくる

第10章
研修実施
「教えること」の技法③
～クロージング編

❖本章のねらい
研修のクロージング部をデザインします

❖キーワード
アクションプラン | セレブレーション | ラップアップ

1 はじめに

　さて、私たちの旅もそろそろ終わりに近づいてきました。ここまで、私たちは、オープニングで、学習者にしっかり目的意識やルールを把握させ、数々のメインアクティビティを通じて、ここまで学習者にコンテンツをデリバリーしてきました。本章では、教える技法のうち、クロージングに関係する技法を扱います。具体的には、実効性のあるアクションプランづくりのコツ、セレブレーション、ラップアップ、アンケートづくりについて取り扱います。その後、研修実施に際して起こりやすい問題へのトラブルシューティングを論じてみたいと思います。

2 クロージングのテクニック

2.1　リフレクションと実効性のあるアクションプランづくり

　クロージングで、典型的に行われる活動のひとつに、アクションプランづく

りがあります。研修の中には、第9章で論じたように、個人のアウトプットを出して終わるところもありますが、それをあえてプランの形式に変換させ、発表させる研修も少なくありません。

　ここでいう、アクションプランとは、「研修終了後に、仕事の現場に戻って、実行していく行動のリスト」のことです。これを研修終了後に書かせて、職場に持ち帰るというのが、定型的な研修文法です。「最後に、今日の研修を踏まえて、今後の目標、アクションプランをつくってください」と、アクションプランをつくって終わる研修は、誰もが一度や二度は受けたことがあるのではないでしょうか。

　ですが、ここで皆さんにご質問です。
　その後、皆さんが立てたアクションプランはきちんと実行できましたか？

　このことに自信をもって首肯できる人は、それほど多くないことが予想されます。おそらく、ほとんどの場合、研修で立てたアクションプランは実行されることがないのではないでしょうか。「**誰も実行しないアクションプラン**」が世の中にはあふれているように感じています。

　理由はいくつかあります。
　ひとつには、アクションプランを立てるということが、研修の文法として建て前化しており、「**やってもやらなくてもどちらでもいい**」ということを参加者が暗黙のうちに学習してしまっている、ということがあります。

　そのためか、**アクションプランを立てる時間も長くは取られておらず、そのプランの妥当性や実現可能性を吟味する時間もほとんどない**、というケースが多いのではないでしょうか。

　筆者も、仕事柄よく研修を参与観察させていただきますが、立てられたアクションプランをうかがっていて、「これは、おそらく実行が不可能だろうな」と思うプランに出合うことも少なくありません。講師も薄々そのことはわかっているのでしょうけれども、アクションプランづくりがすでに進んでおり、時間も押しているので、その実効可能性を吟味する時間はないようです。

第3章で述べましたように、**研修の目的とは「学習者が学ぶこと」**、その上で、**学習者に「変化」が起こること**です。**教えたとしても、「学習者に変化」が生まれなければ、目的を達成したことにはなりません。**ですから、研修で学んだことを行動につなげるために、アクションプランを作成し、吟味する時間をしっかりと確保したいものです。誰も実行しないアクションプランが存在するということは「研修の意味がないこと」と同義です。実効可能性を少しでも上げる努力を積み重ねることが大切です。

実現可能なアクションプランにするためには、いくつか工夫が必要です。ここでは、実務の現場で行われているプランづくりの工夫を3つに分けてご紹介します。

❶リフレクションと吟味の時間を確保する

手っ取り早くただちに工夫できることは、アクションプランを立てること、さらには、アクションプランを比較・検討する時間を取ることです。

まず、研修で学んだことを十分時間をかけて振り返り（リフレクション）、整理します。このことはP.107のフィードバックと内省の原理、P.123のリフレクションとアクションメイキングのプロセスで述べました。

アクションプランを実際につくる前に、しっかりと振り返る時間を取りましょう。アクションプランができた後は、再度、その実現可能性について吟味する時間を取ります。検討した結果、実行可能性の低い、あるいは、実行しても問題の本質の解決にはつながらないアクションプランであると判断された場合は、修正してもいいでしょう。

近年の傾向では、研修はともすれば活動中心になってしまい、クロージングにおける内省（リフレクション）の時間が確保されなくなる傾向があります。研修全体に対するクロージングの占める割合を再考することも重要です。

❷マイルストーンを置く

工夫のひとつは、実行プランを3カ月、6カ月、9カ月など、時期を区切り、

それまでに具体的にどうなっていたいか、といった形式のものにするとよいでしょう。あるいは、3カ月後、6カ月後、9カ月後の自分がどんな1日を送るのか、チームの状態がどうなっているのか、そのためには何をするのか、など、どう変わっていきたいのかを考えます。これを筆者は「アクションプラン」ではなく、「アクションストーリー」と呼んでいます。

アクションプランは多くの場合「箇条書きの行動リスト」ですが、**アクションストーリーは、「自らの行動とそれによる場の変革を具体的なストーリー」にして描きます**。このように具体的な場や文脈を思い浮かばせることで、アクションの実効性を高めます。

筆者がワークショップカリキュラムを開発したマネジメント研修「マネジメントディスカバリー」[1]では「アクションストーリー」を書きます。アクションストーリーは、マネジャー自らが、自分の職場を変革するために、誰にいつどのように働きかけ、どういうシーン（光景）をつくり出すかを検討するものです。ストーリー形式ですので、他者からのコメントなどももらえやすい特徴があります。

❸反復型の研修デザインにする

コストは上がるものの、確実に研修終了後に立てたアクションプランを実行

近未来にどうなっていたいかを具体的に書く

---

1 経験の浅いマネジャー向けフォローアップ研修「マネジメントディスカバリー」
https://jpc-management.jp/md/

させるためには、研修を何回かに分けて行い、1度目の研修が終わったあとに、アクションプランの実践を行い、2回目の研修で振り返りを行うなどの工夫を行うことが大切です。第2章で既述しましたように、これを「反復型の研修デザイン」といいます。**2回目の研修に参加するためには、参加者は、何らかの形でアクションプランを実行せざるをえないので、実行可能性が高まります。**ちなみに、2回目の研修時には、アクションプランを実行したあとに生じるメリットだけでなく、生じた問題についても、みんなで話し合う機会を設けるとよいと思います。

❹リマインドを行う

　アクションプランが実践できているかどうかを、定期的にメールでリマインドする、あるいはSNSなどで報告を共有する、といった方法もあるかと思います。

　とかく社会人は忙しいものです。どんなに意識を高く持っていても、日々、

写真10.1　アクションストーリー

マネジメントディスカバリーの受講者による「アクションストーリー」の例

第10章　研修実施：「教えること」の技法③〜クロージング編　　301

多忙な職場に戻ってしまえば、自分の立てたアクションプランを忘れてしまいがちです。そうしたときに大切なのがリマインドです。先ほどのマネジメントディスカバリーでは、アクションストーリーの進展に従って、事務局からリマインドメールの送信がなされます。

いずれにしても、**アクションプランは実践したあとに、フォローするところまでデザインされていなければ、実行性が担保できません**。「アクションプランを学習者に立てさせる」ということは、「アクションプランを立てさせた側」が、学習者をフォローすることに、腹をくくる、ということです。そうした姿勢を、学習者は、しっかりと「見ている」ものです。

2.2 セレブレーション（祝福）

クロージングのデザインで一番大切なことは「最後は、参加者に勇気を与え、元気になってもらい送り出す」ということです。このことは、第4章のエンパワーメントの原理において、その重要性を述べました。

研修では、成人が学習します。そして、成人の学習には、ともすれば「痛み」が伴うことがあります。場合によっては、厳しいことにも直面せざるをえない局面だってありえます。

ここで考慮しなければならないことは、ここで抱いた葛藤や混乱を、そのままにしておいてはいけないということです。**現場の第一線に出て、立ち上がっていただくのは研修講師ではなく、学習者本人です**。よって、研修のプロセスでは、痛み、葛藤、混乱が伴ったとしても、**研修の最後には学習者をエンパワーメントして、現場に送り出す**、ということが大切なのです。

しかし、日本企業の研修の中には、研修終了のクロージング部で、説教や叱責が行われる場合があります。「もっとしっかりやれ」と、ガツンと叱ることで、「なにくそ、がんばろう」と発奮させようという「体育会的な発奮幻想」がその底流に流れている気もします。もちろん、効果がなくはないと思いますが、大抵の場合は、長い時間かけて研修をやってきて、最後にガツンと叱られて終わったら、意気消沈して現場へ戻ることになります。

くどいようですが、現場が変わるために立ち上がらなくてはならないのは、研修講師でもなく、事務局でも、人事でも、経営者でもありません。現場の人が、エンパワーメントされ、元気にならなくてはなりません。そのためには、研修中、さまざまな山あり谷ありであったとしても、**最後は「よくがんばりましたね」「やりましたね」という祝福、セレブレーションで終わり、「やってよかった。明日から自分にもできそうだ」**と、**自己肯定感を持って帰ってもらえるようなクロージングを心がけるべきです。**

　ちなみに、第7章の事務局の役割で述べたように、もし事務局が研修の様子などをiPadなどのツールで撮影していたのだとしたら、ここで簡単に編集した映像を参加者に視聴してもらうことも、場を盛り上げます。

2.3　ラップアップ

　ラップアップとは、その研修の流れをもう一度おさらいし、総括することです。これは、研修講師によって行われます。研修で学んだことすべてを振り返り、関連付けながらまとめ、参加者の頭の中に根付かせる（グラウンディング）ことが目的になります。クロージングこそは、経験的に最も記憶に残りやすい部分でもあるので、しっかりとしたラップアップを行う必要があります。

　ラップアップのコツは❶「学んだことを別の言葉で言い換えて、再度主張すること」と❷「学んだこと同士を関連付けること」と❸「学んだことの利用シーンをさらに提示すること」です。

　第1のポイントである「言い換え」とは、研修中に出てきた用語を別の言葉で言い換えたり、メタファで表現することです。とかく復習では、同じ用語を用いて振り返ると冗長になる傾向があります。ですので、研修で学んだことを別の言葉で言い換えたり、メタファを用いたりすることが求められます。

　次に「関連付け」とは、研修中で学んだ要素を意識的に結びつけ、知識を体系化・構造化することです。例えば、初日に学んだこと、2日目に学んだことは、それぞれ、どのようなことであったのか、両者を結びつけます。研修を実施する側が想定する以上に、**提供された知識は、バラバラに参加者に記憶され**

第10章　研修実施：「教えること」の技法③〜クロージング編 | **303**

ていることがほとんどです。ですので、ラップアップでは、学んだことをさらに関連付けていきます。

最後に「利用シーンの提示」とは、**研修中に学んだ内容をどのような場面や状況で利用できるのか、その光景（シーン）を再度念押しすることです。**「知識として何かを学ぶこと」と「学んだことが実践されること」の間には、教授者が想像する以上の、言わば死の谷のようなギャップが存在しています。

学ばれた知識が、現場で実践されるためには、その死の谷を埋める努力をしなくてはなりません。そこで用いられるのが、「知識の利用シーンを複数、提示すること」であり、そのことを通して、知識の転移（役立てられること）を促進します。

2.4 アンケート

研修評価アンケートはできるだけ、**時間内に書いてもらうことが大切です。**質問紙にもよりますが、選択式、記述式回答を含んだA4用紙1枚で、15分程度見ておくべきでしょう。5時終了ならば、4時45分には研修を終え、「5分で書いてください」と言いながら、余裕を持ってじっくりと書いてもらうようにします。研修後に書いてもらおうとすると、早く帰りたい人もいるので、書く内容も雑になるし、それだけで評価が下がる傾向があります。

アンケートに書くことがなかなか思い浮かばないような人が多いときには、記入の前に隣同士で、今回学んだことを共有してもらうことも一計です。時間があれば、アンケート記入の前に「隣同士で1日を振り返って感想を共有してください」といった時間を設けましょう。そうすると、アンケートが格段に書きやすくなります。[2]

---

[2] ちなみにアンケートを記載する前に、参加者同士で「研修の良かった点・学んだことで活用したい点」をペアで話し合わせると、アンケートの評定は上がる傾向があります。「良かった」「活用」といったワードに、参加者の主観が引きずられるためです。客観的な測定を行いたい場合には、アンケートの記載前の活動に注意が必要です。

|column| 逆戻り予防のワクチンを打っておく

　貴重な時間・経済的資源をかけて研修をデザインして、せっかく学んでもらったのに、少したったら、すぐに逆戻り（Relapse）してしまった経験は、皆さんにはありませんか。長く研修開発の仕事に携わっていれば、そうした「逆戻りした研修参加者」を見かけることは、そう少ないことではないように思います。

　それでは、こうした「逆戻り現象」を防止するためには、どうすればいいのでしょうか。逆戻り予防（Relapse Prevention：RP）と呼ばれる手法は、「研修参加者に対して仕事場に帰って、研修で学んだことを役立ててもらうときに、どのような困難にぶち当たるか、そこにはどういうリスクが存在しているかを「前もって予想」させ、必要に応じて、対処スキルを考えてもらうことを目指します。これらは、言わば「ワクチン」のように機能するともいえるでしょう。[3]

　具体的には、

・「逆戻り現象」が起こりやすいことを理解させる
・研修の場面と仕事の場面の違いを理解させる
・どのようなサポートやネットワークが必要かを考えてもらう
・どのような場面にスキルが適用可能かを考えてもらう
・どのようなリスクがあるかを考えてもらう

などから構成されるワークシートや教材などを研修の最後に実施し、十分予測させた上で、その対処を考えてもらうことができます。研究

---

[3] Hutchins, H. M. and Burke, L.(2006) "Has Relapse Prevention Received a Fair Shake?." *Human Resource Development Review*. Vol.5 No.1 pp.8-24

の結果、これらの「逆戻り予防」は研修の転移を促進することがわかっています。

3 こんなときどうする？ 研修のトラブルシューティング

3.1 研修ではトラブルが起こる

最後に研修のトラブルについて述べます。

研修中にはいろいろなことが起きます。さまざまなスキルと経験を持った多様な参加者が集まる場ですから、参加者の反応が良く、こちらの想定を超えた素晴らしい研修になることもありますが、反対に、不測の事態、トラブルに見舞われる可能性もあります。

ここでは、研修で起こりがちなさまざまなトラブルと、その対応方法についてご紹介します。といっても、トラブルの起こっている状況というものは、ひとつとして同じことはなく、まさにケースバイケースです。

ここに挙げたトラブル対応も、あらゆる場面での正解というわけではありません。ただ、それぞれの現場に即した対応策を見つけるためのヒントとして、このトラブルシューティングを参考にしていただければと思います。

3.2 クレーマー

「研修テーマは自分の実務に全く関係がない」「グループディスカッションがあるとは聞いていない」「内容が簡単すぎる」などなど、クレームのタネは無数にあります。もちろん、まっとうな疑問、批判、注文、提案、アドバイスなどには誠実に耳を傾けるべきですが、中には「いちゃもん」としか思えないクレームをつけてくる人もいるものです。

❶予防

研修タイトルや参加者に配布している資料から研修内容が大きく離れてしま

うと、「聞いてなかった」とクレームになりやすいので、**研修企画書などに学習内容や学習形式をきちんと書いておきます**。当たり前のことですが、目的、内容をきちんと詰めておき、フレームのデザインをきちんとしておくようにし、研修内容が事前の資料から大きく離れないようにします。また、オープニングのデザインでも記したように、**学習内容や学習方法、場のルールなどについて、きちんと説明しておき、参加者と「学習契約」を結んでおくようにします**。そうすることで、研修内容についてのクレームには「シラバスに書いてあります」「研修の最初に説明しました」と返すことができます。

ちなみに第8章の「プロービング」のところでも述べたように、研修開始後ただちに、これを予防することもできます。会場に集まってきた参加者をよく観察しておき、見ていて「あの人はやる気がなさそうだな」「あの人は何か不満げだな」といったことに気づいたら、「わかりにくいところがありましたか？」「どうしました？」「ご気分がすぐれないんですか？」などと、こちらから先に話しかけてみます。先手必勝でこちらから話しかけ、不満を小出しにしてもらうことで、クレームとして爆発するのを防ぎます。

❷聞いてあげて逆質問

基本的に、クレーマーの人は「自分の話を聞いてほしい」という気持ちが強いので、まず、じっくりと話を聞いてあげるようにすることも手です。こちらを試すように答えを求める場合には、ひとしきり話を聞いた後、「なるほど、それほど熱意を持ってくださってありがとうございます。ぜひ、その熱意に応えたいと思うのですが、それでは、あなたはどうすればいいと思いますか？ すこしお話しいただけませんか？」と逆質問してみます。会場全体に向かって「この方からこんな話が出たのですが、皆さまならどうしますか？」と全体に共有してしまうという方法もあります。

❸後で話を聞く

多数の学習者を相手に教える場合、どうしても難しいのが、ひとりにかかわ

っていると、全体にかかわれず、全体にかかわっていると、ひとりにかかわれない、というディレンマ・マネージングの問題です。

どうも話が長くなりそうであれば、「**後ほど私と時間を取りましょう**」と、**1対1に持ち込む**、という手もあります。時間を置いて話すことで、相手も少し落ち着いて話すことができる、という効果もあります。

❹最終的には追い出す

理不尽なクレームを並べたて、他の参加者に迷惑をかけるような行為に及ぶ場合は、最終手段ですが「今回の研修の趣旨とあなたの望むものには差があるようですので、もし参加が難しければ、別の研修をご紹介しますが、いかがですか？」と言ってしまうのも手です。ただし、それは最終手段でしょう。

3.3 居眠り対策

研修の一番の敵は「眠気」です。眠気は必ずやってきます。特に昼食の後、午後の時間帯は、誰しも眠くなります。また、長時間座って講義を聞くだけの研修が続く場合は、それだけで疲労しますし、眠くなります。

❶体操をする

研修中のきりが良さそうなところで、「皆さん身体を動かしましょう」と声をかけ、身体を伸ばすなど、ストレッチを取り入れます。講師は、あまり場所を取らずに効果的なストレッチ方法をいくつか覚えておくとよいかもしれません。近くの人とペアでストレッチをするのもよいのですが、異性の場合などは、気を遣う可能性があります。

❷身体を動かす活動を取り入れる

セッションデザインを行う際は、昼食後、講義形式の研修ではなく、話し合いをするグループワークや、手を動かして発表用のポスターを書く、身体を動かすワークショップなど、変化のある活動を取り入れるようにすると、眠気も

吹き飛びます。しばらく立ったままで研修をする、という方法もあります。実は数人の話し合いなどは立ったまま話す方が、距離も近くなり、うまくいく場合も多いようです。

❸席替えをする

　子どもも大人も席替えをすることは、楽しみなものです。近くの人の顔触れが変わり、座る場所も変わると不思議と新鮮な気持ちになり、眠気も多少は改善されます。眠くなる時間帯に「皆さん立って歩き回ってください。そしてぱっと目が合った人とペアになって座ってください」などと、席替えをアクティビティとして取り入れるのもいいでしょう。

❹場所を移動する

　研修場所にスペースの余裕があれば、研修室とは異なった雰囲気の場所に移動すると、気分が変わります。屋外に出る、開放的なカフェスペースでコーヒ

座ってできるストレッチの例

腕から首筋のラインをほぐす
①背筋を伸ばし、右手を左の耳の上あたりに置く
②ゆっくり息を吐きながら右手を引き、頭を右に倒していく
③そのままの状態から左手を伸ばしていく。親指を前に、手のひらを天井に向けて腕の付け根からゆっくりねじり、10秒間キープ

ウエストひねり
①座った状態で体をひねり、そのまま背もたれの肩の部分を両手でつかむ
②気持ちいいと感じるまで、そのままキープ

肩をほぐす
①体の前で指を組む
②手のひらを前方に突き出す
③同時に胸の中心を後ろに引っ込めるイメージで、肩甲骨の間を開く

ーを飲みながらグループで話し合いをする、ということにでもなれば、眠気も吹き飛ぶのではないでしょうか。そこまでのスペース的な余裕がない、という場合は、同じ研修室でも、椅子に座っていたのを床に座るようにする。机の配置を変えてみる、音楽をかけるなど、少しでも変化をつける工夫をしてみてください。

❺キャンディやガム、コーヒーを提供
　眠気はどうしてもやってくるもの。せめて机の上にキャンディやガム、チョコレートや、ちょっとしたスナックがあれば、眠気を紛らすことができます。午後の研修の途中にコーヒーブレイクを入れるのも効果的です。

3.4　話が長い人への対処
　指名して話を振ると、延々と自分の話ばかりして終わらない人がいます。どんなにいい話でも、あまりに長いと先に進まなくなります。

❶うまく切る
　基本的に、話はできるだけ切らない方がよいのですが、どうにも長く、あえて切りたいという場合には「**今の意見、すごくいいですね、ところで、今のご意見については、他の方にも聞いてみましょう。○○さんはどう思われますか？**」と、話の内容を引き取るような形にします。

❷話が長そうな人に振らない
　自己紹介など、最初の段階で「相当、話が長そうだ」とわかれば、答えが長くなりそうな質問では、あえて話を振らないようにする、という予防策もあります。

3.5　仕切り屋が場を独占してしまう
　グループディスカッションなどでのトラブルです。大声で場を仕切りたがる

人がひとりいて、その人ばかりが発言しているために、他の人が発言できず、ディスカッションにならない、といった状況に陥る場合があります。特に、年齢や職位などが異なるメンバーで話し合いをする場合に、どうしても年長者、上位者が場を仕切ってしまう傾向があります。ひとりがその場を独占すると、他のメンバーは萎縮して発言できなくなり、やる気を失くしてしまいます。

この場合は、「**個々に考える時間を取り、その後、ひとりひとり発言する形式に変える**」「**司会役などの役割を強制的に割り当てるようにする**」「**席替えを行い、グループのメンバー構成を変える**」などの対処がありえます。

3.6　知識・経験の差が大きすぎてディスカッションにならない

グループで話し合いを始めたものの、グループ内にはそのテーマに関する知識や経験が豊富な人と、全くの初心者がいて、その差が大きいため、話がかみ合わず、ディスカッションにならない、といった状況に陥ることもしばしばあります。こうした場合、どうしても知識や経験が豊富な人が中心となってその場をリードすることになります。すると、初心者はわからない点を質問することもできないままやり過ごす、といったことになりがちです。

対処例としては、「**グループサイズ（グループの人数）を小さくすることで、発言しやすくする**」「**最初にペアで話し合ってもらい、互いにどのように理解しているかを交換した上で、グループでの話し合いに持っていく**」などの対処があります。

3.7　話が長くなり、まとまらないグループ

1グループに話が長い人が集まってしまい、ディスカッション時間が過ぎても、話し合いが続き、どんどん時間が延びてしまう、といった状況。予定していたカリキュラムが終わらないかもしれない、と講師が焦ってしまう場面です。

対処方法としては、「**ディスカッションの制限時間をきちんと通知し、厳密に守ってもらうようにする**」「**時間係（タイムキーパー）を選んでもらい、時間を守ってもらうようにする**」「**人数が多い場合は、話がまとまりにくいので、**

グループサイズを小さくするようにする。最悪の場合、2人組にすれば、誰でも話せるようになる」「参加者の特徴をあらかじめ把握している場合には、話が長い人を2名以上同じグループに入れないよう、席を工夫する」「ボールをグループに1つずつ配り、持っている間だけ話をしてもらい、話し終わったら次の人に投げる、といった形にする」などがあります。

| column | グループワークやディスカッションを破壊する 9人の困った人々

　この本を著すために、さまざまな実務現場の方々のお話を、ある程度の量、ただ、ひたすらにうかがっていると、面白いことに、どの現場にも共通するような研修のトラブルが浮かび上がってきます。

　そのうちのひとつが、研修やワークショップなどで行われるグループワークやグループディスカッションが失敗するときのパターンです。正式にはグループワークなどが局所的にブレイクダウンするパターン、と言うべきかもしれません。

　ここでは、「グループワークができない人のパターン」として、擬人化してお伝えします。

　今、把握しているのは、下記のような9つのパターンです（今のところは、です……）。皆さんの周りにも下記のような「グループワークができない9人の人々」がいませんか？

❶聞かず屋
・とにかく人の話が聞けない
・聞いているようで全く聞いてない
・聞かずに勝手にコトを始めようとする

❷評価屋
・誰にも求められてもいないのに、グループメンバーないしは、その発言を、その場で「評価」してしまう
・「それ違うね」「ま、正しいと思うよ」と言ってしまう

❸目立ち屋
・とにかく自分を「ビッグ」に見せようといきり立つ
・いつも「前面」に出てくる、前に立とうとする
・とにかく声が大きい、信じられないほど声が通る

❹否定屋
・あえてネガティブなことを口にして、人を巻き込み、グループを崩壊に持ち込む
・この場の存在意義を根底から「ちゃぶ台返し」する星一徹的キャラ
・パワーが低いときは「すね屋」ともいう。いつも「すね」たり、斜に構えている

❺断言屋
・他人が何を言っても、必ず「断言」で返す
・自分の意見はすべてが「断言」である
・全く「議論」や「対話」の余地がない

❻携帯屋
・いつも「携帯」を気にしている
・グループワークの時間に「RT」やら「いいねボタン」を押し始める

❼あさって屋
・議題やコンテンツのテーマと、常に違うことを口にする。
・常に「口に出す話題のベクトル」がズレており、「あさって」である

❽詳細屋
- ルールを徹底することにやたらと細かい
- 臨機応変を嫌うため、グループワークがなかなか進まない

❾意図読み屋
- ファシリテーター側の意図を、常に先読みしてくる
- こちら側の度量や力量を、常に「試し」てくる、別名「試し屋」

聞かず屋　　評価屋　　目立ち屋　　否定屋

断言屋　　携帯屋　　あさって屋　　詳細屋　　意図読み屋

グループワークを破壊する人、9類型

| column | **異業種交流研修の流行**

　最近のトレンドといってもいいのかもしれませんが、利害関係のない複数の企業が一緒に研修を行ったりする研修、いわゆる異業種交流研修が増えてきました。

　こうした異種混交型の研修のメリットとしては、社風の違いが互いにいい刺激になる場合がある、異業種の場合は切り口が違う新鮮な視点を知ることができる、新商品開発など新たな企業間コラボレーションが生まれる可能性がある、といった点があると思います。同じ社内にいると、どうしても視野が狭くなり、動作も固まってきてしまいます。異種混交型の研修は、そうした凝り固まった状況に大きな刺激を与えることができるという意味では、とても有意義なものになるかと思います。

　そうした企画の際、気をつけるべき点がいくつかありそうです。

　まず、相手企業を選ぶ際は、競合でないということはもちろんですが、できれば企業間に何か**共通点**があり、シナジーが生まれるかどうか、という点を考慮したいものです。ただ、互いに１つのプロジェクトを行うような場合には、そもそもの**社風の違い**、というのが意外と重要になってきます。社風があまりに違う企業同士では、プロジェクト自体が成り立たない、ということも起こっているようですので、注意が必要です。

　研修企画担当者同士が意気投合しても、会社間に温度差があったり、ベクトルが微妙にずれていたり、あるいはスキルや思いなどが同期しないと、なかなかコラボレーションはうまくいかないものです。また、一方の企業が好業績で、もう一方の企業の業績が悪い、といった場合もプロジェクトを進めていくことが難しくなりがちです。何より、参

加者が互いの企業の値踏みをし、「ウチの会社はあの会社より上だ」などと、企業間で心理的に非対称な関係となってしまっては、建設的なコラボレーションは成立しません。

　また、トリビアルなことですが、領収書の宛名などの事務的な課題で、事務局側が険悪になってしまうケースもあります。まずは、実施を行う事務局側がお互いに何を目指すのか、目的や手続きなどをしっかり確認した上で、チームをつくることが大切です。堅牢なチームワークとロジスティクスを事務局が確立できた場合には、異業種交流研修は、非常にパワフルな効果を持ちえます。

第10章まとめ
Summary

アクションプランをつくる
- 実現可能なアクションプランにするために
  ①リフレクションと吟味の時間を確保する
  ②マイルストーンを置く……時期を区切り、それまでにどうなっていたいかを考える
  ③反復型の研修デザインに……アクションプランの実践の後、振り返り研修を実施
  ④リマインドを行う……メールやSNSでフォローする

セレブレーション
- 最後は、参加者に勇気を与えて送り出す

ラップアップ
- おさらいと総括
  ①学んだことを別の言葉で言い換えて、再度主張する
  ②学んだこと同士を関連付ける
  ③学んだことの利用シーンをさらに提示する

アンケート
- 研修時間内に書いてもらう
- 記入前に隣同士で感想を共有してもらう

トラブルシューティング
- クレーマー……①「学習契約」をきちんと結んで予防　②聞いてあげて逆質問
  　　　　　　　③後で話を聞く　④最終的には追い出す
- 居眠り対策……①体操をする　②身体を動かす活動を取り入れる　③席替えをする
  　　　　　　　④場所を移動する　⑤キャンディやガム、コーヒーを提供
- 話が長い人への対処……①うまく切る　②話が長そうな人に振らない
- 仕切り屋が場を独占……ひとりひとり発言する形式に変える
  　　　　　　　　　　　席替えでメンバー構成を変える
- 知識、経験の差が大きすぎてディスカッションにならない
  ……グループサイズを小さくする、最初にペアで話し合ってもらう
- 話が長くなり、まとまらないグループ
  ……グループサイズを小さくする、タイムキーパーを選んでもらう

第11章 研修フォローとレポーティング

❖本章のねらい
研修のアフターフォローを行い、結果をステークホルダーにレポーティングします

❖キーワード
研修報告書 | アラムナイ化

1 はじめに

　研修当日をなんとか乗り切り、ようやく私たちが開発した研修が終了しました。しかし、これで研修の仕事はすべて終了と考えてよいのでしょうか。いいえ、違います。第10章末で述べたアクションプランのフォローアップもさることながら、研修に関する各種のレポーティングを上層部に対して行っておくなど、各種の事後処理が残っているのです。これらの仕事は、研修の効果を高める上でも、研修そのものの持続可能性を高める意味でも、非常に重要な仕事です。第11章では、研修の後、私たちが何をすればいいのか、について述べます。

2 研修後のアクションリスト

2.1 研修のリフレクション

　まず、事務局側が研修実施後、当日ないしは近日中に、研修の内容そのもの

についての振り返りを行います。ケースによっては、講師に参加してもらいながら、直前の準備から、当日の学習活動の進展に至るまで、しっかりとした内省（リフレクション）をすることが大切です。

内省するときに最も大切なことは、**「学習者本位のスタンスに立った出来事の描写」**をまずは、全員がなすことです。

学習者をあえて個別でとらえ、「○○さんは、最初……であったけれど……のときにはどうなった」「□□さんは、あのとき……をしていた」というふうに、起こった出来事を振り返ります。決して、「研修参加者は……である」というふうに一般論を述べず、個別具体的な出来事に焦点を当てます。

その上で、講師としては何ができたのか？　事務局としては何がなしえたのか？　今後、なすべきことのために、どこを改善したらよいのか？　を、きっちりと振り返り、書面に残します。

研修の内省こそが、研修講師や研修事務局の、さらなる能力形成の機会になります。また、生まれたナレッジやノウハウを属人化せず、組織として継承していくためにも（組織学習）、こうした振り返りの場を持つことは大切です。

研修のリフレクションは、できれば研修が終わったその日に、なるべく記憶の鮮明なうちに行うことがベターです。時間は30分から1時間程度を取るのが一般的です。研修終了後の疲れた状況で、長いと思うかもしれませんが、講師も事務局も、研修の参加者には「内省」を迫っています。他者に内省を迫っている方が、内省できないのだとしたら、それは論理矛盾です。時間はケースバイケースですが、上記のような活動を十分行えるよう、時間を取ってください。

なお、何かうまくいかないことが起こっていたとしても、責任転嫁に走るのではなく、「もう一度、この場をつくるのだとしたら、どのような協力体制を組むべきか」というポジティブなとらえ方をするとよいと思います。

2.2　研修報告書（事後課題）と精算

参加者に対しても、研修後なるべく早い時期に、研修を振り返ることができ

るようなメールを送ります。早い時期といっても、余韻に浸る時間も必要ですので、当日は避け、研修日の翌日以降が適当でしょう。**ここは、実は、クレームの発生しやすい部分です。**「すぐに振り返りのメールが来ることが良心的だ」と考える参加者もいますが、「もう少し余韻に浸りたい・自分の頭で考える時間が欲しい」という参加者もいます。「参加者の好き嫌い」がはっきり出るところですので、ケースバイケースで対応をしてください。

　いずれにしても研修後は、旅費の精算方法など、事務連絡メールを送ることもあるかと思いますので、その際に「研修お疲れさまでした。研修ではこんなことを○○について学びました」、「研修の際に質問が多かった○○の点については、その後、講師から次のような回答が来ました」といったように、少し内容を振り返ることができるような要約を送り、そこから振り返りを促すようにします。

　人数が多いと大変ですが、ある実務家は、「**研修で印象に残ったことや感謝の言葉を添えたメールを、参加者個別に送るようにしている**」と述べておられました。手間はかかりますが、このような対応によって参加者からの感想や疑問点なども拾いやすくなり、よりきめ細やかなフォローができます。

　事務連絡メールには、「研修報告書の提出」（図11.1参照）や「事後課題の提出」を同時に求める場合もあります。これは、振り返りや知識の定着を促すために効果的な方法です。できれば、人事に提出させる前に、現場の上司に提出し感想をもらう、職場で研修の報告を行い職場内でフィードバックをもらう、など職場のメンバーを巻き込むことによって、研修の場で学んだ内容を、より有効に職場につなぐことができます。

　ちなみに、実務家の中には、参加者だけでなく、同じタイミングで参加者の上司、現場の担当マネジャーに対しても、研修報告のメールを送ることにしている方もいます。このメールをきっかけとして、「研修、お疲れさま。で、どんな研修だった？」などと上司と参加者の間に研修の話題が上れば、参加者にとって無理のない振り返りにもつながります。

　なお、場合によっては、あえて職場メンバーに研修のことを知ってもらう機

会をつくってもいいかもしれません。事務連絡メールの中に「職場に戻ったら、必ずグループに研修の報告をしてください」と、研修内容を職場に共有するよう促すのもよいでしょう。職場で研修内容を語ることで参加者の振り返りになるだけでなく、研修についての社員の認知度を高め、「あの研修、良かったよ」といった口コミをつくり出すことにもつながります。

2.3 アラムナイ（同窓会）の形成

研修内容にもよりますが、特に選抜型の長期にわたる研修などでは、研修参加者同士が活発・熱心な議論を行いますので、そこに新たな人的つながりが生まれる場合があります。この場合、**研修は知識・スキルの獲得というよりも、組織開発（Organizational Develpment）の目的を副次的に持つことになります**。

研修を表目的にしつつ、しかし、同時に裏目的では研修中にできた参加者同士のつながりを保持したい、という場合は、「○○研修第 1 期生」といったように、研修に参加したメンバーをコミュニティ化、アラムナイ化（同窓会化）するという方法もあります。

事務局がメーリングリストやSNSなどを整備し、事後課題の進捗状況を報告させるようにする、懇親会や振り返り会、自主勉強会を企画する、というような方法で参加者同士のネットワーク形成を促します。

また、3カ月、半年と時間を空けて同じ参加者を集めて研修を行うことで、

口コミで研修の評判が広まることも

図11.1 研修報告書の例

2014年○月○日
○○部　○○　○○

研修報告書

研修タイトル	
日時	講師
会場	
研修内容	
感想	
講師から一言	
上司から一言	
人事担当から一言	

※○月○日までに人事部へ提出してください

第11章　研修フォローとレポーティング

時間をかけてつながりを深める、といった方法もあります。

3 経営陣や現場トップへのレポーティング

　第2章で私たちは、研修を実施していくときには、経営陣と現場トップのステークホルダー化（身内化）が大切であり、彼らにいかに「同じ船」に乗ってもらうかが重要である、と述べました。彼らの支持を得るために研修実施前、私たちは、「数字」「経験談」「口コミ」「アウトプット」「ビジュアル」の盛り込まれた企画書を携え、彼らの説得に当たってきました。

　事前にこのようなステークホルダー化の活動を行ったのなら、研修終了後にも、レポーティングを行い、説明責任を果たす必要が出てくるはずです。

　なぜなら、研修の良し悪しは、多くの場合、研修に参加していない人々（＝経営陣と現場トップ）には「不可視」であり、しかし彼らこそが、次年度の研修の決裁権限を有しているからです。

　すなわち、**研修の持続可能性を決定しうるのは、その研修に参加していない第三者であることの方が多いのです**。彼らに対して、研修中にはどのようなことが起こったのか。結局、どんな効果があったのか、を説明することが重要です。具体的には、第3章3節で取得したような定量データ、定性データの評価データを簡潔にまとめ、レポートを作成します。彼らは多忙をきわめていることが多いので、研修開発の背景や問題意識、また、何を実践したのかを記憶していない場合がままあります。よって、第2章で用いた研修企画書から話を進め、それに追加する形で評価データを説明するとよい、という実務家が多くいらっしゃいました。

　ヒアリングさせていただいた実務家の中には「（経営陣や現場トップから）頼まれてもいない状況」で、自発的に「レポーティング」を行うことが大切である、と述べる方がいました。

　もちろん、経営陣や現場トップなどは、研修終了後の成果聴取について、いちいち時間が割けない場合もありえます。その場合には、A4用紙1枚程度の

エグゼクティブサマリーなどを執筆し、研修の良し悪しについて彼らにイメージを持ってもらうことが重要です。

4 研修開発のノウハウを継承する

本章の最後は、研修開発のノウハウを継承することの大切さについて述べます。といいますのは、日本企業においては、人材開発や研修開発の専門家として雇用されている人は、まず、いません。そのため、多くの人材開発担当者、研修開発担当者は、人事異動によって初めてこの仕事に就くことになります。

企業の人材開発担当者、研修開発担当者は、仕事のさまざまな経験（修羅場経験）を通して、また数多くの研修を企画・運営することを通して、研修開発・運営の能力を形成していきます。

しかし、それが多くの場合は長くは続きません。人事異動によって、研修開発の仕事を離れ、他の人事機能へ異動したり、場合によっては現場（ライン）に戻ることになるからです。

そのため、ある時期に、とても洗練された研修開発が行われていたとしても、熱意ある研修担当者が異動してしまい、そのノウハウが引き継がれずに途絶えてしまう、ということが起こりがちです。

企業内研修には、ある程度継続して行うこと、連続性にも意味があります。研修を継続して行うことは、その企業独特の文化や共通言語を生み出し、組織力の源泉となる可能性があるからです。そうしたことを常に念頭に置いて、**人事異動が頻繁にある場合は、ドキュメントを残すようにする**、ということも重要です。

研修という出来事・実践は、あえて記録を行っていなければ、後に何も残りません。だからこそ、その実践を継続するために、多くのドキュメントを残す必要があります。次の研修開発に生かせるよう、研修の企画書、研修報告書、研修評価などの文書だけでなく、研修風景の写真や動画映像なども使って実践を残すことを心がけておくことは大切です。

ある日、研修開発の仕事に後任が見つかった場合には、その後任にノウハウやナレッジを移転する必要があります。

　ある企業の研修開発担当者は、研修実務について、図11.2のような引き継ぎ手順を取っている、と話してくれました。

　この引き継ぎ手順では、まず業務フローについての簡単なマニュアルを作成するところから始まります。これから引き継ぎする仕事について形式知化しておくことは、前担当者にとっても学びになりますし、経験の棚卸しになるのかもしれません。次に、そのマニュアルを使って、後任にレクチャーを行ったりします。

　最も大切なことは、❸と❹のプロセス、すなわち、実際の研修事務を一緒にやりながら、自分のやり方を観察してもらうことであり、実際の研修の参加者となって研修全体を観察してもらうことです。

　特に、後者の参加者になってみる経験は大切です。参加者の目線で研修を体験・観察してもらうことで、マニュアルではわからなかった研修のディテール

図11.2　引き継ぎ手順の例

❶業務フローについての簡単なマニュアルを作成
❷マニュアルの内容をレクチャー
❸実際の研修実務を一緒にやりながら自分のやり方を観察してもらう
❹実際の研修の参加者となって研修全体を観察してもらう
❺実際の研修実務をひとりでやってもらって、フィードバックする
❻潔く手放す

を学ぶことができますし、また、自分が登壇するのだとしたら、どこを改善するのかについて考えることができます。

そして、最後に❺と❻の手離れのプロセスです。今度は、自分ひとりで実践してみて、フィードバックを行い、あとは潔く手放します。研修開発担当者の中には、この段階になっても、まだ手放すことに躊躇してしまう人もいると聞きますが、担当が変わったのなら潔く手放すことも、また大切なことです。

このようにして、研修開発のノウハウを属人的なものとせず、組織学習することを目指します。

|column|「刺激」「感銘」「メウロコ」「モヤモヤ」

　研修やワークショップの参加者が持つ感想の中には、典型的なものがあります。

　ポジティブな感想の３大キーワードとは、「刺激」「感銘」「メウロコ（目から鱗の略）」の３つです。「今日は『刺激』を受けました！」「今日は『目からウロコ』でした」「今日は『感銘』を受けました！」といった具合に感想が語られます。

　講師から聞く話が、ふだんは考えないような角度からのものであった場合、「刺激」「メウロコ」というワードが用いられるのでしょう。一方、講師の話題に、心から共感してしまえば「感銘」あるいは「感動」というワードを使いたくなるのだと思います。

　もちろん「刺激」「目からウロコ」「感銘」という感情をお持ちになることは、非常に貴重なことです。日常は考えないことを考えた、という意味でも、また魅力的なコンテンツに出合えたという意味でも、そうした学習機会は貴重なものでしょう。

　しかし、話題をもう一歩だけハイレベルにして、ここに潜む問題に思いを馳せたとき、ここに少しだけ「ないものねだり」をしてしまってもよいのかもしれません。最も避けたい事態は、この「刺激」「メウロコ」「感銘」という「ワンワード」で、「よかった、よかった、すっきりした！」と「思考停止」してしまうことです。こうした言葉の先に、より深いリフレクションを起こすことができるのであれば、さらによいということになります。

　「刺激」というけれど、今日の話題の、何が、どんな風に「刺激的」だと感じたのか？　今日の話題が「刺激的」だと感じるのは、今の自分が置かれている状況が、どういう状況なのか？「目からウロコ」と

いうけれど、「なぜ目からウロコ」なのか。目からウロコであることに、なぜ今までの自分は気づかなかったのか？「感銘」を受けたのは貴重なことだけれども、何に、どんな風に感銘を受けたのか。感銘を受ける理由は、今までの自分が、どんな考えを持っていたからなのか？

　それを、今まで、言葉にできなかったのはなぜか？

　もし一歩、問いを先に進める時間と心理的余裕があるのでしたら、これらのように問いを進めると、もう少し深いところまで思考を進めることもできるのかもしれません。

　もちろん、すぐには「言葉にならない」かもしれませんが、しかし、「言葉にならないこと」に直面して諦めてしまっては、いわゆる「思考停止」です。「言葉にならないこと」を「自分の言葉」にして、願わくば「他者に語りうるもの」にしていくことが「学ぶということ」に他なりません。

　一方、ネガティブな感想として大人が用いるキーワードで、最も頻出頻度が高いのは「モヤモヤ」です。「今日は、なんか、モヤモヤしています」といった具合に「気持ち悪さ」が語られる傾向があります。新奇な多くの情報などをインプットされて、これまで自分が持っていた知識や信念とうまく整合性がつかなくなる事態に、この言葉は用いられる傾向があります。

　ふだんは聞けない話を聞いて「モヤモヤ」することは、非常に貴重な機会です。しかし、一方で、「モヤモヤをモヤモヤのままにしておく」と、それ以上に思考は進みません。

　いったんは「モヤモヤ」を抱えることは全く問題はありません。ですが、一方で、それを「自分の言葉」にする時間を持つこと、すなわち「モヤモヤ」を「自分の力で、すっきりさせること（意味形成すること：Sense-making）」が大切だと思います。

第11章まとめ
Summary

研修のリフレクション
- 学習者本位のスタンスに立った出来事の描写を、みんなが行う
- できれば研修が終わったその日に。なるべく記憶が鮮明なうちに

研修報告
- 参加者に対して……研修後の事務連絡とともに、振り返りを促すメールを送る
- 上司、現場マネジャーに対して
  ……参加者との間に研修の話題が上るようにメールを送る
- あえて職場メンバーに研修のことを知ってもらう機会をつくってもいい

アラムナイ（同窓会）の形成
- 新たな人的つながりの契機……組織開発につながる

経営陣や現場トップへのレポーティング
- 研修の持続可能性を決める人々に、研修の良し悪しについてイメージを持ってもらう
- A4 1枚程度の簡潔なレポートを

研修開発のノウハウを継承する
- 多くのドキュメントを残し、ノウハウやナレッジを移転させる

第12章
人材開発のプロとして、いかに学ぶか

❖本章のねらい
さらに深い学びを行い、専門性を高めます

❖キーワード
学ぶことを楽しむ ｜ 理論書を読む ｜ 教育コースで学ぶ

1 はじめに

　最終章第12章では、研修開発の実務についている方が、さらに深い学びを行い、専門性を高めていくための方法について書いていきます。

　本書は、研修開発のプロセスを最も実務に近い形で書き記した本です。「はじめに」の部分で述べたように、本書をしたためていく上で、筆者は、人材開発のさまざまな理論、概念を念頭に置きつつも、それらをなるべく文面に表出させないようにしました。本書の、入門書としての位置付けを明確にするためです。

　よって、本書の内容は、研修開発の実務に携わっていくうちに、飽き足らなくなるときが来ると思います。そのようなとき、その背後に流れる理論や概念について興味が出てくる場合もあると思うのです。

　本章第12章では、本書をきっかけに継続的に学ぶための方法や、筆者が関連する学習リソースについて挙げさせていただきました。ぜひ、ご活用いただければ幸いです。

人材開発や研修開発に専門性を持ちつつ、仕事をなしていくためには、いくつか重要なマインドや資質があります。そのマインドはひと言で言えば「学ぶことを楽しめること」です。なにも、ひとりで学ぶ必要はありません。人材開発や研修開発の世界には「学ぶことを楽しむ人々」が、たくさんいます。

　ぜひ第4章「学習共同体の原理」で説明したように、人材開発や研修開発を志す人々のネットワークに参加してみてください。

2　本を読む

2.1　リーディングクラブをつくって本書を読む

　例えば、本書をひとりで読むのではなく、各章を分担して、それぞれに思ったことを話し合う会（リーディングクラブ）を持たれてはいかがでしょうか？

　読み方としては、本書の内容を教条化したり、固定化してとらえるのではなく、本書で足りない部分、本書に書かれていないけれども実務の現場では必要なノウハウを、まずは、ご自身の経験に照らして、ブレインストーミングしていくと面白いと思います。そして、本書をきっかけにして、自社のノウハウをまとめられるのもよいと思います。

　本書は「上書きされることをよしとするマニュアル」として書かれています。さらに「新たな実務の智慧」を生み出す「跳躍台（スプリングボード）」として活用いただければ、著者としては、この上ない幸せです。

2.2　理論書を読む

　本書は、関連する理論等に関しては、脚注で紹介してきました。脚注に掲げられた書籍を読み進めていくこともいいのですが、紹介しきれなかった理論書も数多くあります。著者が執筆したものを中心に、以下9冊を紹介します。

『企業内人材育成入門』（ダイヤモンド社）

　企業内の人材育成に関連する理論を、経営学、教育学、社会学、心理学などから抽出し、まとめた書籍です。理論に関するブックガイドということでしたら、こちらをご覧ください。

　荒木淳子・産業能率大学准教授、北村士朗・熊本大学准教授、長岡健・法政大学教授、橋本諭・産業能率大学講師との共著です。

『職場学習論』（東京大学出版会）

　本書は、人材育成のうち、研修にフォーカスを当てた書籍でした。一方、『職場学習論』は、職場の中で行われる人材育成に焦点を当てた研究書です。OJTのあり方を再構築したいときなどに、ご一読いただけると参考になるかもしれません。

　ただし専門書です。分析や理論は抽象度が高いと思われますので、プロフェッショナル向きです。

『経営学習論』（東京大学出版会）

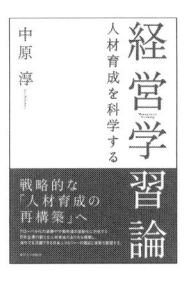

　企業の人材育成に関連する理論を紹介している専門書です。体系的に人材育成の理論を学ぶことができます。中途採用者に対する人材育成、グローバル化に対応した人材育成なども扱われています。

　ただし専門書です。記述は大学院レベルとなっておりますのでプロフェッショナル向きです。

『ダイアローグ　対話する組織』（ダイヤモンド社）

　ビジネスの現場における「対話」の大切さを読み解いています。企業の中で起こるさまざまな人事課題の根っこに、組織内コミュニケーションの機能不全があることを指摘しています。ワークショップなどで「対話」をコアにしたカリキュラムをつくり出したい方にもおすすめです。長岡健・法政大学教授と筆者の共著です。

『リフレクティブ・マネジャー』（光文社）

　内省をキーワードに、次世代のマネジャー、リーダーを育成するためには、どのようなことに留意していけばよいかを論じています。金井壽宏・神戸大学教授と筆者の共著で、往復書簡を交わすような形で、論が展開していきます。

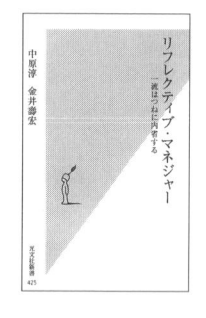

『職場が生きる　人が育つ　「経験学習」入門』（ダイヤモンド社）

　松尾睦・北海道大学教授による書籍です。大人の学びの70％は経験を通じてなされる、という研究知見があります。本書は、同じ経験をしても、そこから学んで成長する人と、そうではない人がいる、という事実から出発し、では、どのようにすれば経験からより良く学んで成長することができるか、仕事の現場でなしうる方法について書かれています。

『インプロする組織』(三省堂)

　近年、研修などでインプロ(即興劇)などを用いた研修が利用されることが多くなっています。インプロ研修は、身体だけを用いて実践されるので、誰でも、非常に手軽に行うことができます。本書は、インプロを研究している高尾隆・東京学芸大学准教授と筆者が共著で書いた本です。インプロワークショップの実践風景や、理論的背景を説明しています。

『プレイフル・ラーニング』(三省堂)

　日本に「ワークショップ」という名称を広め、また自らも実践を続けてきた上田信行・同志社女子大学教授の軌跡を追いつつ、プレイフル(共愉的)で、ラーニングフル(Learningful：学びの満ちた)な場をつくりあげていくためには、どのようなことに配慮すればよいかを論じた本です。上田信行先生と筆者の共著で、巻末には金井壽宏先生(神戸大学)との対談も収められています。

『駆け出しマネジャーの成長論』(中公新書ラクレ)

　マネジャーは実務担当者から「生まれ変わり」、数々の挑戦課題を乗り越えながら「マネジャーになるのだ(Becoming a manager)」という認識のもとで書かれたマネジャー育成本です。筆者の数年間にわたるマネジャーの成長プロセスに関する研究知見と、マネジャー向けのワークショップなどの様子が論じられています。

第12章　人材開発のプロとして、いかに学ぶか　335

3 教育コースで学ぶ

3.1 大学院で学ぶ

東京大学大学院 学際情報学府 中原研究室では、毎年数名、大学院修士レベルの学生を募集しています。博士からの募集もありますが、いくつかの条件があります。現在10名弱の学生が学び、大学教員、または企業の専門部署に巣立っています。詳細は、下記のWebサイトにてご覧ください。

東京大学大学院 学際情報学府
http://www.iii.u-tokyo.ac.jp/
東京大学大学院 学際情報学府 中原研究室
http://www.nakahara-lab.net/playlink.html

3.2 社会人教育施設で学ぶ

慶應丸の内シティキャンパスで、筆者は、人事・人材開発の専門性を高めたい方のために「ラーニングイノベーション論」という連続講座を6年にわたって開講しています。毎年、25～30名近くのアラムナイが誕生しており、アラムナイ同士の交流も非常に活発です。

慶應丸の内シティキャンパス「ラーニングイノベーション論」
http://www.keiomcc.com/program/lin/

4 Webメディア・リアルイベントで学ぶ

筆者はブログ、Facebook、Twitterなどで、人材開発に関する話題を日々発信しています。どうぞご覧ください。特にメルマガは、筆者の主催する各種の人材開発関係のイベントの案内が流れます。無料で登録できますので、ご検討

ください。

NAKAHARA-LAB ブログ：http://www.nakahara-lab.net/blog/
NAKAHARA-LAB on Facebook：
https://www.facebook.com/jun.nakaharajp
NAKAHARA-LAB on Twitter　@nakaharajun
NAKAHARA-LABメルマガ（無料）：
http://www.nakahara-lab.net/learningbar.html

5　経営学習研究所のイベントに参加する

　経営学習研究所は、組織・経営×人材開発×デザインなどの関連領域に関するイベント・普及啓蒙活動を行っていく非営利の一般社団法人です。著者が代表幹事を務めています。
　人事の実務家と研究者が手弁当で立ち上げた団体で、1年間に10本弱のイベントやワークショップを開催しています。イベントへの参加は、Webサイトから行うことができます。どうぞご検討ください。

経営学習研究所
http://mallweb.jp/

素晴らしい学びの旅を！

おわりに

「終わりのない旅」の終わりに

「終わりのない旅」のように続くかと思われた本書の執筆も、ようやくここまでたどり着いたことを、嬉しく思います。この執筆には、着想・企画段階から数えれば、3年間の時間がかかりました。

最後に、ここまでお読みいただいた方に感謝を示すととともに、なぜ、筆者が本書を執筆するに至ったかを、振り返ってみようと思います。

この「終わりに」をお読みの方の中には、まだ「本文」を読んでおらず、この本を読むか読まぬか、決めかねている方も、相当数いらっしゃるでしょう。300ページを越える膨大な記述に、萎縮なさっている方もいらっしゃるかもしれません。

「おわりに」において展開される本書誕生の経緯を、本書冒頭の「はじめに」の記述と重ね合わせ、どうか本書の輪郭を理解していただければ、望外の幸せです。

▼

本書執筆の最初の発端は、筆者の発案で2010年冬に催された「研修内製化」に関する研究会でした。この研究会には、筆者の主催する人事・人材開発担当者向けの講座「ラーニングイノベーション論」の修了生の方々30名ほどに参加いただき、自社の研修内製化の現状を把握し、その問題点を共有しました。

そのとき、筆者が最も印象的だったことは、企業研修に関するノウハウや経験が「属人的」なものとなっており、引き継がれていくことに困難を抱えてい

る組織が多いことでした。年間で数百回〜数千回の研修を行っている企業・組織であっても、研修開発に関するマニュアル等は、あまり整備されていないことに驚きを感じました。

　しかし、とはいえ、人材開発・研修開発のご担当をなさっている方は、非常に多忙をきわめており、そのようなマニュアル類やハンドブックをゼロから開発する余力はないことが、容易に推察されました。

　筆者は、これまで10年以上にわたって、企業の人材育成に関する研究に従事してきました。人材育成の研究は、企業の人事、現場の方々との共同研究の形式を取ることが必須であり、これまでにも、多くの企業で、多くの担当者の方々に、お世話になってきました。

　そうであるならば、些細なことではあるけれども、ひとつ筆者に「恩返し」ができないだろうか。特に、人材開発・研修開発の仕事に携わられた方が、「一番最初に手に取れる本」をつくることで、研修のクオリティを間接的に向上させることができないだろうか。そんなことを筆者は感じました。

　そして、そのような本ができれば、間接的に、この国の人材開発のレベルは、さらなる飛躍を遂げるのではないだろうか。本の内容をさらに凌駕するような「人材開発の新たな姿」が、「志ある人々」によって提案されるのではないだろうか。

　今から３年前、筆者は、そんな「白昼夢」を抱きながら研究会からの帰路につきました。

▼

　しかし「夢」の実現まで、非常に多くのハードルがありました。そのすべてを記述することは紙幅の都合上差し控えますが、最大のハードルは、「いかにノウハウを伝える本をしたためるのか？」という根源的な悩みであったことを告白します。

　といいますのは、「方法知を提示すること」で、それらが「教条化」したり「固定化」したりし、現場の人々の「思考停止」を招いてしまうこと。果てには「方

法知」を「金科玉条」のように扱い、常に、どのような現場にも「適用」してしまおうとすること、などの「危険性」が、本書によって生まれることを危惧したのです。

　人材開発・人材育成の業界には、ともすれば、こうしたリスクが、容易に生じることを、筆者はよく熟知していました。ですので、どのように「ノウハウを伝える本をしたためるか？」について、当初、悩みました。

・
・

　筆者が本書の企画で逡巡しているとき、ある研究会で、骨董通り法律事務所の福井健策先生（知財がご専門）にお会いし、ご一緒させていただく機会を得ました。福井先生からは「方法、手法」に関して、下記のような趣旨のお話をうかがいました。

　「方法・手法に、法律は、著作権を認めませんでした。中原さん、それはなぜかおわかりですか？　それは、私たちの文化を発展させるために、それらは自由に流通させた方が、社会全体のためになると法律が考えているためです。そのことで、『不利益を生じる個人』が、もしかすると生まれるかもしれません。でも、社会全体の功利を考えれば、方法、手法は流通した方がよいのです。方法・手法は流通することを待っているのです」

　ICレコーダーを持っていたわけではありませんので、先生の言葉は、この通りそのままというわけではないでしょう。しかし、こうした趣旨のお言葉を確かにうかがったとき、一連の「筆者のためらい」は、氷解した思いがしました。

　方法・手法の流通。それはもしかすると、人々を思考停止に導いてしまうリスクを負っているかもしれない。しかし、それでもなおここで自らが選択すべきは、そのリスクを十分熟知した上で、方法知を流通させ、さらには人々に方法知の創造に向かってもらうための「基盤」をつくることであろう、と。

研究者として筆者には、人材開発に対して、及ばずながらできることがある。現場の人々の話をうかがった上で、専門性を駆使して、抽象化することが、筆者にはできる。だとするならば、誰もが感じてはいるけれど、概念化できなかったり、意識されていない手法や方法を顕在化できるのではないだろうか。その上で、人々の間に、流通させることが大切なのではないか。
　そして自由で双方向の人々の相互作用の結果、さらに新たな方法知が生まれえるのではないか、と。

　かくして、筆者は、本書にさまざまな（些細な）工夫をしました。
　まず、この本は「唯一絶対の回答」を提示するのではなく、さまざまな方法知の響き合う「多声的空間」にしたいと願いました。また、この本で取り扱われる内容は、誰もが悩み、誰もが直面するような内容にしたいと願いました。逆に、大切ではあるけれど、ニッチな問題や可能性については、思い切ってオミットすることを決意しました。
　かくして、筆者の実務家に対するインタビューが始まりました。御協力いただいた皆さまには、この場を借りて御礼申し上げます。

　もちろん、こうした努力で問題のすべてが解決できたとは思いません。しかし、筆者の「終わりなき旅」は、とりあえずの終着点を迎えたようです。その評価は、読者の皆さんに委ねたいと思います。

▼

　本を書くたびに、「こんなしんどい作業はもうこれで終わりにしよう」という思いにかられます。しかし、書き終わった本が書店に並ぶころには、「あれも言いたかった」「なぜ、このことを言わなかったのか」「あのメッセージは曖昧だった」という後悔の念が、筆者を襲い、さらには「もう一度チャレンジしてみよう」という思いにかられます。

　激動する社会情勢において、筆者になしうることは、筆者の研究知見を参照

してくださる方々に、常にフレッシュな情報と刺激を提供することです。本書が「たたき台」となり、人材開発、人材育成の領域がさらに活性化することを願っています。

　最後になりますが、編集の労を取ってくださった、ダイヤモンド社の間杉俊彦さん、同社人材開発編集部部長の永田正樹さん、構成を担当いただいたライターの井上佐保子さんに心より感謝いたします。
　そして、筆者が執筆時間を取れるよう配慮してくれた妻の美和に感謝いたします。この執筆のプロセスで、筆者と妻の間には第二子が生まれました。第二子の子育てが始まったばかりのころ、筆者は、原稿執筆に明け暮れていました。美和の理解に心より感謝いたします。本当にありがとう。
　本書にちりばめられたさまざまな現場の実務知の提供、また本書に用いられているさまざまな素材は、下記にお名前を掲げさせていただいた皆さんからご提供いただきました。この場にお名前を記すことで、感謝に代えさせていただきたいと思います。

　関根雅泰さん（ラーンウェル）。岸智子さん。田中潤さん（ぐるなび）、藤井久仁子さん（アバントグループ）。坂口慶樹さん、上村覚さん（新日鉄住金エンジニアリング）。大石正人さん（スリーボンド）。澤田清恵さん、海上博志さん、島村公俊さん、大内礼子さん（ソフトバンクモバイル／ソフトバンクテレコム／ソフトバンクBB）。加藤雅則さん。中村繁さん（【ちゑや】）。佐伯和則さん（ベルシステム24）。藤田多恵さん（TBSテレビ）。板谷和代さん（日本航空）。保谷範子さん、湯川真理さん、調恵介さん（慶應丸の内シティキャンパス）。下村敏文さん、小島正裕さん、中澤成美さん（パナソニック）。

　その他、実名は挙げられないものの、お話をうかがわせていただいた方、本書の企画にご協力いただいた方には、パッションを持ち、研修営業に携わっておられるT.Cさん、N.Mさん、研修講師をなさっているH.Uさん、I.Mさん、

E.Iさん、研修の事務局をなさっているA.Uさん、I.Fさん、K.Sさん、H.Y、N.Hさんなどがいらっしゃいました。ありがとうございました。

▼

　今、この国、そしてこの国の組織は、重大な岐路に立っていると思います。資源のないこの国が、国家間に存在する微妙なパワーバランスを、絶妙な舵取りで乗り切り、未来を創造していくために必要なのは、この国に生きる「人々の知性と智慧」です。本書が、そのような知性と智慧の涵養に、少しでもお役に立てるのだとしたら、これ以上の願いはありません。

　そして人生は続く

2014年1月26日　清里・森のようちえんからの帰路、
特急スーパーあずさの車内にて

中原　淳

索引
Index

[アルファベット]

ADDIEモデル ……………………………44
ARCS ……………………………………223
e-Learning …………………………35, 151
JST(人事院監督者訓練プログラム) ………23
KJ法 ………………………………………27
Knowing–Doing Gap ……………………85
m-Learning ……………………………151
MBA(経営学修士) ……………………16, 28
MTP：中下級管理者層向け研修 …………23
OARR ……………………………224, 230, 277
Off-JT(Off the Job Training) ……………34
OJT(On the Job Training)
　………………17, 21, 26, 30, 34, 37, 42, 213
PREP法 …………………………………240
Public Speaking ………………………259
TTT(Training The Trainer) ………146, 149
TWI：管理者層向け研修 …………………23
Video Taping …………………………145
Wood Learning …………………………67

[あ]

アイスブレイク ………………187, 220, 247
アクションプラン
　………………72, 124, 132, 277, 287, 297
アクションメイキング …………………122
アクションラーニング ……………………31
アクティブラーニング …………32, 54, 282
アセスメント ………………67, 85, 120, 207
アセッサー …………………………………91
アラムナイ化(同窓会化) ………………322
異業種交流研修 …………………………316
異文化適応プログラム ……………………27
インストラクショナルデザイン理論 ……44
ウィスパリング ……………………205, 207
裏目的 ………………………………86, 322

エグゼクティブサマリー ………………325
エッセイ法 ………………………240, 269
遠隔研修 …………………………………292
エンプロイアビリティ ……………………19
オープンイノベーション …………………33
オープンエンドクエスチョン
(Open End Question) …………………275

[か]

学習する不安(Learning Anxiety) ………223
学習レディネス …………………………160
感受性訓練(センシティビティ・トレーニング)
　……………………………………………26
協調学習(共同学習) ……………………270
グラウンディング ………………………303
グループワーク ………69, 106, 120, 182, 196,
228, 235, 275, 281, 292, 308, 313
クロージング ………………45, 111, 122, 297
クローズドエンドクエスチョン(Closed End
Question) ………………………………275
経営学習研究 ………………………3, 104, 337
経営指標(KPI) ……………………………89
コーチング …………………………30, 69
コアコンピタンス ……………………19, 39
行動目標化 …………………………80, 121
コミットメント …………………………42, 74
コンセプチュアルフード ……………188, 232
コンテントナレッジ(Content Knowledge)
　…………………………………………139
コンピテンシーマネジメント …………163

[さ]

サーバントリーダーシップ ……………219
自己啓発 …………………………………34
事前アンケート …………………………166
事前課題 …………………………………165
四分六分の法則 …………………257, 265
集団凝集性 ………………………………55
シンク＝ペア＝シェア(Think-Pair-Share) ‥282
シングルループ学習 ……………………150
ステークホルダー化 …… 49, 71, 79, 113, 324
ストーリーテリング法 …………………241

346

成果主義 …………………………………28
セレブレーション ………………122, 297, 302
組織学習 ……………………… 42, 320, 327
組織開発(Organizational Develpment)
………………… 26, 33, 63, 87, 184, 322
組織のフラット化 ………………………28

［た］

ダイバーシティ ………………… 26, 33, 54
ダブルループ学習 ……………………150
チームビルディング ……………… 60, 113
ディレンマ・マネージング
(Dilemma Managing) ………………204, 308
伝統的徒弟制 ……………………………22
ドキュメンテーション ………………206

［な］

内省(リフレクション) …………107, 299, 320
内製化 …………3, 32, 38, 141, 144, 247, 267

［は］

反転授業(フリップドクラスルーム：Flipped
Classroom) ……………………………168
ファシリテーション ……43, 76, 79, 136, 139,
150, 169, 184, 191, 200, 209, 224, 275, 293
プロービング ………………215, 220, 307
プログラム評価 ……………………………89
プロティアンキャリア ………………20, 32
プロファイリング ………………………68
ペダゴジカルナレッジ
(Pedagogical Knowledge) ……………139
ホールシステムアプローチ …………63, 184
ポスターセッション ………………198, 284

［ま］

モデリング ………………………103, 110
モニタリング …………… 85, 218, 262, 277
問題解決プロセス法 ……………………240

［や・ら・わ］

ラップアップ ……………………122, 303
リーダーシップ開発 ……………………31
リストラクチャリング ……………………28
リトリート(避難所) ………………… 64, 67
リフレクション ………31, 107, 121, 207, 274, 297, 319, 328
ロールプレイ ………………………93, 285
ワークショップ ……17, 32, 54, 180, 196, 204, 213, 246, 288, 294, 300, 308, 313, 328

347

[著者]
中原淳（なかはら・じゅん）
立教大学経営学部教授。大阪大学博士。「大人の学びを科学する」をテーマに、企業・組織における人材開発・組織開発・チームワークについて研究している。ダイヤモンド社「研修開発ラボ」監修。著書に『企業内人材育成入門』（ダイヤモンド社）、『研修開発入門』（同）、『人材開発研究大全』（東京大学出版）、『フィードバック入門』（PHP研究所）など。立教大学大学院経営学研究科リーダーシップ開発コース主査、立教大学経営学部リーダーシップ研究所副所長などを兼任。
Blog: NAKAHARA-LAB.NET（www.nakahara-lab.net）

研修開発入門
―― 会社で「教える」、競争優位を「つくる」

2014年3月6日　第1刷発行
2025年6月27日　第8刷発行

著　者——中原淳
発行所——ダイヤモンド社
　　　　〒150-8409　東京都渋谷区神宮前6-12-17
　　　　https://www.diamond.co.jp/
　　　　電話／03・5778・7229（編集）　03・5778・7240（販売）

装丁————竹内雄二
イラスト——藤井アキヒト
写真————住友一俊
製作進行——ダイヤモンド・グラフィック社
印刷————勇進印刷（本文）・新藤慶昌堂（カバー）
製本————ブックアート
編集担当——間杉俊彦（人材開発編集部）

©2014 Jun Nakahara
ISBN 978-4-478-02725-7
落丁・乱丁本はお手数ですが小社営業局宛にお送りください。送料小社負担にてお取替えいたします。但し、古書店で購入されたものについてはお取替えできません。
無断転載・複製を禁ず
Printed in Japan

◆ダイヤモンド社の本◆

対話型のコミュニケーションで働くオトナは学び、成長する

「変わること」とは、ダイアローグの中にある。
ダイアローグのもつ可能性を
人文社会科学の知見を背景に描き出す。

ダイアローグ 対話する組織

中原淳＋長岡健 [著]

●46判並製●定価（本体1600円＋税）

http://www.diamond.co.jp/

◆ダイヤモンド社の本◆

あなたの会社に〝人を育てる科学〟はありますか？

「人はどのようにして学ぶか」
「学びの場をどのようにつくり出すか」
「学びの効果をどう確かめるか」を理解できる。

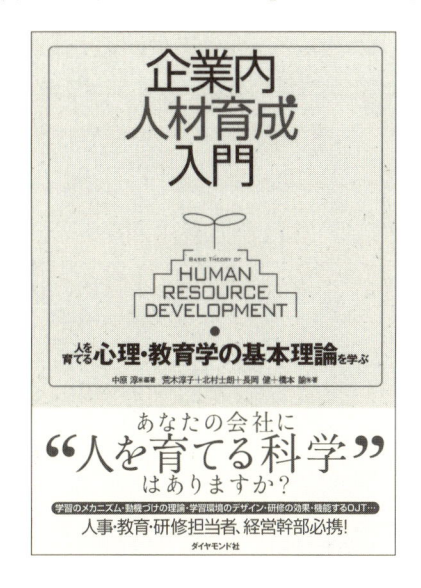

企業内人材育成入門
人を育てる心理・教育学の基本理論を学ぶ
中原淳［編著］荒木淳子＋北村士朗＋長岡健＋橋本諭［著］

●A5判並製●定価（本体2800円＋税）

http://www.diamond.co.jp/